2 권 목차

	▌일러두기	3

제 1부 연분 그리고 의혹

- 1/ 두수 논 궁합 ① … 7
- 2/ 두수 논 궁합 ② … 33
- 3/ 진계전의 도화논단법 … 41
- 4/ 귀인과 소인 찾는 법 … 63
- 5/ 자미두수 점법占法 … 77
- 6/ 쌍둥이 명은 어떻게 보는가? … 110
- 7/ 같은 사주는 같은 삶을 사는가? … 124
- 8/ 외국에서 태어난 사람의 명은? … 130

제 2부 자미두수 부문 써머리

- 1/ 14정성
  - 자미/143
  - 천기/160
  - 태양/167
  - 태양태음공조/172
  - 무곡/176
  - 천동/181
  - 염정/183
  - 천부/190
  - 태음/194
  - 탐랑/198
  - 거문/204
  - 천상/210
  - 천량/213
  - 칠살/218
  - 파군/224
- 2/ 보좌길흉성 사화
  - 좌보우필/229
  - 괴월/235
  - 문창/238
  - 문곡/240
  - 문창 문곡/242
  - 경양/248
  - 타라/253
  - 화성/255
  - 영성/256
  - 겁공/259
  - 녹존/262
  - 천마/264
- 3/ 잡성
  - 천형/266
  - 천요/267
  - 홍란·천희/270
  - 삼태·팔좌/271
  - 곡허/272
  - 상사/273
- 4/ 록권과와 12궁
  - 록권과/274
  - 납음/280
  - 명궁/282
  - 신궁/285
  - 재백궁/286
  - 복덕궁/287
  - 전택궁/288

제 3부 제가논명 실례

- 1/ 혜심제주 … 293
- 2/ 료무거사 … 329
- 3/ 반자어 … 344

제 4부 잡론

- 1/ 삼태·팔좌 … 357
- 2/ 쌍록협 … 361
- 3/ 태양동도 맹상지풍 … 364
- 4/ 나이·간지·해를 아는 법 … 372
- 5/ 운갈이 해 … 378

부록

- 1/ 성계에 따라 명보찾기 … 382
- 2/ 찾아보기 … 384
- 3/ 참고문헌 … 388
- 4/ 후기 … 391

저자
이두履斗 김선호金善浩

약력
- 전남 여수 출생
- 서라벌대학 교수역임
- 동국대학교 사회교육원
  스포츠조선 등에서 자미두수 강의
- 에스크퓨처닷컴 학술위원
- 고려기문학회 학술위원(현)
- 미래학회 고문(현)
- 이두자미두수학회 회장(현)

저서 및 역서
- 『왕초보 자미두수❶❷』 동학사 2000
- 『자미두수전서(상 하)』 대유학당 2003
- 『실전자미두수❶❷』 대유학당 2004
- 『심곡비결』, 대유학당 2004
- 『자미두수입문』, 대유학당 2004
- 『육효증산복역(상 하)』, 대유학당 2008
- 『중급자미두수❶❷』, 대유학당 2009
- 『진소암의 명리약언』(인터넷공개)

소통공간
- 이메일 jmds2012@gmail.com
  reedoojami@hanmail.net
- 홈페이지 www.reedoo.co.kr
- 다음카페 http://cafe.daum.net/reedoo

기타문의
- 061 - 643 - 6693 (저자사무실)
- 010 - 3629 - 6693 (저자핸드폰)

이두자미시리즈 【8】 중급자미두수 ❶

- 초판발행 2009년 6월 24일 초판 2쇄 발행 2016년 2월 15일
- 저자 이두 김선호 편집 이연실 황상희 김순영 발행인 윤상철
- 발행처 대유학당 since1993
- 출판등록 2002년 4월 17일 제305-2002-000028호
- 주소 서울 동대문구 휘경동 258 서신빌딩 402호
- 전화 (02)2249-5630~1
- 홈페이지 http://www.daeyou.net 대유학당

- 여러분이 지불하신 책값은 좋은 책을 만드는데 쓰입니다.
- ISBN 978-89-6369-006-3 04150
- 정가 20,000원
- 이 책의 내용에 대한 재사용은 저작권자와 대유학당의 동의를 받아야만 가능합니다.
- 문의사항(오탈자 포함)은 저자 또는 대유학당의 홈페이지에 남겨 주세요.

머리말

2004년 9월 『자미두수입문』을 출간한지 어언 5년이 지나갔다.
이미 타 출판사에서 출판한 『왕초보자미두수』는 입문이 나온 뒤에 추천하는 책이 되버렸으니 『중급자미두수』를 쓸 생각이 없었다.

그런데 입문을 산 독자들 대부분이 『자미두수전서』나 『심곡비결』을 읽기보다는 곧바로 『실전자미두수』를 사서 읽으면서 내용이 어려우니 중급과정의 책이 있었으면 좋겠다는 주문이 많았다.

『왕초보자미두수』가 나오지 않았으면 모르되 이미 나와 있는 상태에서 『왕초보자미두수』를 피해서 무슨 다른 책을 쓴다는게 엄두가 나지 않았다.

그러다보니 수많은 바램들을 들어도 모른 체 하면서 귀밑 세는 줄 모르고 5년이 흘렀다.

기축년 들어서 대유학당 사장님으로부터 『자미두수입문』을 100번을 읽은 독자가 있다고 했다. 병원에 8개월 입원해 있으면서 그렇게 읽었다고 한다.

그 소리를 듣는 순간 가슴이 꽉 막히는 듯 했다.

아무튼 중급을 본격적으로 쓰기 시작한 것은 오직 이 말을 듣고서다.

한 달 남짓 매일 날밤을 새면서 두 권을 완성했다.

책을 쓰는 내내 익숙한 길을 마다하고 거친 새 길을 만들어가는 고통이 뭔가를 실감했다.

가다보니 길이 없는 것도 아니었고 길을 만들어가는 재미도 제법 있었다.

『왕초보자미두수』와의 내용과 구성의 중복을 피해서 가는 길이 한달 동안의 불면의 밤을 선사한 것이다.

그래도 중급의 체계상 "이두식추론법"의 복제는 피할 수 없었다. 내용의 처음부터 끝까지 명반 해석에 록기법이 필요했기 때문이다. 이 외에는 『왕초보자미두수』와 완전히 구성을 달리 했다.

먼저 1권을 살펴보면
① 『왕초보자미두수』 하권 마지막에 나오는 이두식록기법을 머리글로 소개하면서, 사화의 생성원리를 보충했으며 예문도 새롭게 했다.
② 격국부분은 실용적인 격국만으로 한정해서 정리했으며 논쟁이 되는 명궁무대한과 자시에 대한 실례분석을 통해서 진가를 가렸다.
③ 또한 균시차문제를 자세하게 다뤘으며, 시를 정확히 정하는 방법도 고전에서 언급한 내용외에 현대두수가들의 방법을 겸해 소개하며 실례를 들어 분석했다.
④ 이 외에 자미두수발전약사나 십유가, 강궁이론, 입명십이궁, 명주, 신주, 궁주의 논법, 추길피흉법, 유사명반의 모순을 해결

하는 법 등을 소개하고, 상권 마지막에는 12가지 정도의 사안에 해당되는 특정성계에 대해 소개했다.

2권에서는
① 가장 먼저 자미두수를 공부하는 사람들이라면 누구나 궁금할 만한 궁합보는 법을 다뤘다. 관운주인, 천을상인, 비운일사, 진계전과 같은 제가의 방법들을 소개하면서 실례를 통해 이론들을 인증했다.
② 또 도화논단법을 소개해 여러 가지의 도화성에 대한 이해를 돕도록 했다.
③ 귀인과 소인 찾는 법과 자미두수로 점치는 법 등 다소 흥미가 당길만한 내용도 충분히 페이지를 할애해 소개했으며, 쌍둥이 명을 보는 방법도 소개했다.
④ 그리고 자미두수 부문 써머리에 지면을 많이 배당하여, 각 성들을 공부하는데 있어 꼭 알아야할 구결들을 집대성했다. 소위 숙어암기장같은 단원이다.
⑤ 자미두수 추론의 참고서를 삼을만한 혜심제주, 료무거사, 반자어의 현대 두수명가들의 논명 실례를 들었다.
⑥ 마지막으로 삼태·팔좌, 상록협, 태양동도 맹상지풍을 실례를 들어 설명했다.

이렇게 1·2권을 쓰면서 이 외에 될 수 있으면 더 많을 것을 넣으려고 했다. 그러나 책 두께의 한계 때문에 욕심을 부릴 수 없었다. 그래도 정말 고민하면서 썼노라고 자부하고 싶다.

입문을 뗀 독자들에겐 진정한 중급의 진수를 볼 수 있을 거라고 확신한다. 이 책을 읽은 독자들은 부담스럽더라도 『자미두수전서』를 읽으시라!
　전서 안에는 중급에서 언급하지 못했던 수많은 격국들, 부문들, 성의 설명들이 풍부하게 들어 있다. 그리고 난 뒤에 고급과정인 『실전자미두수』로 마무리를 한다면 자미두수에서 한소식 하게 될 것이다.

　이 책이 나오는데 아내와 아들의 성원에 먼저 고마운 마음을 표한다.
　그리고 이 책의 교정에 힘써주신 백옥숙 총무, 윤은화 여사, 정경화 여사에게도 감사의 말씀을 드린다.

　독자들의 건투를 빈다.

己丑年 季月 九峯山房에서
履斗 金善浩가 삼가 쓰다.

일러두기

① 본문에 나오는 명반의 모든 생년월일시는 음력기준이다.
② 본문에 나온 명반들은 필자의 자료나 인터넷상에서 공개되거나 일부 대만이나 홍콩의 책들에서 인용하였으며, 명조들의 프라이버시를 위해서 생년월일시의 '일'은 모두 지웠다.
③ 본문에서 언급한 『자미두수전서』 또는 『전서』는 대유학당에서 발간한 『자미두수전서(상,하)』를 말하며 전서를 인용할 때 될 수 있으면 해당 책의 페이지를 표시하였다.
④ 본문중 동음으로 혼돈이 있기 쉬운 申宮과 身宮은 하나는 한글로 하나는 한문으로 달리 표기하였다.
⑤ 이 책에서도 지난 저작에서와 같이 성이나 성계를 지칭할 때 약자로 쓰는 경우가 많다. 가령 문창·문곡을 창곡이라한다든지, 무곡파군 對 천상조합을 "무파상조합"이라고 하는 경우 등이다.

제 1부
이두식추론법 履斗式推論法

1. 이두식추론법에 대하여

(1) 중급자를 위한 변명

『자미두수입문』을 내고 난 뒤에 가장 흔히 듣는 말은 입문을 읽고 난 뒤에 바로 『실전자미두수』나 『자미두수전서』를 읽기에는 너무 힘드니 중간정도의 입문서가 있으면 좋겠다는 것이었다.

필자는 이미 타 출판사에서 중급과정의 내용에 해당하는 『왕초보자미두수』를 출판했기에 난감하기 이를 때 없었다. 이미 출산한 아이를 두고 다시 똑같은 아이를 낳아달라는 주문과 같아서 여간 부담스러운 주문이 아니었다.

그래도 이런 저런 독자들의 성화에 바람을 이기지 못하는 풀처럼 『중급자미두수』를 집필코자 붓을 들었지만, 『왕초보자미두수』의 내용을 완전 배제하고 새로운 길을 만들기란 보통 어려운 일이 아니다.

그래서 독자들에게 고하건데 일부 중복은 피할 수 없음을 양지해주시라! 『왕초보자미두수』와는 짐짓 다른 길을 만들어서 중급이라는 고지로 인도하리라고 약속한다.

그 중복의 일단으로 『왕초보자미두수』 2권 끝부분인 「이두식추론법」은 중급의 문을 여는데는 비켜갈 수 없는 대목이라 이 내용을 전제하고 새로운 내용을 추가하며 중급의 문빗장을 열어가도록 하겠다.

이미 『왕초보자미두수』를 읽은 독자들에게는 글자에 낀 묵은 때가 행간마다 보이겠으나 어쩌겠는가! 간혹 묵은 때를 벗겨 속살의 투명함을 보이기도 할 것이니 일독해도 시간이 아깝지 않을 것이다.

대만에서 나온 자미두수 책의 90%는 대부분 필자가 쓴 『자미두수입문』과 같은 류의 성에 관한 설명위주다.

물론 『자미두수입문』과 같은 류의 성에 관한 개괄적인 설명을 한 책은 처음 자미두수를 입문한 사람들에게는 반드시 필요하며 형식 또한 그렇게 갖춰서 쓰는 게 맞다고 생각한다.

그러나 그 다음은?

대만이나 홍콩에서 나온 자미두수책들을 제대로 읽은 사람이라면 성의 설명 이후과정의 책이 매우 드물다는 것을 알게 된다. 물론 북파식 추론기법의 다양한 책이 있다고 강변할지 모르나 응용상 너무 복잡하고 어려우며 북파라도 이론이 가지가지여서 제대로 중급과정이후를 공부하기가 쉽지 않은게 현실이다.

그래서 출판된 책으로 공부하다보면 대부분이 성의 해설 초급, 성의 해설 중급, 성의 해설 고급, 하는 식이기 때문에 동어반복적인 과정만 맴돌다가 포기하게 된다.

그렇게 성에 대한 초·중·고급의 과정만 책을 통해서 공부하면 성에 관한 설명은 일가견을 가지게 되지만 추론으로 들어가면 막막해진다. 결국 성이라는 구슬을 서말 준비했으면 구슬을 꿰는 실을 손에 들어야 제대로 된 목걸이를 만들 수 있다.

중급, 더 나아가 고급과정이란 성을 재료로 해서 음식을 만든 과정을 설명하는 것에 다름 아니다.

물론 성계에 대한 심도있는 진일보한 내용도 선보일 것이다. 그러나 그래도 실제로 중급과정 다루려면 성을 꿰고 요리하는 기법을 소개해야 하는 것이다.

필자가 중복의 식상함을 마다하지 않고 왕초보자미두수의 내용을 실으려는 이유는, 중급으로 가기 위해서 사화에 대한 이해가 필수적이기 때문이다.

『자미두수전서』는 자미두수의 고전이지만 정작 중요한 자미두수의 핵심인 사화에 대한 구체적인 응용이 아예 없다.

물론 단편적인 화록·화권·화과가 어느 궁을 비치면 좋다. 어떤 성이 화기를 만나면 나쁘다라는 설명은 물반 고기반으로 넘쳐 있지만 입체적인 응용법은 언급조차 하지 않고 있다.

운을 운용하는 방식은 사화대신 유년양타·생년태세 십이신 등의 장박세전 십이신의 응용으로 대체해 놓았다. 필자의 생각은 고인이 고의로 사화대신 이런 맞지도 않는 방식을 전면에 내놓고, 진정한 추론 방식은 비인부전이나 일대일전一代一傳의 형식을 취하지 않았을까 하는 의구심마저 들 정도다.

주역에 "길흉회린은 동動하는데 있다."고 했듯이 운을 살핌에 있어 정태적인 성의 구조를 동動하게 하는 무언가가 있어야 한다. 자미두수에서는 그 무엇이라는 것이 사화가 된다.

오래된 오락게임 중에 두더지게임을 보면 많은 두더지가 머리를 숨기고 있지만, 그 두더지가 머리를 디밀고 올라와야 망치로 그 두더지를 잡을 수 있는데, 움직이는 놈이 없으면 망치 쓸 일이 없다. 자미두수에서 사화란 두더지게임에서 두더지를 움직이게 하는 힘이다.
그렇게 사화에 의해 두더지가 움직였을 때 두더지를 잡는(길흉의 판단)일이 가능한 것이다.

이렇게 고정된 궁과 성을 움직이게 하는 유일한 힘인 사화를 알아야 운 추론이 가능하기 때문에 사화의 구성 원리나 사화가 가지고 있는 독특한 작용에 대한 내용을 먼저 말해야 한다.
이러한 이해가 없이 운 추론의 기초를 닦는다는 것은 연목구어나 마찬가지이기 때문에 반드시 사화에 대한 이해가 선행되어야 하는 것이다.

먼저 사화가 어떤 원리로 만들어졌을까에 대한 필자 나름대로의 궁리와 사색을 『왕초보자미두수』에 이미 실린 내용으로 풀어 보고자 한다.

(2) 이두식 추론법을 만든 이유

자미두수를 20여년 남짓한 세월동안 천착하면서 처음에는 자미두수의 적중률에 대해 심각한 회의를 한 적이 한 두 번이 아니었다.

자미두수를 약간만 공부해 본 사람들은 다들 느끼고 있을 것이지만, 자미두수를 제대로 공부하지 않으면 성격만 맞추다 말고, 운 추론은 분명하지 못하게 되는 경우가 많다.

그래서 처음에는 명리를 80% 기준삼고 자미두수를 20%정도 비중을 두면서 추론을 했었는데 그런 과정 속에서 갈등이 많았다.

도저히 잡히지 않는 추론법에 관한 답답함으로 인해서 밤잠을 얼마나 설쳤는지 모른다.

울고 소리 지르고…. 행여 단서라도 있을까 싶어서 원서들을 수십권씩 다시 살펴보고 했지만 쉽게 잡히지 않았다.

이러한 고민을 몇 년 거치면서 나름대로 수많은 명례를 보면서 뭔가 공통적인 점들을 발견하고 그것에서 하나의 모티브를 찾아서 가설을 세우고 적용해 보면서 나름대로의 이론이 생기게 되었다.

그렇게 해서 생긴 이론들을 적용해 보면서 기존의 학자나 『자미두수전서』에서 이러이러하다고 주장하는 추론에 관한 많은 이론들이 잘 맞는 부분도 있었지만, 현실적으로 전혀 맞지 않거나 아니면 핵심적인 것은 빼고 지엽적인 것만을 가지고 운운한 부분도 있음을 발견할 수 있었다.

이러한 경험을 통해서 필자 나름대로 세운 추론이론들을 적용해보고서야 대만이나 홍콩학자들이 말하는 자미두수의 경이로운 적중률이 어떤 것인가를 조금이라도 알았다.

필자는 원래 고전을 중시하는 사람이다.
그래서 명리계통에서는 『명리약언』을 번역하고 육효계통으로는 『증산복역(야학노인점복전서)』·『자미두수전서』를 번역해 고전보급에 심혈을 기울인바 있듯이 필자의 학문적인 토대는 늘 고전에 기초해 있다.
그래서 고전을 무시하는 어떠한 새로운 이론도 심정적으로는 공감하지 않는 사람 중의 한사람이다.
이러한 필자가 자미두수의 추론에 관한 신이론新理論을 만든 데는 고전을 아무리 천착해도[1] 이 추론에 관한 단서를 찾을 수가 없었는데, 고전뿐만 아니라 현대의 두수가 들의 책에서도 이러한 단서를 찾을 수 없었기 때문이다.

필자는 이 이론을 비결로 감추고 공개하지 않을까 하다가 한국에 자미두수 붐이 불붙듯이 일어나기를 바라는 대승적인 차원에서 이 이론을 공개한다.
그리고 나아가서 필자의 이론이 더욱 완벽하게 모양을 갖춰서 자미두수의 추론이론에 관한한 최고의 이론으로 자리잡기를 바라는 마음 간절하다.

---

[1] 알다시피 필자는 자미두수의 고전인 『자미두수전서』의 번역과 해석을 다 끝내고 이것을 텍스트북으로 강의도 수차 하였다.

필자의 이론보다 더 진일보하고 확실하며 획기적인 관점과 기법들을 발견한 이가 있다면 아끼지 말고 필자에게 가르쳐 주기 바란다.

2. 사화四化에 대하여

(1) 사화四化를 생각한다!

 자미두수를 공부하면서 선천명이든지 운이든지 간에 핵심을 돌파하는 관건은 사화에 있다고 볼 수 있다.
 대만의 많은 두수서적들이 이 사화에 대한 비중을 많이 두는 것은 어쩌면 당연한 일인지 모른다.

 사화는 위에서 말했듯이 화록化祿·화권化權·화과化科·화기化忌를 말한다.
 '化(될 화)'라는 말에서 유추할 수 있듯이 사화란 어떤 것을 변화시키는 작용을 하기 때문에 독자적으로 작용을 하지 않고 14개주성 중의 상당수와 몇 개의 보좌성에 붙어서 '化' 말 그대로 '변화'시키는 역할을 한다.

 천기성을 예로 들어보면 천기라는 정성에 사화가 붙는다면 천기화록·천기화권·천기화과·천기화기 이런 식으로 천기에 사화가 붙는데 이렇게 천기라는 별에 사화가 붙으면 천기라는 본질을 녹으로 化하게 하고 권으로 화하게 하며 과로 화하게 하고 기로 화하게 한다.

즉 천기라는 본질이 사화가 붙으므로 인해서 천기의 성질이 물리적 화학적 변화를 일으켜 각기 저마다 독특한 성질을 갖게 한다.

그렇다면 사화는 어떤 이유에서 생긴 것이며 왜 이렇게 붙는 걸까? 여기에 대한 설명은 『자미두수전서』와 『자미두수전집』을 비롯하여 어떤 책에도 구체적인 언급이 없다.

(2) 화록은 발생, 화기는 결과

지금부터 하는 이야기는 전적으로 필자 나름대로 궁리한 것이다. 물론 학자들의 이론들을 참고하고 인용하기도 했지만 다른 부분이 많다. 좀 장황한 부분이 있기는 하지만 지루하더라도 읽어보기 바란다.

사화의 원리를 알면 막혔던 많은 것들이 풀리게 되기 때문에, 이것에 대한 단서를 찾는다면 글의 길고 짧음이 문제가 되겠는가!

필자의 생각으로 사화란 별(星)의 흥망성쇠의 과정을 공식화 한 것이 아닌가 싶다.

즉 별의 생生·장長·렴斂·장藏의 과정이 화록·화권·화과·화기라고 본다는 것이다.

이것은 사계와 비교해 볼 수도 있는데 화록은 봄, 화권은 여름, 화과는 가을, 화기는 겨울이 된다.

즉 봄은 만물이 발생하므로 화록은 재록財祿·발생發生[2)]의 의미가 있고, 여름은 만물이 맹렬한 기세로 자라므로 화권은 권세·권력·지위·힘의 의미가 있고, 가을은 꽃피고 열매 맺어 결실하므로 화과는 명예·성망·지명도의 의미가 있으며, 겨울은 만물이 얼어붙고 동면에 들어가며 모든 생명활동이 휴식에 들어가므로 화기는 불순·장애·좌절·의심과 시기·시비 등의 의미가 있게 된다.

인생도 유아기는 인생의 봄에 해당하며 청소년기는 인생의 여름·장년기는 인생의 가을, 노년기는 인생의 겨울로 대비해 볼 수 있듯 성도 성 나름의 성장과 쇠멸을 한다고 보는 것이다.

그래서 성의 유아기는 화록이 되고, 성의 노년기는 화기化忌가 된다고 궁리해 보았다.

즉 다시 말해서 화록으로 성의 일생이 시작되고 화기로 성의 일생을 마감짓게 된다고 생각해 보자는 것이다.

이런 관점 때문에 필자는 화록을 성의 발생의 시점이 된다고 보고, 화기는 성의 끝점·도착점·종말이 되므로 성의 궤적의 결과가 된다고 본다.

앞으로 이야기할 발생과 결과는 이러한 이론을 바탕으로 성립되는 것인데, 징험함이 많은 것으로 봐서 사화가 이러한 이론적 배경에 의해서 생성된 것임에 틀림없다고 보여진다.

사화 중 화록은 발생·화기는 결과라는 이 이론은 북파의 이론

[2)] 나중에 알게 되겠지만 화록은 흔히 재록을 주主하기 때문에 재록의 의미만으로 알고 있으나, 실제 운을 추론해 보면 명확하게 발생의 의미를 갖고 있음을 알 수 있다.

에도 있는 이론이나, 이것을 응용하는 방법과 현상을 설명하는 용어는 북파와 다르며 필자가 개발한 방식과 용어를 사용하고 있다.

(3) 왜 사화가 다를까?

그러면 십간마다 사화가 다른 것은 무엇 때문일까?

그것은 이렇게 생각해 본다. 십간은 별의 생존과 죽음을 결정하는 조건, 즉 계절(시간대)과 같다고 볼 수 있다. 우리의 계절은 봄 여름 가을 겨울이지만 여기에서는 10개의 계절이 있다고 가정해 보는 것이다.

누가 아는가? 우주 어느 곳에 정말 10개의 계절이 순환하는 별이 있을지……. 십간이란 이 10개의 계절의 대명사라고 본다.

즉 갑이라는 계절, 을이라는 계절, 병이라는 계절, 정이라는 계절 등등. 그런데 이 10개의 계절엔 우리 지구의 사계처럼 봄 → 여름 → 가을 → 겨울 식으로 어떠한 일정한 과정으로 사이클을 이루지는 않는다는 것이 특징이다.

즉 갑에서 을로, 을에서 병으로, ……, 壬에서 癸로 계절이 순환하는 것이 아니라는 말이다.

오히려 갑이면 갑, 을이면 을 나름의 독자적인 계절(그 안에는 또 봄·여름·가을·겨울이 있다. 즉 화록·화권·화과·화기)로 존재하면서 갑이라면 갑 자체가 사계의 성질을 다 갖고 있다는 것이다.

　나머지 을, 병, ……, 임, 계도 다 이런 식으로 이해하면 된다.
　다시 말해서 갑에서 계까지 종적(즉 세로로)으로는 계절로 비유하기는 했지만 우리가 생각하는 계절에 관한 인식, 즉 봄 다음에 여름, 여름 다음에 가을, 가을 다음에 겨울 하는 식의 각 계절과 계절간의 변화의 프로세스는 없고, 갑부터 계까지 모두 계절이라는 점에서 동등한 위치를 차지하고 여기에는 어떠한 종적인 프로세스는 없다는 것이다. 갑이면 춥고 무면 덥고, 계면 선선하고 하는 식의 온도차이가 없이 다 똑같다는 것이다.

　이러한 열 가지의 계절을 의미하는 십간 속에 또 사계가 존재하고 있는데 그것이 사화다. 다시 비유하자면 십간이라는 계절은 대우주·십간 속에 있는 사계 즉 사화는 소우주라고하면 이해가 빠를 것이다.

(4) 사화의 생성원리

　본론으로 들어가 보면
　각 십간은 대우주이고 그 십간안의 사화는 소우주라면 각 대우주마다 소우주(四季·四化를 통틀음)가 있고, 이 소우주는 그 자체의 생성과 소멸의 길을 끊임없이 반복하고 있다.
　즉 '갑간'이라는 대우주에 있는 소우주는 염정·파군·무곡·태양의 성계로 구성되어 있으며, 이 성단星團들은 각기 이 소우주 속에서 봄·여름·가을·겨울이라는 자기의 꼴을 가지고 운행하고 있다.

　이러한 소우주 속에 성단들의 별의 흥망성쇠를 화록·화권·화과·화기라는 이름을 붙여 표시하는데, 화록은 별의 탄생과 발생·화권은 별의 성장. 화과는 별의 성장에 있어 최고극치의 성예聲譽·화기는 별의 소멸과 휴식을 의미한다.

　그래서 '갑간'이라는 대우주 속에서는 염정이라는 별에는 화록, 파군이라는 별에는 화권, 무곡이라는 별에는 화과, 태양이라는 별에는 화기라는 이름이 붙는다. 즉 갑이라는 대 우주 속에서의 염정은 탄생을 의미하는 화록이 붙기 때문에 염정은 갑이라는 우주 속에서는 탄생의 기쁨을 누리고, 염정이라는 별의 특성을 가장 활발하게 발휘하고 있어 염정은 갑이라는 대우주의 계절을 가장 좋아한다. 반면 염정은 병이라는 대우주의 계절은 싫어하는데 그것은 병이라는 대우주의 계절 속에서는 염정화기가 되므로 염정이라는 별의 종말을 맞기 때문이다.

　그리고 나머지 파군도 화권이 되고, 무곡도 화과가 되어 이 갑이라는 대우주 속에서 생존조건이 양호하여 이 별들에게는 좋은 일이지만 태양이라는 별만큼은 갑이라는 대우주의 계절은 치명적이 된다.
　그것은 태양은 갑이라는 대우주 속에서는 태양화기가 되므로 전혀 태양의 힘을 못 쓰게 되어 소멸의 길을 걷게 되기 때문이다.

자미두수라는 온 우주에는 십간이라는 대우주가 있고,3) 이 대우주가 이루는 성단은 자미·천기·태양·무곡·천동·염정·천부·태음·탐랑·거문·천량·천상·파군의 13정성4)과 문창·문곡·좌보·우필의 4개의 보좌성까지 해서 17개의 별로 구성되어 있다.

이 17개의 성들은 각기 대우주가 갑에서 계로 순환하고, 계에서 갑으로 순환할 때마다 성장과 소멸을 거듭하는데, 각기 별마다 좋아하는 십간의 기운이 있어서 우주가 갑에서 을로, 을에서 병으로 바뀔 때마다 각기의 희기가 달라지게 된다.

태양이라는 별을 살펴보면 경간庚干이라는 대우주의 계절의 기운을 가장 좋아하는데 그때는 태양이 봄을 맞기 때문이다. 즉 태양화록이 되는 것이고, 신간辛干이라는 우주의 기운도 좋아하는데 태양이라는 별의 청년시절인 태양화권이 되기 때문이며, 무간戊干이라는 우주의 기운 속에서는 태양이 명성과 명예를 드러내고 열매와 꽃을 피워내는 가을을 맞는 것이므로 이 또한 좋게 된다.5) 그러나 갑이라는 우주에서는 태양은 별로서의 인생을 마감하고 부서지게 되는데 태양화기가 되어 별의 겨울을 맞게 되기 때문이다.

---

3) 이 우주는 무형의 기운으로서 존재한다.

4) 칠살은 사화가 안 붙는다.

5) 이 태양화과는 중주파의 관점이다. 필자가 이 관점을 취용하는 것은 아니며 설명의 편의상 언급하는 것이니 오해 마시라!

모든 별들이 이런 식의 사이클을 그리면서 각기 십간의 계절이 순환할 때마다 희기가 갈리게 되어 인생에도 복잡한 희기의 상을 연출해 내는 것이다.
 사화를 이런 식으로 이해하면 훨씬 이해가 쉽게 된다.

3. 십간에서 화록과 화기의 관계

(1) 화록과 화기의 유기적인 성질

그러면 위의 이론적인 근거를 바탕으로 십간마다 별의 성장과 소멸의 프로세스를 추적해보자.

이것은 단순히 사화를 낱개로 파악하는데서 오는 혼란을 정리해줄 뿐만 아니라 사화의 구성자체가 심오한 이론적인 바탕을 토대로 이뤄졌음을 알게 된다.

갑간부터 살펴보자.

甲이라는 대우주의 기운이 도래하면 염정화록이 되며, 파군은 화권, 무곡은 화과, 태양은 화기가 된다.

이것은 마치 甲이라는 계절이 오자 염정이라는 식물은 봄을 만난 것처럼 살아나지만 태양이라는 식물은 겨울을 만나 시든다는 식으로 이해할 수 있으며 또 한 가지는 갑이라는 계절이 오면 염정이라는 별이 탄생해서 파군화권으로 변하고 또 무곡화과로 다시 변했다가 끝내는 태양화기라는 모양으로 소멸한다고도 볼 수 있다.

즉 갑이라는 대우주의 시간대에 별이 탄생하고 죽어가는 모습을 염정화록·파군화권·무곡화과·태양화기로 형상화 해놨다는 것이다.

즉 염정이라는 자체의 성단이 봄·여름·가을·겨울을 거치는 동안에 변화하는 모습을 형상화해낸 것이라는 말이다.

염정과 파군·무곡·태양은 전혀 상관이 없는 독자적인 별들이지만, 이러한 특수한 사화라는 상황 속에서 甲이라는 우주의 시간대에 염정이라는 성단의 탄생과 죽음을 표현하기 위해서 부득이하게 파군이나 무곡이나 태양이라는 독자적인 성질을 가진 별들의 이름을 차용한 것이다. 염정이라는 성단이 갑이라는 우주의 시간대에 여름으로 진입하면 파군 같은 속성으로 성질이 변하고, 또 가을이 되면 무곡과 같은 속성으로 변하며, 겨울이 되면 급기야 태양과 같은 속성으로 변한다는 것을, 이런 식으로 다른 별들의 성질을 빌려서 그려놓은 것이라는 것이다.

이러한 가설은 결국 사화를 따로 떨어진 독립된 개체들로 보는 것이 아니라 전체적인 맥락에서 서로 유기적인 관계를 이루고 있다는 것을 알게 하기 위한 것이다.

이것은 우리가 태어나서 유년기→청년기→장년기→노년기를 거쳐서 인생을 마감하듯이, 유년기의 나와 노년기의 내가 다른 사람이 아니듯, 사화도 역시 갑간이라면 염정이라는 본질이 여름·가을·겨울의 시간대에 따라 염정의 유년기(염정화록/봄)·염정의 청년기(파군화권/여름)·염정의 장년기(무곡화과/가을)·염정의 노년기(태양화기/겨울)를 거친다는 것이다.

이제 본론으로 들어가자.

아래는 필자가 말한 화록은 발생이고 화기는 결과라는 것을 갑간부터 계간까지 각 천간의 사화에 담긴 의미를 분석해 본다.

(2) 갑간

갑간甲干이 되면 염정화록이 된다.

염정이라는 별은 관록을 초하는 별로 화록이 되면 관록적인 성질이 봄을 만난 것이므로 관적인 측면의 긍정적인 면이 한껏 드러난다.

그러나 염정이라는 별이 늙으면 태양화기의 모습을 취하는데 태양도 관록의 의미가 있어 화기가 붙으면 시비와 원망을 초래하거나 심하면 관재소송으로 변해버린다.

염정의 기운이 봄을 만날 때는 관의 긍정적인 측면6)이 나타나지만, 염정이라는 별이 겨울을 만나 경색되고 늙으면 태양화기와 같은 성질 즉 관에서 처리를 잘못해서 시비와 원망이 생기거나 관재소송을 불러일으키는 꼴사나운 모습이 된다는 것이다.

여기서 우리는 관官(정치)이라는 것은 민생을 편안케도 하지만 결국 시비와 원망·관재구설을 불러일으킨다는 것을 알 수 있으며,

---

6) 관에서 잘 적응하므로 인해 관록도 얻을 뿐만 아니라, 행정적인 처리를 잘하므로 인해서 민생을 편안케 하고 향수케 한다.

정치는 세월이 갈수록 정치의 본질 때문에 결국 시비와 원망과 구설로 막을 내림을 볼 수 있다.

보충 1 염정은 혈血의 의미도 있는데, 염정에 화록이 되면 피순환이 잘되는 것을 뜻한다. 피순환이 잘되므로 무슨 일이든 추진력 있게 해나갈 수 있고(파군화권) 그렇게 하다보면 그 추진력으로 무슨 일이든 결실을 맺게 되나(무곡화과) 그러다가 늙게 되니 혈관이 터져서 중풍으로 쓰러지거나 한다.(태양화기)

보충 2 염정은 차도화성으로 염정화록이 되면 아름다운 꽃에 벌 나비가 모여들듯이 이성의 인기를 끌게 되어 감정적으로 충만하고 해피한 상황이 되며 결국 결혼해서 가정을 꾸리게 된다(파군화권).[7] 그렇게 해서 경제적으로 안정되다가(무곡화과), 결국 나이 들면 돈도 배우자도 잃게 된다(태양화기).[8]

(3) 을간

을간乙干에서는 천기화록이 된다.
천기라는 별은 머리가 잘 돌아가는 별이다.
그래서 임기응변이나 기지에 능하며 기모가 있다.

---

[7] 파군은 부처를 주하고 화권을 그 상황이 지속됨을 의미함.
[8] 태양화기 - 인리산재人離散財(사람은 떠나고 재물은 흩어진다)

그래서 이 천기가 화록이 되면 그 회전과 역동성이 최대한으로 극대화되므로 그러한 회전, 특히나 정신적인 운동을 하는 일에 아주 적합하여 그 천기의 예리한 판단력과 임기응변을 긍정적으로 사용할 수 있지만 천기가 겨울을 만나면 태음화기처럼 변해버린다.

태음화기의 중요한 징험으로는 투자착오인데 이처럼 천기의 기지와 기모나 임기응변이 경직되고 끝까지 가면, 즉 천기의 성질이 겨울을 만나면 그 머리회전과 기지가 판단착오나 투자착오를 일으키게 되는 것이다.

즉 물극즉반物極則反의 반전이 이뤄지게 된다.

여기서 머리를 쓰는 사람의 한계도 동시에 보는데 너무 머리를 굴리다보면 오버하게 된다는 교훈[9]을 을간의 사화를 통해 배울 수 있다.

보충 1 천기는 신경을 주한다. 천기화록이 되면 신경이 튼튼해서 정신적으로 건강한 상태가 되며 그러한 건강한 신경씀으로 조리있게 분석하는 일이 가능하며(천량화권), 그렇게 하면 사회적으로 명예를 얻을 수 있으나(자미화과), 그것이 지나치게 되면 신경과민이나 결벽증이 생기게 되어 신경쇠약에 이르게 된다(태음화기).

---

9) 흔한 말로 머리를 너무 돌리다 보니 헛돈다는 것.

(4) 병간

병간丙干에서는 천동화록이 된다.

천동은 정서를 주하는 별로 천동이라는 별이 봄을 만나 화록이 되면 정서적으로 풍부하고 정신적으로 만족한 상태가 된다. 그러나 천동이라는 별이 늙어서 겨울을 만나면 천동도 염정화기의 속성으로 변해버린다.

염정은 血을 주하며 또 정신향수를 주하는데 여기에 화기가 붙으면 감정적으로 다치는 의미가 있기 때문에 정신적으로 피 흘리는 일로 변하게 된다.

그래서 천동화록은 연애시절의 몽환적인 아름다움이라면, 염정화기는 연애좌절로 나타나게 되는 것이다.[10]

이 병간의 사화를 통해서 우리는 회자정리會者定離의 교훈을 얻을 수 있으며 기쁨과 만족은 반드시 '悲(슬픔)'를 동시에 불러들인다는 것을 알 수 있다.

> **보충 1** 천동은 하늘(天)과 같은 마음(同)을 가진 어린아이의 성이다. 그래서 천동화록이 되면 어린아이가 어떤 투정을 하더라도 부모가 다 받아주듯 어려운 일을 만날 때도 늘 천우신조의 기회와 행운이 따른다.
> 하늘과 같은 마음으로 걸림없이 살면 늘 복이 따른다.(천동화

---

[10] 실제로 염정화기가 감정궁에 걸리면 말 못할 연애로 인한 감정창상이 아주 심하다.

록) 그런데 그 마음에 계획을 세우고(천기화권), 약속을 하다보면(문창화과), 결국 스스로 세웠던 계획과 약속에 의해 강제되는 관재(염정화기)를 당하게 된다. 염정화기는 대표적인 관재성이다.

(5) 정간

정간丁干에서는 태음이 화록이 된다.

태음은 재성인데 이 태음이 봄을 만나면 財가 제 철을 만난 것이므로 재적인 충만한 만족감을 가져다준다.

그러나 이러한 만족감이 극대화하면 즉 태음이 겨울을 만나면 거문화기의 성질처럼 변해버린다.

거문화기는 시비구설을 의미하기 때문에 결국 돈이란 어느 시점에서는 필경 시비의 근원이 된다는 것을 이 정간사화를 통해서 알 수 있다.

또 태음이란 주장主藏을 의미하고 주정主靜의 속성이 있는데 결국 돈을 감춰두고 혼자 돈이 있다고 만족만 하고 있으면, 결국 주위사람들의 시비와 구설을 사게 된다는 말도 되므로 돈이란 말 그대로 돌아야 돈으로서의 역할을 하는 것이지 감춰만 두고 베풀지 않으면 결국 시비의 근원이 된다는 것을 암시하고 있는 것이라 할 수 있다.

보충 1 태음은 정서와 감정의 성이기도 하다.

태음화록이 되면 정서적으로 만족스럽고 감정적으로도 원만한 상태가 된다. 이러한 만족스러운 상태가 되면 그러한 감정을 오래 유지하고 싶어 하고(천동화권), 오래도록 유지하다보면 이런 저런 변화를 하고 싶어 하며(천기화과), 그러한 변화가 시간이 흐르다보면 마음속으로 의심과 회의가 생기고 불만스럽게 된다(거문화기).

(6) 무간

무간戊干에서는 탐랑이 화록이 된다.

탐랑은 본질적으로 교제나 접대를 잘하거나 수단이 원활함을 의미하기 때문에 화록이 되면 이러한 성질이 더욱더 분명해진다.

그래서 이러한 대인관계에서 능수능란한 장점으로 인해 사교나 접대로 말미암아 돈을 벌 수 있다.

그러나 이러한 탐랑이라도 겨울을 만나면 그 성질이 천기화기처럼 변해버리는데 천기의 장점은 본래 임기응변에 능한 것이지만 그것이 또한 결점이 되기도 한다.

왜냐면 지나치게 총명하게 꾀를 쓰므로 때로는 교활하게 되어 다른 사람에게 믿음을 주지 못하는데 천기화기가 되면 더욱 이러한 성질이 나타내게 된다.

그래서 후천적으로 도덕적인 수양이 더욱 필요한 것이다.

결국 이렇다. 탐랑이 봄을 만나면 그 본질적인 교제나 수완이 가장 바람직하게 발휘되고 또 그로 말미암아 이익을 얻기도 하지만 그것이 도가 지나치면, 즉 탐랑이 겨울이 되면 교활하게 되고 자기 꾀에 자기가 넘어가므로 다른 사람들에게 신뢰를 주지 못하게 되는 것이다.

이 무간을 통해서 인생에서 교제도 중요하고 수완도 중요하지만 그 밑받침에는 성심과 항심恒心·우직함이 필수라는 것을 알 수 있다. 그렇지 않으면 천기화기의 교활함으로 변해서 한낱 시정잡배와 같은 간사한 인간으로 전락되게 되는 것이다.

> **보충 1** 탐랑은 정도화다.
> 탐랑이 화록이 되면 이성(狼)의 집착대상(貪)이 되어 염복艶福을 누리며, 그러다 보면 주변에 여자들이 늘 따르게 되고(태음화권) 그런 여자들과 가까이 지속적으로 교제하다보면 세컨드를 삼기도 하고(우필화과) 결과적으로 가정이 어지럽게 된다. (천기화기)[11]

(7) 기간

기간己干에서는 무곡화록이 된다.

무곡은 재성으로 행동으로 돈을 벌지 계획으로 돈을 버는 성이 아니다. 그래서 무곡이 화록이 되면 행동으로 돈을 버는데 순조롭거나 하는 행동마다 돈이 된다.

---

[11] 천기는 집안일을 주하는데 화기가 되면 가정이 어지러워진다.

이것은 무곡의 재성이 봄을 만났을 때 재적인 특성이 최고도로 발휘되기 때문이다.

그러나 이러한 무곡도 겨울을 만나면 문곡화기와 같은 성질로 바뀌게 되는데 문곡화기란 겉만 번드르하고 유명무실한 성질로 무곡을 변질시켜 문서 계약상의 착오의 성질을 갖게 된다.

그리고 이러한 문서착오의 성질은 현대와 같은 투기가 만연한 사회에서는 더욱 그 특성으로 인한 피해가 커지게 됨은 자명한 일이다.

결국 무곡의 재적인 속성을 극한까지 밀고 가다보면 돈을 버는 행동에 있어 투기를 유발하게 되고[12] 결국 문서착오로 한순간에 재산을 날리게 되는 것이다.

기간 己干에서 우리는 재적인 측면에서 무한대의 욕망은 결국 문곡화기와 같은 한순간의 문서착오로 물거품이 될 수 있다는 것을 알 수 있다.

> **보충 1** 무곡은 재성이다. 이 재성에 화록이 붙으면 돈을 벌게 된다. 돈을 벌게 되면 그것을 유지하고자 하는 탐욕이 생기며(탐랑화권), 그렇게 유지하고자 하는 탐심이 지속되다보면 자기도 모르게 이해 타산적으로 매사를 계산하고 따지게 되고(천량화과), 그런 식으로 살다보면 예의와 염치를 잃게 된다(문곡화기).

---

[12] 왜냐면 손쉽게 돈을 버는 방법은 투기밖에 없으니까.

(8) 경간

경간庚干에서는 태양이 화록이 된다.

태양이란 귀를 주로 하는 별이지 부를 주로 하는 별이 아니기 때문에 화록이 되면 태양의 귀적인 속성이 한껏 드러나게 되어 사회지위가 올라가게 된다.

그리고 태양은 발산의 성질이 있기 때문에 화록이 되면 그 발산의 성질을 더욱 증가시키게 된다.

그래서 태양의 성세를 유감없이 드러내어 좋지만 이 태양도 겨울을 맞으면 천동화기와 같은 속성을 드러내게 된다.

천동이란 복성이고 여기에 화기가 되면 화기란 시비의 의미가 있으므로, 천동화기는 복에 시비를 거는 의미로 복이 있어도 그 복을 의심하여 누릴 수 없음을 말한다. 결국 불만으로 나타나는 것이다.

태양이 화록이 될 때는 유감없이 자기재주를 뽐내고 드러내어 힘껏 자기를 발산해 사회적인 지위와 지명도를 얻지만 태양이 겨울이 되면 발산의 극한에 이르게 되므로 탈진하여 공허해진다.

그래서 빛을 만물에게 주는 것이 복이기는 하지만 지나친 발산으로 인해 만물에게 원망을 살 뿐만 아니라 자기도 또한 기력을 소진하게 되므로, 주객 모두 그 빛을 복된 것이라 느끼지 못하게 되어 복을 차버리고 불만스럽게 생각하며 이것이 결국 정신적으로 공허와 고민으로 나타나게 되는 것이다.

이 경간을 통해서 우리는 가진 재주를 다 드러내는 것은 결국 자기나 타인에게나 득이 안되고 오히려 불만을 조성하게 되므로 행동거지에서 중용을 취하는 것이 복을 누리는 것이라는 것을 알 수 있다.

또 지나친 발산은 늘 불만을 불러일으킨다는 우주의 진리를 상징화 한 것이라도 볼 수 있다.

> **보충 1** 태양은 공명정대의 성으로 태양이 화록이 되면 공명정대한 처세로 모든 이의 존경을 받게 된다(태양화록).
> 그렇게 공명정대한 처세는 행동에 권위와 위엄을 가져다주고 (무곡화권), 그것이 지나치게 되면 결벽증이 되어 매사를 너무 깔끔하게 하려고 하며(태음화과), 그렇게 결벽적인 처사가 지속되면 만인의 불만을 사게 된다(천동화기).

(9) 신간

신간辛干에서는 거문이 화록이 된다.

거문은 암성이며 또 시비를 주한다. 또 거문은 입의 의미도 있다. 그래서 거문이 떨어지면 입으로(즉 말로) 밥벌어먹고 사는 사람을 종종 보는 것은 이 때문이다.

이 거문에 화록이 되면 시비구설은 플러스적인 측면으로 바뀌므로 말을 많이 하는 교사나 변호사·학원강사 외교관 등에서 보듯 긍정적으로 발현되나 그 암성의 본질 때문에 마음을 많이 쓰게 된다.

그래서 거문이 봄이 되면 이러한 시비의 본질이 봄을 만나게 되므로 그 입으로 봄의 기운처럼 만물을 자라게 하고 키우게 하고 살리는 긍정적인 면을 유감없이 발휘하게 된다. 교육이란 것이 그렇지 않은가!

그러나 거문이 겨울이 되면 문창화기와 같은 성질로 변하게 되는데 문창은 문서를 주로 하고 화기가 되면 문서착오가 있게 된다.

그래서 대부분의 경우에 문창화기는 약속을 어기는 의미가 있는 것이다.

즉 거문이라면 구설을 의미하는데 여기에 화록이 붙으면 구설의 긍정적인 측면이 발휘되므로 언변이 있거나 말을 많이 하거나 하게 되지만 이 거문도 겨울이 되어 노쇠해지고 그 구설이 극한에 이르면 약속을 어기고 실언하며 말의 덕을 잃는 것으로 나타나게 된다.

이 신간辛干 또한 인간생활에 말이 신용을 얻는 척도가 됨과 동시에 신용을 잃는 관건이 되기도 한다는 것을 보여주고 있으며, 풍부한 언어구사와 달변도 결국 많이 하게 되면 말에 실수가 있게 됨을 고인이 경계한 것이라고 할 수 있다.

보충 1 거문은 의심의 성으로 이 성이 화록이 되면 회의심이 극강한 연구심으로 변해 집중과 창조의 원동력이 되며 그렇게 하다보면 대중에게 이로움을 주고(태양화권), 그래서 이름이 나지만(문곡화과), 세월이 흘러 그 집중력과 창조력이 쇠약해지다보면 명예손상이 따르기 마련이다(문창화기).

(10) 임간

임간壬干은 천량에 화록이 붙는다.

천량은 음덕陰德할 때의 '陰'적인 속성과 형법刑法의 '刑'적인 두 가지 속성이 있다.

그래서 천상의 격국 중에 '재음협인격財陰夾印格'과 '형기협인격刑忌夾印格'이 있는데 이것은 천상이 있을 때 반드시 그 양옆에는 거문과 천량이 협하고 있으면서 환경의 영향을 많이 받는 천상에게 길흉간에 영향을 준다.

그래서 거문에 화기가 붙으면 천량은 자동적으로 형벌의 '刑'속성으로 변하고 거문에 화록이 붙으면 천량은 또 음덕의 '陰'으로 변한다.

즉 거문의 상황에 따라 형적인 속성과 음적인 속성이 번갈아 나타나 천상에 영향을 주는 것이다.

이 임간의 경우도 그렇다. 천량이 봄을 만났을 때는 '형'적인 속성보다는 '음'적인 속성이 분명하게 드러난다.

천량의 본질이 '청렴한 관리'와 같은 속성이 있으므로 천량에 화록이 붙으면 청렴한 관리가 백성들의 어려움을 덜어주고 법의 보호아래 편안하게 살 수 있도록 그늘이 되는 역할(陰은 그늘 음)을 하게 되므로 부모의 음덕이나 관으로부터의 음덕을 입는 것으로 나타난다.

그러나 천량이 겨울이 되면 천량의 형적인 속성이 나타나 포청천과 같은 살벌한 원칙과 형벌만 난무하게 된다.

그래서 형벌만 난무한 무곡화기와도 같은 속성으로 변질되는 것이다.

　그래서 부정축재하는 사람은 재산을 박탈하며,13) 탐관오리는 파직하고,14) 중죄를 지은 사람은 작두로 사형을 집행하며,15) 유배시킨다.16)

　우리는 이 임간壬干을 통해서 어떠한 권리에는 반드시 책임이 뒤따른다는 것을 알 수 있다.

　법으로부터 보호도 받을 권리가 있어 편안함을 누리지만 또 법으로부터 책임을 추궁당할 수도 있기 때문에 매사에 법다운 삶을 살아야 함을 암시하고 있다.

보충 1 천량은 대표적인 노인성이다.

　천량화록은 노인의 지혜와 경륜이 한껏 발휘되어 노익장을 과시하는 모습이다(천량화록). 그렇게 지혜와 경륜으로 일처리를 하다보면 세상에서 가장 존경을 받는 원로가 되며(자미화권) 그런 원로는 세상에 많은 사람들을 도움으로 명성을 날리게 된다(좌보화과). 그러나 그러한 지혜와 경륜의 노인이 세월이 가서 병이 들거나 총기가 흐려지면 극단적으로 고집스럽고 고립을 자초하며 결국에는 자멸에 이르게 된다(무곡화기).

---

13) 무곡화기는 거대한 파재의 성질이 있다.
14) 장사하는 사람은 문을 닫거나 샐러리맨은 직장을 잃거나 잘리게 된다.
15) 무곡화기는 금속으로 상傷하는 의미가 있다.
16) 무곡화기는 결절의 의미를 가지고 있어 어떤 것을 끊어내어 분리시킨다.

(11) 계간

계간癸干에는 파군에 화록이 붙는다.

파군이란 옛 것을 갱신하는 의미가 있다. 그리고 그 개변의 폭도 상당히 크며 당사자가 생각지 못할 정도가 된다.

그래서 이러한 파군이 봄을 만나면 그 변화가 유리하여 그러한 개창을 통해서 더욱 좋은 상황을 연출하게 된다. 그리고 이러한 변화가 대폭적이고 유리하다 하더라도 파군 본신은 직감적으로 불안함을 느끼게 되므로 다른 사람의 조력을 필요로 하게 된다.

그래서 파군화록이 명궁에 있으면 다른 사람과 동업이나 합작하는 것을 좋아한다.

그러나 파군이 겨울이 되면 탐랑화기의 속성으로 변하게 되는데 개창만 전문적으로 하는 파군이 극한까지 가면, 그 개창에 대한 뒤치다꺼리 때문에 말할 수 없이 접대가 많게 되고 살성을 만나면 말할 수 없는 숨은 고통으로 변하게 된다.

그리고 급기야는 폭발 폭패로 나타나며 그 폭패의 과정도 모두 의외로 나타나게 된다. 그러므로 절대 투기를 해서는 안되는 것이다.

파군이 봄에는 화록이 되므로 개창하고 돌진하는 것이 이로워 투기에도 능하겠지만, 겨울이 되어 파군의 기력이 극한에 이르러 피로하게 되면 결국 뒷감당을 못해 폭패하게 되는 것이다.

우리는 계간을 통해서 변화가 크면 클수록 그에 대한 반작용도 크며 그 대가도 크다는 것을 알 수 있다.

그래서 고인은 파군을 좋아하지 않았던 것은 고인의 철학으로는 파군이 중용을 잃은 별로 보였고, 중용을 잃기 때문에 많은 무리수를 두게 되고, 그로 말미암아 거대한 좌절을 흔히 겪게 되기 때문에 파군을 '광狂'이라고 까지 표현하면서 꺼려했던 것이다.

보수적인 사회 속에서 파군이 홀대를 받은 것을 이것을 통해 알 수 있겠다.

보충 1 파군은 파구창신破舊創新의 별이다. 파군화록이 되면 옛것을 새롭게 갱신해 면목일신하게 한다.
그렇게 하면 사람들의 이목과 주목을 받게 되고(거문화권), 그 이목과 주목은 정서적인 만족과 안정감을 가져다 준다(태음화과). 그러나 세월이 가면 새롭게 창조할 만한 에너지가 딸리게 되므로 그런 상황에서의 갱신은 반복적인 지출로 인한 박탈을 초래하게 된다(탐랑화기).

(12) 정리하면

위에서 말한 십간사화의 유기적 성질에 대한 원리는 단순히 "갑간의 화록은 염정이다. 갑간의 화기는 태양화기다"라는 것을 단순히 암기하는 차원을 넘어서 갑간에 염정이 화록이 되면 화기가 태양이 될 수밖에 없는 이유를 이론적으로 설명해 놓은 것이다.

그리고 그렇게 변하는 과정 속에서 고인들이 후인들에게 하고자 했던 삶에 대한 심오한 철학적 통찰이 담겨져 있음을 보기도 하였다.

위에서 말했듯이 화록과 화기는 인간이 탄생해서 성장하고 죽음을 맞이하는 과정과 같아서, 탄생할 때의 나와 죽을 때의 나가 둘이 아니듯이 화록과 화기도 서로 별개의 것이 아닌 것을 알 수 있다.

그래서 한 인간을 평가할 때 어떻게 태어났으며 어떻게 죽었는가가 중요하듯이 한 사람의 명을 추론할 때 그 발생이 되는 화록과 그 결과가 되는 화기의 향배가 아주 중요하다.

4. 록기에 관한 기본적인 규칙

(1) 발생과 결과는 서로 맞물려 있다!

 발생(화록)과 결과(화기)는 위에서 보았듯이 음과 양처럼 서로 꼬리에 꼬리를 물고 있다.
 즉 결과(겨울) 뒤에는 이어서 발생(봄)이 이어지듯이 이 둘은 서로 동떨어져 있는 것이 아니라 서로 밀접하게 서로가 서로에게 맞물려 있으면서 역동적인 균형을 이루면서 하나의 상을 도출해 낸다.
 그래서 실제적으로 명을 추론할 때 태극이라는 원통의 관점에서 발생과 결과를 봐야지 독자적으로 서로 분리된 단독자로서의 발생과 결과라는 식으로 봐서는 안된다.
 즉 양의 꼬리에는 음의 머리가 맞물려 있고 음의 꼬리에도 양의 머리가 맞물려 있으므로 발생과 결과도 그렇게 꼬리를 물고 돌아가는 것이다.

(2) 록과 기 둘 다 어디서 왔나를 보라!

이것은 명을 추론할 때 아주 중요한 관점이다.

흔히 무슨 일 때문에 무엇이 어떻게 되었다. 언제 시작되면 언제 끝날 것이다. 등등의 원인과 결과를 추론하는데 이 관점은 아주 중요하므로 잘 봐야 한다.

그래서 어떤 십간의 발생을 볼 때 반드시 그 결과가 어디에 있는지를 살펴야 하고 또 결과를 보면 그 발생이 어느 궁에 있는가를 주의해야 하는 이유가 여기에 있는 것이다.

즉 발생이면 발생, 결과면 결과가 공히 그 끝점과 시작점이 있는 것이므로 반드시 그 원인과 결과, 시작과 끝을 동시적으로 살펴서 판단해야 하는 것이다.

유년 삼방사정에 화기가 걸려 들어올 때 그것을 단순히 그 궁의 결과로서의 기忌로만 보지 말고 어디서 발생해서 오는 결과인가를 봐서 그 忌의 작용이 어떻게 나타날 것인가를 판단해야 한다는 것이다.

또 만약 록이 걸렸다면 그 발생을 그냥 단순하게 보지 말고 그 결과가 어디로 가있는지를 살피면 그 록이라는 발생의 성질을 알 수 있는 것이다.

물론 대한·선천·유년의 록기가 중첩되었을 때는 좀 더 복잡한 메커니즘이 있지만 원론적인 입장에서 본다면 이러한 원리에 뿌리를 두고 있다.

실례 여명 1968년 1월 ○일 묘시			
封誥 天巫 祿存 火星 貪狼 廉貞 ◎◎ 陷陷 祿 博士 劫煞 天德 62~71 【身遷移】 丁冠巳	天廚 天使 天貴 恩光 擎羊 巨門 △◎ 官府 災煞 弔客 52~61 【疾厄】 戊帶午	寡宿 天才 紅鸞 天鉞 文曲 文昌 天相 ◎◎△X 伏兵 天煞 病符 42~51 【財帛】 己浴未	解神 地空 天梁 天同 ◎陷◎ 大耗 指背 太歲 32~41 【子女】 庚生申
紅艶 蜚廉 天傷 三台 陀羅 左輔 太陰 ◎◎X 權 力士 華蓋 白虎 72~81 【奴僕】 丙旺辰	성명 : ○○○, 陽女 陽曆 1968年 1月 ○日 6:59 陰曆 戊申年 1月 ○日 卯時 命局 : 水二局, 大海水 命主 : 巨門 身主 : 天梁		破碎 天空 台輔 天刑 七殺 武曲 X◎ 病符 咸池 晦氣 22~31 【夫妻】 辛養酉
天福 天官 大耗 天府 △ 青龍 息神 龍德 82~91 【官祿】 乙衰卯			天月 天哭 八座 右弼 太陽 ◎陷 科 喜神 月煞 喪門 12~21 【兄弟】 壬胎戌
旬空 天虛 年解 鳳閣 陰煞 天馬 地劫 ◎△ 小耗 歲驛 歲破 92~ 【田宅】 甲病寅	天壽 天喜 鈴星 天姚 破軍 紫微 陷◎◎◎ 將軍 攀鞍 小耗 【福德】 乙死丑	截空 龍池 天機 ◎ 忌 奏書 將星 官符 【父母】 甲墓子	孤辰 飛廉 亡神 貫索 2~11 【命】 癸絶亥

기미대한(42세~51세)의 기축년은 자미파군이 좌하고 있다.

자미파군에 천요와 천희의 도화성이 있고, 대궁에도 홍란과 목욕이 있으며, 천상과 창곡은 공히 문서를 주하는 별이자 천상은 의록의 신이고, 창곡은 예의와 염치의 별이다.

파군은 본래 파구창신의 성질이 있는데, 도화성과 동궁하니 도화적인 또는 미적인 의미에서의 파구창신이다.[17]

---

17) 실제로 파군이 이런 구조면서 질병성과 신궁·질액궁 등과 관계되면

자미는 황제성이자 우두머리의 성이니 인체로 말하자면 머리와 얼굴을 의미한다.

또 축미궁의 자파상성계의 삼방을 보면 피를 의미하는 홍란과 천희, 질병을 의미하는 병부와 의료성계인 천형, 염증을 의미하는 화령이 비치고 있으므로, 자파의 성계가 성형수술이 가능한 성계가 된다.

그런데 기미대한과 기축유년의 천간이 모두 무곡화록·문곡화기로 같으므로, 무곡화록은 유궁에 문곡화기는 미궁에 있게 된다.

축궁의 자파성계로는 문곡화기가 직접 충기하고 있다. 문곡은 예의를 주하는 성인데 여기에 문곡화기가 있으므로 그 예의가 왜곡되어서 자파를 충동하므로 그런 예의의 왜곡으로 인한 자파의 파구창신이 있어 성형수술을 기축년 음력 2월에 하게 되었다.

그런데 그 성형수술을 왜하게 되었느냐를 알려면 문곡화기의 결과를 가져다주는 발생인 무곡화록이 어디에 있는가를 봐야 한다.

무곡화록은 유궁, 즉 선천의 부처궁이자 대한 복덕궁이다. 그리고 이 유궁은 행동의 성인 무곡과 살육과 사망의 칠살이 두드려 부수는 파쇄와 강제와 무력을 의미하는 천형과 동궁하고 있으므로 성형수술의 발생은 부처(부처궁)와 감정적인(복덕궁)문제로 남편이 무력을 행사함으로 말미암는다.

성형 수술하는 일이 많다.

이 사람은 기축년 음력 2월에 남편과 다투다가 남편의 머리채를 흔들었는데, 남편이 주먹을 휘둘러 이 여명의 코뼈가 주저앉아 코를 세우는 수술을 했다. 즉 남편의 폭력으로 코가 부러져 성형수술을 한 것이다.

즉 자파상의 문곡화기의 미적인 외관의 갱신 즉 성형수술은 무곡화록 발생이 있는 부처궁 때문인 것이다.

이 예에서 보듯이 록과 기는 서로 연결되어 있으므로 반드시 록을 보면 기의 향배를, 기를 보면 록의 향배를 봐야 한다.

(3) 일차발생을 찾는다.

발생과 결과는 화록과 화기를 지칭하며, 일차발생은 운의 화록이 좌한 궁을 말한다. 만약 사궁에 대한화록이 좌하고 있다면 그것이 일차발생이 된다. 오궁에 대한화록이 좌하고 있어도 그것이 일차발생이 된다. 일차발생은 운의 화록이 좌한 궁을 말한다는 것을 명심하자!

(4) 이차발생을 찾는다.

화록과 화록이 만나는 것을 이차발생이라고 한다. 삼방에서 만나 이차발생되는 경우와 협으로 만나 이차발생이 되는 경우, 차성안궁해서 이차발생이 되는 경우가 있다.

① 경우1/ 삼방에서 만나 이차 발생이 되는 경우

사궁에 선천화록이 있을 때 유궁에 대한화록이 있다면 축궁이 이차발생궁이 된다.

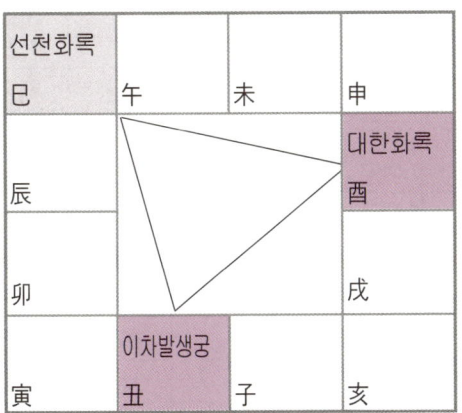

② 경우2/ 협에서 만나 이차 발생이 되는 경우

사궁에 선천화록이 있을 때 대한화록이 묘궁에 있으면 진궁이 이차발생궁이 된다.

선천화록 巳	午	未	申
이차발생궁 辰			酉
대한화록 卯			戌
寅	丑	子	亥

	삼방에서 만나 이차 발생이 되는 경우		
	선천화록이 있는 궁	화록	이차 발생궁
해묘미 궁의 예	해궁	묘궁	미궁
		미궁	묘궁
	묘궁	해궁	미궁
		미궁	해궁
	미궁	묘궁	해궁
		해궁	묘궁
사유축 궁의 예	사궁	유궁	축궁
		축궁	유궁
	유궁	사궁	축궁
		축궁	사궁
	축궁	사궁	유궁
		유궁	사궁
인오술 궁의 예	인궁	오궁	술궁
		술궁	오궁
	오궁	인궁	술궁
		술궁	인궁
	술궁	인궁	오궁
		오궁	인궁
신자진 궁의 예	신궁	자궁	진궁
		진궁	자궁
	자궁	신궁	진궁
		진궁	신궁
	진궁	신궁	자궁
		자궁	신궁

협에서 만나 이차 발생이 되는 경우		
선천화록이 있는 궁	대한화록	이차 발생궁
자궁	술궁	해궁
	인궁	축궁
축궁	해궁	자궁
	묘궁	인궁
인궁	자궁	축궁
	진궁	묘궁
묘궁	축궁	인궁
	사궁	진궁
진궁	인궁	묘궁
	오궁	사궁
사궁	묘궁	진궁
	미궁	오궁
오궁	진궁	사궁
	신궁	미궁
미궁	사궁	오궁
	유궁	신궁
신궁	오궁	미궁
	술궁	유궁
유궁	미궁	신궁
	해궁	술궁
술궁	신궁	유궁
	자궁	해궁
해궁	유궁	술궁
	축궁	자궁

(5) 특수이차발생을 찾는다.

 이차발생은 본래 화록과 화록이 삼합으로 만나거나 협으로 만날 때 이루어지는데 그렇지 않은 '특수이차발생'이 있다.
 그것은 십사정성 중 가장 협의 영향에 민감한 천상성에서는 재음협인의 형태로 이차발생이 일어난다.
 즉 천상성의 협궁에는 반드시 거문과 천량이 협하게 되는데, 거문궁에 화록이 붙을 때는 천상이 재음협인이 되며 이런 경우를 '특수이차발생'이라고 한다.

 이 특수한 이차발생을 실전에 응용할 때는 '재음협인으로 이차발생되고' 또는 '특수이차발생되고' 하는 식으로 표현한다.
 이두식록기법은 운 추론상의 기교로, 정靜에 해당하는 선천명반을 다루는 것이 아니라, 동動에 해당하는 후천(대한·유년·유월·유일·유시의 운)을 파악하는 것이므로, '일차발생' '이차발생' '특수이차발생' '문제궁위' '일차결과' '이차결과' 등의 약속은 모두 선천이 아니라 후천을 대상으로 한다는 것을 명심해야 한다.

 그러므로 이 특수이차발생의 경우에서도 후천운, 즉 대한·유년·유월·유일·유시의 화록에 의해 천상의 협궁인 거문궁에 화록이 붙었을 때 특수이차발생현상이 있는 것이지, 선천적으로 거문궁에 화록이 있거나 하는 것과는 상관이 없다.
 인궁이 대한 명궁이라고 할 때 천상의 협궁으로는 축궁에 거동·묘궁에 태양·천량이 있게 되는데, 이 중에 축궁의 거문·천동조합에 화록이 붙을 때 특수이차발생이 형성된다. 이 경우는 병인 대한 천동에 화록이 붙으므로 병인대한일 때 천상은 '재음협인으로 이차발생'되게 된다.

巳	午	未	申
辰 陽梁 卯			酉 戌
武相 寅	巨同 丑 화록	子	亥

(6) 문제궁위를 찾는다.

선천록존과 운의 화록이 만나는 것을 문제궁위라 하는데, 이 경우도 삼방에서 만나 문제궁위를 이루는 경우와 협으로 만나 문제궁위를 이루는 경우, 차성안궁해서 문제궁위를 이루는 경우가 있다.

녹존이 진·술·축·미궁에는 들어가지 않는다는 것에 주의해야 한다.

① 삼방에서 만나는 경우

해궁에 녹존이 있을 때 묘궁에 대한화록이 있다면 미궁이 문제궁위가 된다.

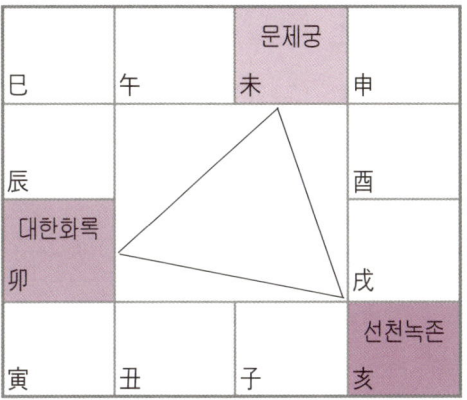

② 협에서 만나는 경우

사궁에 선천록존이 있을 때 대한화록이 묘궁에 있으면 진궁이 문제궁이 된다.

선천녹존 巳	午	未	申
문제궁 辰			酉
대한화록 卯			戌
寅	丑	子	亥

	삼방에서 만나는 경우				협에서 만나는 경우		
	선천녹존이 있는 궁	화록	문제궁위		선천녹존이 있는 궁	대한화록	문제궁위
해묘미궁의 예	해궁	묘궁	미궁	자궁	술궁	해궁
		미궁	묘궁		인궁	축궁
	묘궁	해궁	미궁	축궁	해궁	자궁
		미궁	해궁		묘궁	인궁
	미궁	묘궁	해궁	인궁	자궁	축궁
		해궁	묘궁		진궁	묘궁
사유축궁의 예	사궁	유궁	축궁	묘궁	축궁	인궁
		축궁	유궁		사궁	진궁
	유궁	사궁	축궁	진궁	인궁	묘궁
		축궁	사궁		오궁	사궁
	축궁	사궁	유궁	사궁	묘궁	진궁
		유궁	사궁		미궁	오궁
인오술궁의 예	인궁	오궁	술궁	오궁	진궁	사궁
		술궁	오궁		신궁	미궁
	오궁	인궁	술궁	미궁	사궁	오궁
		술궁	인궁		유궁	신궁
	술궁	인궁	오궁	신궁	오궁	미궁
		오궁	인궁		술궁	유궁
신자진궁의 예	신궁	자궁	진궁	유궁	미궁	신궁
		진궁	자궁		해궁	술궁
	자궁	신궁	진궁	술궁	신궁	유궁
		진궁	신궁		자궁	해궁
	진궁	신궁	자궁	해궁	유궁	술궁
		자궁	신궁		축궁	자궁

(7) 일차결과를 찾는다.

위에서 말했듯이 발생은 화록을, 결과는 화기를 지칭한다할 때, 화록이 있는 궁을 일차발생이라고 한 것처럼 화기가 좌한 궁을 일차결과라 한다.

예를 들어 사궁에 대한화기가 좌하고 있다면 그것이 일차결과가 된다.

오궁에 대한화기가 좌하고 있다면 그것이 일차결과가 된다. 일차결과는 운의 화기가 좌한 궁을 말한다.

(8) 이차결과를 찾는다.

일차결과가 운의 화기가 좌한 것을 지칭하는데 반해 화기와 화기가 만나는 것을 이차결과라 하는데, 이경우도 삼방으로 만나 이차결과가 되는 경우와 협으로 만나 이차결과가 되는 경우 차성안궁해서 이차결과를 이루는 경우가 있다.

① 삼방에서 만나는 경우

사궁에 선천화기가 있을 때 유궁에 대한화기가 있다면 축궁이 이차결과궁이 된다.

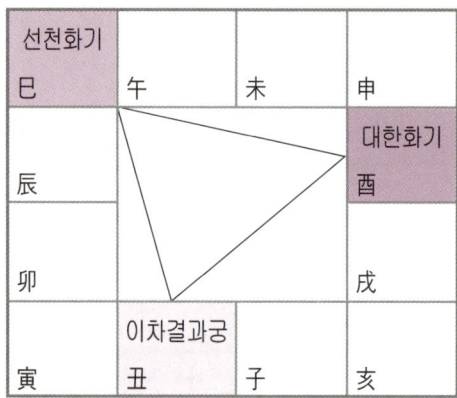

② 협에서 만나는 경우

사궁에 선천화기가 있을 때 대한화기가 묘궁에 있으면 진궁이 이차결과궁이 된다.

선천화기 巳	午	未	申
이차결과궁 辰			酉
대한화기 卯			戌
寅	丑	子	亥

(9) 특수이차결과를 찾는다.

이차결과는 본래 화기와 화기가 삼합으로 만나거나 협으로 만날 때 이루어지는데 그렇지 않은 특수이차결과가 있다. 그것은 십사정성 중 가장 협의 영향에 민감한 천상성에서 형기협인의 형태로 특수이차결과현상이 일어난다.

즉 천상성의 협궁에는 반드시 거문과 천량이 협하게 되는데 거문궁에 화기가 붙을 때는 천상이 형기협인이 되며 이런 경우를 특수이차결과라고 한다.

이 특수한 이차결과를 실전에 응용할 때는 '형기협인으로 이차결과되고' 또는 '특수이차결과가 되고' 하는 식으로 명칭한다.

이 특수이차결과도 특수이차발생과 마찬가지로 대한·유년·유월·유일·유시의 화기에 의해 천상의 협궁인 거문궁에 화기가 될 때 '특수이차발생'현상이 있는 것이지, 선천적으로 거문궁에 화기가 있는 것을 말하지는 않는다.

정유대한이라고 할 때 정대한의 거문에 화기가 붙게 되므로 인궁이 '특수이차결과' 궁이 된다. 만약 진 대한이면서 진궁 천간이 경간(즉 경진대한)이라고 한다면 경간의 대한 천동화기가 축궁에 있게 되므로 이 경우도 인궁이 '특수이차결과' 궁이 된다.

巳	午	未	申
辰			丁酉 대한
陽梁 卯			戌
武相 寅	巨同 丑 화기	子	亥

4 록기에 관한 기본적인 규칙

(10) 여러 가지 경우의 발생, 결과를 따져보기

① 선천화록이 있는 궁에 대한화록이 있을 때

선천화록 대한화록 巳	午	未	申
辰			酉
卯			戌
寅	丑	子	亥

이 경우는 선천화록궁 사궁은 대한화록에 의해 그냥 일차발생만 되며 이차발생은 없다.

② 선천화록이 있는 궁에 대한화록이 있는데 협궁이나 삼합궁에 녹존이 있을 때

선천화록 대한화록 巳	午	未	申
辰			문제궁 酉
卯			戌
寅	선천록존 丑	子	亥

이 경우는 선천화록궁 사궁은 대한화록에 의해 그냥 일차발생만 되고 이차발생은 없으며, 축궁에 선천의 녹존이 있으면 유궁이 문제궁위가 된다.

③ 선천화록이 있는 궁과 옆 궁에 대한화록이 있는데 협궁이나 삼합궁에서 만나지 않을 때

선천화록 巳	午	未	申
대한화록 辰			酉
卯			戌
寅	丑	子	亥

이렇게 선천화록이 사궁에 있는데 대한화록이 진궁에 있는 경우처럼, 대한화록이 선천화록을 삼합궁이나 협궁에서 보지 않을 경우에는 대한화록이 있는 궁만 일차발생이 될 뿐 선천화록과 이차발생은 되지 않는다.

즉 대한화록은 선천화록과 아무관계가 없게 된다.

④ 선천화록이 있는 궁에 녹존이 있는데 그 궁에 다시 대한화록이 있을 경우

선천화록 녹존 대한화록 巳	午	未	申
辰			酉
卯			戌
寅	丑	子	亥

위의 사궁에서처럼 선천화록과 녹존이 동궁하고 있는데 다시 대한화록이 있게 되면, 대한화록에 의해 일차발생만 되고 이차발생은 없으며 문제궁위도 없게 된다.

⑤ 선천화록이 있는 궁과 녹존이 있는 궁 사이에 대한화록이 들어가 있을 때

선천화록 巳	午	未	申
대한화록 辰			酉
녹존 卯			戌
寅	丑	子	亥

이 경우처럼 사궁에 선천화록이 있고 묘궁에 녹존이 있는데 대한의 화록이 진궁에 들어간다면, 이 경우는 단순히 진궁이 일차발생이 될 뿐이며 이차발생이나 문제궁위는 없게 된다.

⑥ 선천화록이 있는 궁과 대한화록사이에 녹존이 들어가 있을 때

巳	午	未	申
대한화록 (일차발생) 辰			酉
녹존 (이차발생) 卯			戌
선천화록 寅	丑	子	亥

위 경우처럼 선천화록이 인궁에 있고 묘궁에 녹존이 있는데 진궁에 대한화록이 있게 되면, 진궁이 일차발생이 되고 묘궁이 이차발생궁이 되며 문제궁위는 해당사항이 없게 된다.

⑦ 선천화록이 있는 궁과 대한화록과 마주보고 있을 때

巳	午	未	申
대한화록 (일차발생) 辰			酉
卯			선천화록 戌
寅	丑	子	亥

위 경우처럼 술궁에 선천화록이 있는데 대궁 진궁에 대한화록이 있을 경우는, 단순히 대한화록이 진궁을 일차발생시킬 뿐이며 이차발생은 해당사항이 없게 된다.

⑧ 녹존이 있는 궁과 대한화록과 마주보고 있을 때

巳	午	未	申
대한화록 (일차발생) 辰			酉
卯			녹존 戌
寅	丑	子	亥

위 경우처럼 술궁에 녹존이 있는데 대궁 진궁에 대한화록이 있을 경우도, 단순히 대한화록이 진궁을 일차발생시킬 뿐이며 문제궁위는 해당사항이 없게 된다.

⑨ 선천화록과 대한화록과 녹존이 삼합이나 협으로 만날 때

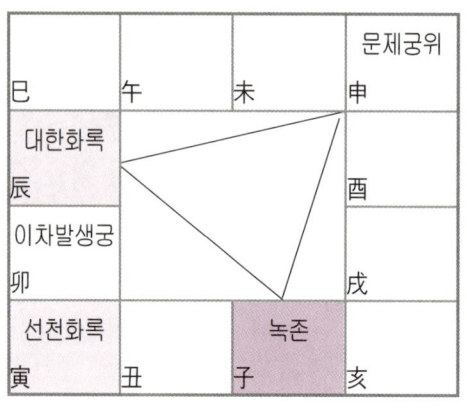

위 경우처럼 인궁에 선천화록이 있는데 진궁에 대한화록이 있고 자궁에 녹존이 있다면, 묘궁이 이차발생궁이 되고 신궁이 문제궁위가 된다. 인궁의 선천화록과 자궁의 녹존이 축궁을 문제궁위화 하는 경우는 없으니 이런 부분에 실수하지 않아야 한다.

⑩ 천상의 협궁인 거문궁에 이미 선천화록이 있는데 천량궁에 대한화록이 붙을 때

巳	午	未	申
辰			酉
陽梁 대한화록 (일차발생) 卯			戌
武相 (이차발생) 寅	巨同 선천화록 丑	子	亥

위의 '특수이차발생'에서 축궁에 거문이나 천동에 선천 화록이 붙었는데 묘궁 태양·천량궁에 대한의 화록, 즉 태양화록이나 천량화록이 붙어도 '특수이차발생'이 되느냐고 묻는 경우가 있는데, 이 경우는 묘궁의 대한화록이 일차발생이 되고 인궁 무곡천상 궁이 이차발생궁이 되는 것이지 '특수이차발생'이 되는 것은 아니다. '특수이차발생'이란

반드시 거문궁에 대한이나 유년·유월·유일·유시의 화록이 붙어야 형성된다는 것을 알아야한다.

(11) 차성인동과 차성인동궁위를 찾는다.

　차성이차발생과 차성이차결과·차성문제궁위로 인동되는 현상을 통틀어 '차성인동'이라고 이름한다.
　차성인동궁위란 가령 차성이차발생이나 차성이차결과 차성문제궁위가 자오궁에서 형성되었다면 이 자오궁을 '차성인동궁위'라고 이름한다.

(12) 차성이차발생 차성이차결과 차성문제궁위를 찾는다.

　위와 같이 일차발생·이차발생·일차결과·이차결과를 알고 있어도 어떤 사안이 발생한 이유를 이해할 수 없는 경우가 있는데, 이는 차성인동이라는 형식의 메커니즘에 의해 어떤 사안이 인동되는 경우가 있기 때문이다.
　이러한 차성인동현상은 일차발생이나 일차결과에서는 일어나지 않고 이차발생·이차결과·문제궁위에서만 일어난다.
　이차발생·이차결과·문제궁위는 삼방사정이나 협궁에 정성이 모두 포진해 있는 경우에 발생하는 현상인 반면 차성인동은 삼방사정 중에 한 궁이 공궁이거나 협하는 양궁이 모두 정성이 없거나 할 때 발생하는 현상으로 차성이차발생·차성이차결과·차성문제궁위가 있다.
　이러한 차성인동도 하나만 차성하는 일반적인 경우가 있고 일차·이차를 다 차성하는 특수한 경우가 있다.

　차성이차결과와 차성이차발생은 십이궁에 공궁空宮이 있는 명반에서만 일어나므로, 자미가 인신궁의 명반같이 공궁이 없는 경우에는 이 같은 차성인동현상이 생기지 않는다.
　나머지 경우에서만 차성인동현상이 생기는데 자미가 자·오·축·미·묘·유·진·술궁에 있는 명반의 경우는 공궁이 두 개이므로 차성인동현상이 네 가지 밖에 없으나, 자미가 사·해궁의 명반일 경우에는 거의 모든 궁에서 차성인동현상이 일어나므로 이 경우는 매우 복잡하다. 그러므로 사해궁일 경우에는 특별히 세심하게 살펴야 할 필요가 있다.

(13) 인자궁因子宮을 파악한다.

　인자궁이란 원인이 되는 인자를 의미하는 말로 이차발생과 문제궁위·이차결과에서만 일어나는 현상이다.
　위에서 이차발생과 문제궁위·이차결과를 언급했는데, 인자궁은[18] 어느 대한에서 어느 궁이 일차발생이 되었을 때 선천의 화록을 찾아서 일차발생인 대한의 화록과 더불어 삼합궁이 형성되거나 협궁이 형성되면 삼합궁의 촛점궁이 이차발생궁이 되고 협된궁이 이차발생이 됨을 위에서 언급했다.

이때 이차발생궁이 되기 위해서 힘을 거드는 선천화록궁·선천녹존궁을 인자궁위라고 한다.[19]

이차발생이나 문제궁위란 결국 대한 화록이 선천의 록(화록 또는 녹존)을 만나서 이뤄지는 것이기 때문에 선천의 록은 이차발생이나 문제궁위가 되게 하기위한 원인제공자가 되는 것이다.

일차발생이 남자요 양陽이라면, 원인궁이 되는 선천화록과 선천록존궁은 여자요 음陰이 된다고 할 수 있으며, 이차발생이나 문제궁위는 남녀음양의 교합에 의해 탄생된 자식과 같다.

그러므로 그 자식의 품질을 알려면 먼저 그 부모 된 이의 체질이나 성격·생활태도, 가치관 등을 알아야 하는 것처럼 이차발생이나 문제궁위·이차결과의 성격을 알기 위해서는 반드시 일차발생이나 일차결과와 더불어 인자궁의 속성을 같이 살펴야 하는 것이다.

---

18) 선천과 대한관계로만 놓고 보았을 때에 한정한다.

19) 일차결과 이차결과도 이런 식으로 이해하면 된다.

5. 진짜 록기는?

(1) 록과 기의 진가를 구별하자!

자미두수를 처음 배울 때는 화록과 화기에 대해 매우 혼란스럽다.
어느 유년에든 화록과 화기는 어느 궁엔가 떨어지게 되어 있다. 만약 무인년이라면 탐랑화록과 천기화기는 고정적으로 어느궁에든 들어가게 된다. 화록은 길하고 화기는 흉하다는 고정관념으로만 말한다면, 화록이 떨어지는 궁은 길할 것이고 화기가 떨어지는 궁은 흉할 것이다.
그러나 이렇게 길흉이 반씩 나타나는 경우도 있기는 하지만, 어떨 때는 일년이 온통 흉하다거나, 일년이 온통 길하다거나 하는 현상이 많으며 길흉 없이 넘어가는 일도 있다.

우리의 상식으로 본다면 록이나 기는 어느 궁이든 떨어지는 것이기 때문에, 그 한 해는 길한 일과 흉한 일이 동시에 발생해야 하는데 그렇지 않으니, 이러한 상식은 문제가 있다는 것을 언뜻 보아도 알 수 있을 것이다.

여기에 대해 필자는 이러한 가설을 세워본다.

즉 사화 속에 록기를 다 아우르고 있기는 하지만, '어떤 현상 때문에 한쪽이 드러나면 한쪽이 숨겨지거나 그 반대의 현상이 있다고도 가정해 볼 수 있지 않을까?' 하는 것이다.

이것은 나중에 말하겠지만 진가眞假가 있다는 것이다. 그렇지 않다면 왜 록은 록으로 기는 기로서의 모습을 다 드러내지 않겠는가?

(2) 진가眞假에 대한 이해

이것을 물상적으로 비유해서 설명하자면, 록기의 현상은 달이 빛을 내는 이치와 같다고 할 수 있다.

달이 본래 둥근데, 지구가 가리면 가린 부분은 빛을 내지 않고 그렇지 않은 부분만 빛을 내는 것과 같은 것이다. 지구에 의해 가려진 부분이라고 해서, 달이 실제로 없는 것이 아니라 있기는 하되 달빛으로서의 작용은 못할 뿐이고, 가려지지 않는 부분으로만 빛을 발하는 것과 같다.

록기도 마찬가지다.

록기도 동전의 양면처럼 동시에 한 꼴을 이루고 있지만, 달이 지구에 의해 가려지는 현상처럼 록이 드러나면 기가 숨겨지고, 기가 드러나면 록이 숨겨지는 것과 같은 현상이 있을 수 있다는 것이다.

그러면 그 모종의 법칙 모종의 우주적인 현상을 록기차원에서 어떻게 비유할 수 있을까?

달이 빛을 내는 것은 태양 때문이다. 태양이라는 빛을 달이 반사해서 빛이 나는 것이다.

그러나 우주공간에서의 달은 온달로 빛을 반사하고 있지만, 지구가 태양둘레를 돌면서 시간의 변화에 따라서 달의 크기가 변화되어 보이는 것이다. 결국 달은 공간적으로 아무런 변화도 일으키지 않는 것이지만, 지구에서 볼 때 시간적인 문제로 인해 그 크기가 달리 보인다는 말이다.

록기의 현상도 이와 유사하다고 할 수 있다.

록기는 우주공간에서 달의 모양이 전혀 변함이 없듯이[20], 단지 록 본래의 발생과 기 본래의 결과적인 원초적인 의미만을 가지고 있다. 그러나 지구에서 보면 시간의 변화로 인해 록의 모습만으로 그 정체를 나타내거나 기의 모습만으로 자신의 정체를 나타내기도 한다. 이로 인해 녹기가 가진 본래적인 발생과 결과의 의미뿐만 아니라, 길흉과 선악을 시간 속에 투사시키게 된다.

---

[20] 록기 자체의 본질상의 희기와 선악은 있지만, 공간상으로는 그것이 특정한 사물의 이해와 결부되지 않는다.

(3) 진록眞祿·진기眞忌·가록假祿·가기假忌

　그래서 필자는 이것을 진가라는 개념으로 표현하고 있다.
　즉 록기는 동전의 양면과 같아서 한 몸이며 뗄래야 뗄 수가 없지만, 지구라는 시간의 조건 속에서는 어느 한쪽만 그 얼굴을 드러낸다는 것이다. 그렇다고 그 모습을 드러내는 쪽만 실재하는 것이고, 감춰진 쪽은 비실재라는 말이 아니다. 왜냐면 록기가 둘이 아니므로 드러나 있는 것이 록이라 할지라도 기의 향배(기의 존재)를 도외시 할 수 없고 그 반대도 마찬가지다.
　그래서 록이 시간의 그물 안에 걸리든 기가 시간에 걸리든 간에 그 상대되는 짝이 어디에 있는가를 반드시 찾아야 한다.
　이것이 달의 본래 둥근 모습이듯, 록기도 원래는 하나이기 때문이다.

　그래서 록을 볼 때도 기가 어디에 있는가를 보고, 그 발생이 어떤 결과를 나타내는가를 따져야하고, 기를 볼 때도 록이 어디에 있는가를 봐서 그 결과가 어디서부터 비롯된 기인가를 추적해야 하는 것이다.[21]

　유년의 삼방사정에서 발생을 의미하는 화록이나 결과를 의미하는 화기가 걸리면, 녹기가 암시하는 구체적인 상을 나타내는데 발

---

[21] 지구라는 시간의 조건에 걸려서 나타낼 때는 록기는 모두 진록·진기가 되고, 감춰져 나타나지 않는 경우의 록기는 가록·가기가 된다고 이해하면 쉽다.

생이든 결과든 그 자체로의 꼴을 띠고, 록은 록으로 기는 기로서의 역할을 하면서 어떤 상을 나타낸다.

그래서 유년의 삼방사정에 걸리면 록이든 기든 진록·진기가 되며, 삼방사정 밖에 있으면 록이든 기든 가록·가기가 된다고 본다.

보충 대한과 유년이 중첩되거나 유년이 대한의 삼방사정과 대한의 복덕궁·대한의 부처궁에 좌하거나 하는 경우는, 온전한 진가의 의미를 가진다. 길흉을 따지는 일에 록이 걸리면 진록, 기가 걸리면 진기로 볼 수 있다.

그러나 유년이 대한의 삼방사정과 대한의 부처궁 대한의 복덕궁에 좌하지 않고 그 외의 궁에 좌한다면, 유년의 삼방에 유년록이 있어도 이것을 진록이라고 하거나 유년의 기가 있어도 진기라고 하거나 하지 않는다.

그것은 대운의 길흉이 유년의 길흉에 우선하기 때문에 최종적인 길흉판단의 관건은, 유년이 아니라 대한[22]에 있기 때문이다. 정리하자면 유년사화의 진정한 진가는 대한궁에 종속된다는 것이다. 고로 위에서 말한 유년의 진록·가록은 대한궁과 유년이 중첩되었을 때에 한해서 적용될 수 있다는 것이다.

여기서 진록·가록·진기·가기란 필자가 만들어 낸 말로 필자의 이론을 표현하기 위한 단어다. 왜 녹기에 진가를 붙였는가는 이유가 있다.[23]

---

[22] 즉 대한의 삼방사정과 대한 부처궁 대한 복덕궁을 말한다.

5 진짜 록기는?

여기서 진가란 표현 그대로이다.

진록이면 정말 녹으로서의 역할을 해내는 록이라는 말이다.

가록이란 록은 녹이지만 마치 '지리산'이라고 쓰여 진 이정표와 같은 것으로 그 이정표가 진짜 지리산은 아니듯이, 어떤 역할에 대한 암시만 할 뿐이지 록 자체가 가지고 있는 록으로서의 성질을 드러내지 않고 단순히 어떤 일에 대한 촉기나 발생을 알려주는 록을 말한다.

진기란 정말 기로서의 역할을 해내는 기를 말한다.

가기란 기로서의 역할을 하지 않고 단순히 결과로서의 어떤 상을 지칭하는 신호 등 역할만을 해내는 화기를 말한다.

그러나 이렇게 진록 진기임에도 길흉이 어긋나게, 즉 진기가 걸렸음에도 발재하고 승진하거나, 진록이 걸렸음에도 사망하거나 고전하는 것 등의 예외적인 규칙이 30% 정도 있음도 알아야겠다.

그러나 이런 경우는 그 나름대로 그럴만한 이유가 있는 것이니 차후에 재론하도록 하겠다.

---

23) 眞은 몸통·실체, 假는 깃털·그림자로도 표현할 수 있다.

6. 내궁과 외궁

(1) 내궁과 외궁의 개념

위에서 록기에 진가가 있다고 했는데 그것을 "어떤 경우에 진가로 나눠지는가?"에 대한 의문이 들 수 있다.

록기가 진가로 나눠지는 기준은 내궁과 외궁이라는 개념 틀을 이해하고 나서야 정확하게 진가를 구분해 낼 수 있게 되는데 내궁과 외궁은 아래와 같다.

10 전택궁 巳	9 관록궁 午	8 노복궁 未	7 천이궁 申
11 복덕궁 辰	내궁 직접궁 양수	외궁 간접궁 음수	6 질액궁 酉
12 부모궁 卯			5 재백궁 戌
1 명궁 寅	2 형제궁 丑	3 부처궁 子	4 자녀궁 亥

가령 명궁이 인궁이라고 하면 축궁 형제궁, 자궁 부처궁 하는 식으로 십이사항궁을 배치할 수 있다.

이 십이사항궁을 숫자로 환산해 표시하면 위에서처럼 명궁은 1, 형제궁은 2, …, 복덕궁 11, 부모궁 12 하는 식으로 표시 할 수 있다.

여기서 양수(1·3·5·7·9·11)궁과 음수(2·4·6·8·10·12)궁을 자세히 살펴보면 양수궁은 나와 직접적인 궁으로 배치되어 있고, 음수궁은 주로 부모형제·종·자녀의 육친궁과 집안을 의미하는 전택궁과 유전과 체질을 의미하는 질액궁 등 약간 간접적인 궁으로 배치되어 있음을 알 수 있다.

내궁과 외궁의 구분은 양수궁을 내궁이라 하고, 음수궁을 외궁이라 한다.

내외궁을 가리는 기준은 역시 나의 이해와 직접 관계가 되는 궁은 내궁(양수궁), 간접적이자 나의 이해와 관계가 없는 궁은 외궁(음수궁)이 된다. 양수는 동적이고 드러나는 의미, 음수는 정적이고 숨어있는 의미가 있는데 이러한 숫자의 의미를 궁에 대입해서 내외궁으로 나눈다.

동적이고 드러나는 의미의 숫자가 있는 내궁에 화록이 들어가면 진록, 화기가 들어가면 진기가 되며, 정적이고 숨어 있는 의미가 있는 숫자가 있는 외궁에 화록이 들어가면 가록, 화기가 들어가면 가기가 된다.

이 외궁과 내궁의 개념은 체가 되는 선천궁에서는 십이사항궁의 배치원리를 이해하는 한 측면으로서 관념적으로만 구분하는데 그쳐야하며, 선천 십이사항궁에서는 진록과 가록, 진기와 가기의 개념은 쓰지 않으니 주의해야 한다.

즉 선천 십이사항궁은 내궁이든 외궁이든 모두 진록·진기가 되므로 이점 유의해야 한다.

(2) 운에서 적용하라

외궁과 내궁의 개념은 운에서 적용해야 징험함을 볼 수 있다.

일단 선천 체에 대한 용으로서의 운은 대한·유년·유월·유일·유시 모두 각 단계의 운마다 이론적으로 내외궁을 나누지만, 운용상 최종 길흉은 대한의 내외궁에서 결정되므로, 대한의 내외궁을 주시하는 것이 록기의 진가로 인한 길흉현상을 정확하게 파악하는 지름길이다.

간단하게 이야기하면 대한의 내외궁만을 가려서 록기의 진가를 파악하는 게 관건이라는 점이다.

즉 대한 내궁은 대한 명궁·대한 천이궁·대한 재백궁·대한 관록궁의 일반적인 삼방사정에다, 대한 재백궁의 대궁인 복덕궁·대한 관록궁의 대궁인 대한 부처궁을 포함한 궁이다.

대한 외궁은 위의 내궁의 6개 궁을 제외한 대한 형제궁·대한 노복궁·대한 부모궁·대한 질액궁·대한 자녀궁·대한 전택궁의 6개 궁이 해당된다.

예를 들어 대한의 화록이 대한 내궁에 들어가면 그 화록은 진록이 되어 록으로서의 작용을 유감없이 발휘한다.

또 대한의 화기가 대한 외궁에 들어가면 그 화기는 가기로서 화기의 흉악한 작용이 없으며 대한 발생에 해당하는 대한 화록에 대한 결과로서의 의미만 띄게 된다.[24]

반대로 대한의 화기가 대한 내궁에 들어가면 그 화기는 진기가 되어 기로서의 작용이 여실히 드러나며 대한 화록이 대한 외궁에 들어가면 화록의 길상함이 없을 뿐만 아니라, 오히려 그 화록이 좌한 궁으로 인한 흉상이 발생되기도 하므로 외궁에 떨어지는 화록은 가록이 되는 것이다.

유년록기의 진가의 문제도 위에서 말한 대한 내궁에 유년이 좌해 유년의 록기가 대한 내궁이자 유년 내궁에 들어가면 진록·진기가 되고, 유년의 록기가 대한 외궁이자 유년외궁에 들어가면 가록·가기가 된다.

그러나 유년의 내궁이라도 그 내궁이 대한 외궁에 해당되는 궁이면 이 유년내궁에 들어가는 록기는 여전히 가록·가기가 됨을 명심해야 한다.

역시 유년의 외궁이라도 그 외궁이 대한의 내궁에 해당되는 궁이면 이 유년 외궁에 들어가는 록기는 진록·진기가 됨도 유의해야

---

[24] 그러나 임상에서는 여러 가지 경우의 수가 있으므로,『실전자미두수』까지 확실히 공부해서 더욱 디테일하게 진가에 대한 이론을 다듬어 가야 한다.

할 것이다.

실례1	여명 1969년 11월 ○일 술시			
破天陀天 碎貴羅相 陷△	解三陰紅祿天 神台煞鸞存梁 ◎◎ 科	寡天天天擎七廉 宿傷壽刑羊殺貞 ◎◎◎		天八鈴天 廚座星鉞 ◎◎
官指白 36~45 己 府背虎 【田宅】冠巳	博咸天 46~55 庚 士池德【官祿】旺午	力月弔 56~65 辛 士煞客【奴僕】衰未		青亡病 66~75 壬 龍神符【遷移】病申
紅台巨 艷輔門 △	성명 : ○○○, 陰女 陽曆 1969年 12月 ○日 20:59 陰曆 己酉年 11月 ○日 戌時			截天天天地 空官使哭劫 △
伏天龍 26~35 戊 兵煞德【福德】帶辰	命局 : 火六局, 爐中火 命主 : 祿存, 身主 : 天同			小將太 76~85 癸 耗星歲【疾厄】死酉
旬天恩貪紫 空虛光狼微 地◎ 權				天天天 月空同 △
大災歲 16~25 丁 耗煞破【父母】浴卯				將攀晦 86~95 甲 軍鞍氣【身財帛】墓戌
天大天文左太天 福耗巫曲輔陰機 △◎×◎ 忌	年鳳龍地火天 解閣池空星府 陷◎◎	封天天文右太 誥喜魁昌弼陽 ◎◎◎陷		蜚孤天天破武 廉辰才姚馬軍曲 △△△ 祿
病劫小 6~15 丙 符煞耗【命】生寅	喜華官 丁 神蓋符【兄第】養丑	飛息貫 丙 廉神索【夫妻】胎子		奏歲喪 96~ 乙 書驛門【子女】絕亥

◆ 기사대한의 상황

① 기사대한(36~45세)을 보면, 대한 명궁에 천상과 타라가 좌하고, 대궁에서 무곡파군에 무곡화록과 천마·천요가 비치고 있다.

② 앞의 진가 이론에 따르면, 기사대한의 기간 무곡화록은 대한의 내궁[25]에 좌하고, 대한 문곡화기는 대한 전택궁에 좌하고 있으므로, 무곡화록은 진록이고 문곡화기는 가기다.

그러므로 이론적으로 이 문곡화기는 흉을 띄는 화기가 아니므로 정해유년(41세)같은 경우, 정간 유년 태음화록이 대한의 가기에 해당하는 문곡화기와 동궁한 천기태음을 움직이고,[26] 유년의 거문화기는 진궁[27]에 있으면서, 사궁 천상을 형기협인해 사해궁에 좌한 대한 무곡화록[28]을 간접적으로 동하게 한다. 이 경우는 사해궁의 대한 내궁의 무파상의 무곡화록을 인동시켰으므로, 이 해에는 부동산 투자 등으로 인한 길함이 예상된다.

③ 문곡화기는 원론적으로 가기므로, 이 문곡화기는 대한 내궁의 무곡화록, 즉 대한 명천선(선천 자전선)의 무파상의 길상한 재적 투자에 대한 결과로서의 대한 전택의 천이궁이 되어 부동산 투자에 유리함을 알 수 있다.

④ 이러한 상황에 위 명이 필자에게 정해년 말에 물 좋은 부동산을 구매여부를 물었을 때, "과감하게 투자하면 투자실패하게

---

[25] 이 경우는 대한 천이궁

[26] 이 궁은 대한의 자전선

[27] 복덕궁 - 투자궁선

[28] 선천전택궁이자 대한 명천, 즉 전택의 이동변화

되므로 절대로 하지 말라!" 했다.

기축년 2월에 이 손님으로부터 들은 바로는 결국 필자의 만류에도 투자했고, 집값이 떨어져서 매우 심대한 타격을 받고 있는 중이라고 했다. 결국 투자착오를 인정한 셈이 되었다.

◆ **투자착오의 근거**

① 고객이 결국 투자착오를 할 수 밖에 없었던 이유는, 대한 외궁에 해당하는 대한 자녀궁에 원래 선천적으로 있는 선천 문곡화기에 그 키포인트가 있다.

② 앞에서 말하기를 "선천의 십이사항궁은 내외를 가려 진가를 따지지 않는다"고 했다. 선천적으로 선천록기는 어느 궁에 있든지 간에 길흉에 중대한 작용을 한다.

선천의 화록이 대한 내궁에 있으면 이 록은 대한 사화의 인동이 없이도, 이 대한 십년에는 필히 화록의 영향을 십년 내내 미치게 되고, 선천 화기가 대한 내궁에 있어도 화기의 작용을 십년 내내 미치게 된다.

③ 그렇다면 선천의 화록이 외궁에 있으며 어떨까? 적어도 해당 대한에서만큼은 선천화록의 길상함이 내게 있는 것이 아니라 외궁, 즉 타인他人·타물他物·타사他事에게 있는 것이므로 대부분 이 선천화록은 길함으로 작용하지 않으며, 선천화기 또한 외궁에 있으면 해당궁으로 인한 피해를 입거나 손실을 보게 된다.

④ 물론 이 선천의 록기가 대한의 록기에 의해 인동이 될 때 더욱 그러한 현상이 징험해진다는 것은 두말할 필요가 없을 것이다.

⑤ 이 명이 이 대한 중 정해년에 투자를 실패한 것은, 대한외궁에 선천의 화기가 좌하고 있는데, 대한의 화기가 이 선천화기를 재차 인동시켰기 때문에 선천화기의 흉상이 외궁에 있음에도 불구하고 강렬하게 나타나게 된 것이다.
이렇게 인동된 선천 문곡화기를 정해유년의 정간 태음화록이 다시 인동시켰으므로, 전택의 변동상에서 태음 부동산성에 문곡화기의 문서투자착오를 범하게 되었던 것이다.

실례2	여명 1972년 11월 ○일 사시			
截天天天文天 空福虛馬昌機 △◎△ 忌	解天天天陰地天紫 神廚才貴煞空鉞微 ◎ ◎	天封天 哭誥刑		陀破 羅軍 陷陷
病歲歲　　　癸 符驛破【身夫妻】生巳	大息龍　　　甲 耗神德【兄弟】浴午	伏華白　4~13　乙 兵蓋虎【 命 】帶未		官劫天　14~23　丙 府煞德【父母】冠申
天大紅地七 壽耗鸞劫殺 陷◎	성명 : ○○○, 陰女 陽曆　1972年 1月 ○日 10:59 陰曆　辛亥年 11月 ○日 巳時 命局 : 金四局, 沙中金 命主 : 武曲　身主 : 天機			紅天破祿文 艷官碎存曲 ◎◎ 科
喜攀小　94~　壬 神鞍耗【子女】養辰				博災弔　24~33　丁 士煞客【福德】旺酉
旬龍鈴天太 空池星梁陽 ◎◎◎ 權				天寡天擎天廉 月宿喜羊府貞 ◎◎◎
飛將官　84~93　辛 廉星符【財帛】胎卯				力天病　34~43　戊 士煞符【田宅】衰戌
天恩八天火天左天武 使光座巫星魁輔相曲 孤辰　　◎　◎◎X	蜚巨天 廉門同 ◎陷 祿	天天三右貪 傷空台弼狼 ◎◎		年台鳳天太 解輔閣姚陰 ◎
奏亡貫　74~83　庚 書神索【疾厄】絶寅	將月喪　64~73　辛 軍煞門【遷移】墓丑	小咸晦　54~63　庚 耗池氣【奴僕】死子		靑指太　44~53　己 龍背歲【官祿】病亥

◆ 무술대한의 상황

① 위의 명례와 아주 유사한 경우다.

　무술대한 염정천부대한으로 무간 탐랑화록은 대한내궁에 해당하는 대한 복덕궁에 있어 진록이 되고, 대한 천기화기는 대한 질액궁으로 대한 외궁에 있어 가기가 된다.

② 그런데 위의 경우처럼 대한 외궁인 사궁에 천기와 선천 문창

화기가 동궁하고 있는데, 이 선천 화기를 무술 대한의 천기화기가 다시 인동시키므로, 대한 단독으로 보면 천기화기가 가기가 되어 흉상이 있다고 할 수 없지만, 선천 문창화기가 있는데 다시 천기화기가 붙은 것이므로, 가기라도 이런 경우는 선천화기로 인한 흉상이 엄연하게 발생하는 것이다.

③ 이 궁이 대한 질액궁이고, 선천 신궁(몸궁)이며 병부라는 질병성이 좌하고 있으니 질병문제가 있기 쉬운데, 을유년 35세에 을간 유년 천기화록이 사궁에 있는 문창화기를 인동시키고 있는 대한 천기화기를 인동시키고 있고, 결과 태음화기도 또한 병지인 해궁에 있으면서, 사궁 질액·신궁을 충기하고 있으므로 이 해에 대수술을 했다.

◆ 성계의 구조

① 이 명이 이 대한 중에 발생할 사건의 단초는 사화에 있는 것이 아니라 성계의 구조에 있다.
진술궁의 염정천부조합은 축미궁의 염정·칠살조합과 더불어서 대표적인 사고 조합이다.

②『자미두수 입문』266p 염정편의 염정·칠살 성계의 설명에 보면, '염정·칠살이 있으면 길 위에 시체가 묻힌다(路上埋屍)'는 말이 나온다.
원래 노상매시조합은 축미궁의 염정·칠살 조합을 가리키지만 경험상 진술궁의 정부살 조합에서도 그 현상이 징험하므로, 이

런 궁에서 염정·천부가 악살과 질병성을 보면 사화의 인동에 상관없이, 해당 대운 중 어느 해인가는 사고나 질병 등 갖가지 흉사가 예정되어 있음을 알아야 한다.

③ 대한의 사화는 대한 명궁에서 구조화된 선천 성계의 암시에 대한 구체적인 현상을 록기의 인과로 가르쳐주는 것에 불과할 뿐이다.

사화의 인동 여부가 사건의 발생과 결과의 추이를 파악하는 유일한 인자이기는 하지만, 일어날 사건의 맹아는 반드시 대한의 삼방사정의 성계 구조와 격국에서 찾아야 한다.

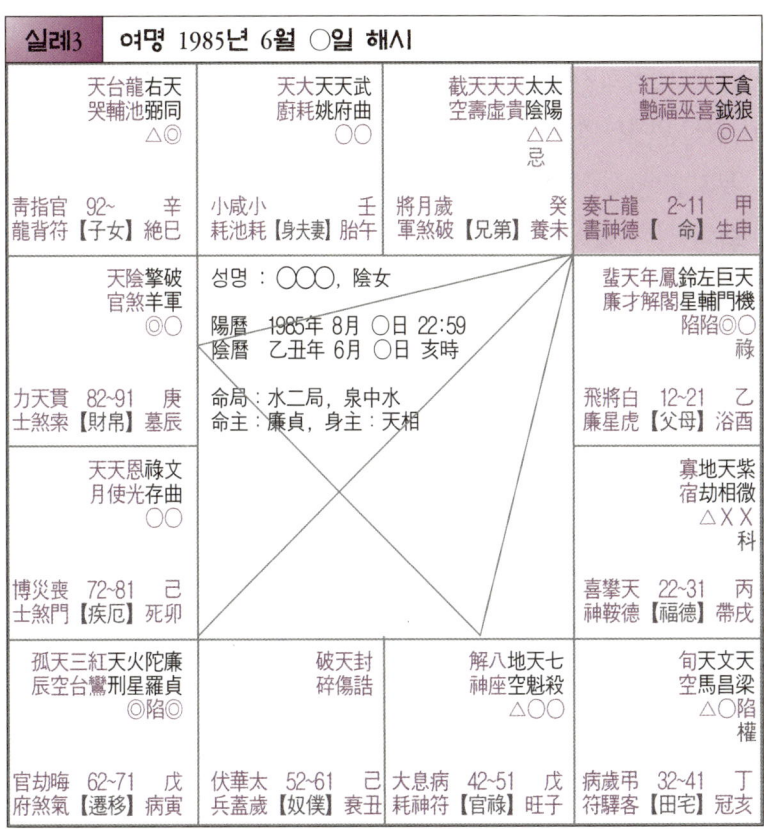

◆ 무자년 직장변동

① 병술대한(22~31세) 무자년 직장 변동을 했다. 병술대한은 자미천상대한에 천기화록으로 재음협인된 대한으로 대한 명궁은 좋다.

병간 천동 대한 화록은, 대한 외궁에 해당하는 대한 질액궁에 좌하고 있고, 대한 염정화기는 대한 내궁에 해당하는 대한 관록궁에 좌하고 있다.

② 사궁의 천동화록은 가록이므로 록으로서의 길상함은 없고, 인궁의 염정화기는 진기이므로 직업의 천이(대한관록궁·선천천이궁)상에서의 흉상을 여실히 드러낸다.
무자년은 선천 관록궁이자 대한 복덕궁이며 여기에 칠살의 변화의 성이 앉아 있어 이 해에 직장에 변화를 주고자 하는 생각이 들게 된다.

③ 그런데 원론적으로는 무자년의 무간 유년 탐랑화록은 대한 내궁에 들어가니 진록이 되어 길하고, 천기화기는 대한 외궁인 대한 형제궁에 있어 가기가 되니 흉하지 않다.
그러나 이것은 유년의 사화와 대한의 사화간의 교호관계를 염두에 두지 않고 유년사화만을 가지고 이야기 할 때는 말이 되는 것이나, 대한과의 관계까지 살피면 설령 유년의 진록이라도 대한의 상황에 따라서는 흉으로 작용할 수도 있고, 유년의 가기라고 해도 흉으로 작용하거나 또는 길로도 작용할 수 있는 것이다.

④ 대한과의 관계를 살핀다고 한 말의 진의는 『자미두수입문』 158~167p의 운을 보는 법에 나와 있다.

⑤ 이 명반의 무자년 상황으로 간략하게 설명하자면, 이미 대한 차원에서 대한 내궁인 인궁에 대한의 진기가 좌하고 있으므로, 이 염정화기 진기를 신궁에서 유년 탐랑화록이 붙어 인궁을 인동시키면 유년 탐랑화록의 진록의 작용은 없어지고, 오직 대한

염정화기의 진기의 흉상만을 인동하는 것에 불과하므로, 이때는 유년의 탐랑화록의 진록의 의미는 허망하게도 대한의 화기의 흉상을 인동하는 꼭두각시 역할을 한 것일 뿐이다.

이미 유년의 발생에서 이렇게 대한내궁의 화기의 흉상을 인동시켰으니, 유년천기화기는 그 유년에서 인동한 흉상에 대한 결과의 의미가 있을 뿐이다.

⑥ 결론적으로 이야기해서 이 명은 무자년에 자의로 직장을 그만두고 다른 직장으로 옮겨갔으나, 기축년 2월 현재 그 직장을 옮긴 것에 대해 후회하고 있는 상황이다.

대한 관록궁이자 선천 천이궁에 좌한 대한 내궁의 진기인 염정화기를 인동시키는 해에 직장이동을 했으니, 직장변동에 후회가 있음은 명확관화한 일이다.

7. 이두가 운을 보는 관점

(1) 기본 관점

발생과 결과·록기의 진가에 대한 이론을 알고 그것을 구체적으로 응용하는 방법으로 들어가기 전에, 필자가 운을 어떤 식으로 보는가를 먼저 설명하려고 한다. 이 부분을 이해하지 않으면 그 다음 전개되는 내용을 이해하기 어렵기 때문이다.

필자는 단언하건데 운을 추론하는 법을 누구에게 배운 적이 없다. 많은 책에서 말하기를 선천 명을 볼 때는 '선천십이궁을 살펴서 어느 궁이 좋은가? 어느 궁이 나쁜가?'를 살펴서 길흉을 살피고, 대한을 볼 때는 선천십이궁은 제쳐 두고, 대한십이궁의 각 궁을 살펴 어느 궁이 나쁜가를 살피며, 유년이나 소한을 볼 때는 선천과 대한궁을 제쳐두고 유년십이궁과 소한 십이궁을 살펴서 길흉을 결정한다고 한다.

필자도 처음에는 이러한 이론대로, 유년을 볼 때는 학자들이 유년의 십이궁이 중요하다고 하였으므로, 유년 천이궁에 화기나 살성이 있으면 올해 교통사고, 유년 부부궁에 화기나 살이 있으면 올해 부부문제·유년 전택궁에 변동의 성이 있으면 무조건 전택 변동하는 식으로 봤으나, 이런 식의 추론은 봉사문고리 잡기식이라 맞을 때도 있고 틀릴 때도 있어서 실수를 많이 했다.

그러나 간명을 많이 하면 할수록 유년 운을 추론할 때도 대한궁과 선천궁이 엄청나게 중요함을 알게 되었고, 사화도 유년의 사화는 선천의 사화나 대한의 사화의 그것에 비해 비교할 수 없이 미약하다는 것을 발견했다.

그래서 필자는 운을 볼 때 유년의 화기가 대한이나 선천의 화기와 만나지 않으면 전혀 겁을 안내고, 유년의 화록도 대한이나 선천의 록과 만나지 않으면 역시 좋아하거나 하지 않는다.

(2) 1년 운 추론의 특징

아래 여섯 가지는 필자가 1년 운을 추론할 때의 특징적인 부분을 설명한 것이다.

① 1년 운을 볼 때 소한을 쓰지 않는다.

소한을 쓰는 경우란 위에서 언급한 죽라삼한을 따질 때만 참고할 뿐이며 나중에야 어떨지 모르겠으나 현재까지는 아예 참고도 하지 않는다.

안 쓰는 이유는 잘 맞지 않기 때문이다.

② 유년양타·대한양타를 쓰지 않는다.

우리나라에서 자미두수를 하는 사람의 대부분은 사화를 쓰는 것 외에, 이 유년양타를 기본적으로 쓰고 있으며, 우리나라뿐만 아니라 대만의 자운선생이나 홍콩의 중주파 왕정지 같은 분들도 이 유년양타를 쓰고 있다. 그러나 유년양타는 이론적으로 모순이 많으며 길흉이 학자들이 말하는 것처럼 확실하게 가려지게 나타나는 것이 아니다.

독자들이 경험해 보시면 알겠지만 반은 맞고 반은 안맞아, 이런 것 같기도 하고 저런 것 같기도 해서 '이현령비현령'으로 말하기 나름인 것처럼 되버린다.

그래서 필자는 확실하게 유년의 양타에 대한 메커니즘에 대한 결론이 나기 전까지는 쓰는 것을 보류하고 있다.

필자가 그동안의 경험으로 이 유년양타의 작용은(유년록존도 포함) 어떤 궁과 성에 작용하면서 그 해에 발생할 구체적인 어떤 사안을(길흉이 아니라) 암시하고 있는 것이 아닌가 하는 심증이 가기는 하지만 확실하게 '이것이다'라고 하는 메커니즘을 발견하지 못했다.

누군가가 이러한 부분에 대해 확실하게 정리된 이론이 있다면 필자를 깨우쳐 주기 바란다.

③ 운을 추론할 때는 화록과 화기의 교호작용에 의지한다.

필자는 운을 볼 때 전적으로 사화의 변화로 판단한다.

위에서 말한대로 록기의 발생과 결과를 보아, 한 해에 발생할 일을 추적하며, 록기로 인동된 궁과 성을 종합해서 발생할 사안과 그 일에 대한 길흉을 판단한다.

④ 잡성을 예의 주시한다.

　많은 명례를 추론하면서 느낀 것은, 잡성이 의외로 크게 작용한다는 것을 깨달았다.

　가령 록이나 기가 있는 궁에 상문·백호 같은 것이 있으면서 인과因果를 형성하면 상망喪亡하는 일이 많고, 관부·관삭 등이 있는 궁의 성이 발생하거나 결과화하면 관재가 많으며, 천요·함지·홍란 등의 궁에 있는 성이 록기로 동하면 도화문제가 생기는 것 등이다.

⑤ 유년십이궁을 특별한 경우 외에는 쓰지 않는다.

　대부분 자미두수를 하는 사람들이 이 유년십이궁을 생각 없이 쓰고 있으나, 필자는 이 유년십이궁에 대한 작용에 대해 회의적인 입장을 가지고 있다. 유년십이궁이 맞지 않는 확률이 높기 때문이다.

　다른 이유가 또 있다.

　자미두수의 기본명반은 12가지 타입으로 고정되어 있다. 즉 자미가 자궁에 있을 때의 명반, 축궁에 있을 때의 명반, …, 해궁에 있을 때의 명반으로 12가지의 기본구조뿐이기 때문에, 어떤 사람이든 이 12가지 명반 중 한가지와 같을 수밖에 없다.

　가령 술궁이 자미인 명반을 보면, 무인년에는 인궁이 염정이 있고, 여기가 유년 명궁이 되며, 무간戊干 탐랑화록은 유년의 천이궁에 있고, 천기화기는 유년의 질액궁에 있게 된다.

　만약 유년 12궁을 그대로 인정하고 쓴다고 한다면, 무인년에는 12명 중 한사람은 반드시 천이궁은 좋고 질액궁은 나쁘게 된다.

이치적으로 생각해 볼 때 이런 부분이 모순이 있다고 생각이 되지 않는가? 이러한 현상은 지구상의 인구가 60억이라고 한다면 5억이 그와 같은 현상이 있어야 하므로, 이 유년의 십이궁은 보편적이기는 하지만 개인만의 현상을 설명할 수 있는 특수성은 상실하고 있다.

필자가 유년 십이사항궁에 의미를 두고 볼 때는 이러한 보편적인 상황이 명 당사자의 개인적인 특수한 상황과 관계되었을 때다.

즉 유년이라는 보편적인 상황 속에 어떤 유년궁이 선천의 명궁이라든지, 선천의 신궁身宮이라든지, 대한의 명궁이라든지 하는 경우라면 유년이라는 보편성속에 특수성을 가지게 되므로 이럴 때는 유년궁을 따진다는 것이다.

예를 들면 위의 자미가 술궁인 명반에서 무인년의 상황을 볼 때, 무인년의 천기화기가 유년의 질액궁에 떨어져 있다고 "당신 올해 질병이 있겠소!" 할 수 없다. 그러나 이 궁이 선천의 명궁이라든지 선천의 신궁이라든지, 대한의 명궁이라든지 하는 경우라면, 그 사람은 무인년에 질병이나 사고를 당할 수 있기 때문에 이럴 때는 유년 십이사항궁을 따져 유년질액궁에 문제가 있다고 볼 수 있다. 그렇지 않은 경우는 유년의 십이사항궁을 인정할 수 없다는 것이다.[29]

---

[29] 물론 이것은 궁을 의미하는 것이고, 이것이 구체적으로 질액이냐 하는 문제는 "록기의 발생결과가 과연 그렇게 인동되고 있는가? 그렇게 인동되고 있더라도 질병성계로 그 궁이 구성되어 있는가?" 등을 따져야 하기 때문에 단순한 것은 아니지만 이론적으로는 그렇다는 것이다.

이런 경우 외에 또 유년십이궁을 보는 경우가 있는데, 그것은 어느 특정한 십이사항궁이 대한에 의해서 암시되었다가 유년에 록기에 의해 인동되고 있다고 한다면, 그럴 때도 유년십이궁을 참조한다. 그러나 이 몇 가지 경우를 제외하고는 필자의 개인적인 관점으로는 의미를 두지 않고 있다.[30]

⑥ 내궁안에 걸리는 십이사항궁을 중시한다.

(3) 기타

명리든 자미든 육효든 모든 추명학과 점학에서 어떤 사정이 발생하려면 인동引動의 문제가 중요하다.

명리적으로 이야기 하자면 대운이나 유년에서 선천에 암시되어 있는 육신이나 육친·격국이나 궁과의 합·형·충·파·해가 있어야 어떤 사항이 동하는 것처럼, 자미에서도 어떤 궁과 성이 움직이려면 명리에서 그렇듯이 자미가 가지고 있는 메커니즘으로 인동이 되어야 한다.

설혹 유년의 삼방사정에 살이 있다고 할지라도 그것이 인동이 되지 않으면 문제가 없다. 이것은 마치 호랑이가 무섭기는 하지만 잠자는 것과 같으며 호랑이 수염을 잡아당겼을 때 비로소 호랑이

---

[30] 유년십이궁을 보는 경우는 이 외에도 1~2가지가 더 있다.

는 무서운 맹수로 포효하는 것과 같다.

자미두수에서 궁과 성을 인동시키는 핵심적인 키워드는 사화에 있다. 즉 위에서 설명했던 화록(발생)과 화기(결과)에 있다. 그래서 어느 궁에 화록이나 화기가 붙으면 그 궁과 그 궁안에 있는 성은 인동되기 시작한다.

평면적으로만 말하자면 어느 궁에 길성이 있고 선천이나 대한의 록이 있는데, 유년에서 화록이 붙으면 길한 상황을 인동시켜 좋게 되고, 어느 궁에 흉성이 있고 살성까지 동궁해 있는데 유년에서 화기가 그 성들에 붙으면 잠자는 호랑이를 깨우는 것과 같아 그 궁의 주사초회적인 문제로 흉이 인동되는 것이다.

그러면 이렇게 록이든 길이든 어느 궁에 붙으면 인동이 된다고 했는데, 위에서는 화기라도 흉이 되지 않는 경우가 있다고 했으니 모순이 아닌가?

후후…. 여기에 중요한 소식이 있다.
여기서 말하려고 하는 것은 위에서 말한 진가의 구별에 기준점을 제공해 주는 것이다.

8. 명운세命運歲의 관계

(1) 선천은 공간·대한은 시간

여기서 '명'이라고 하는 것은 선천명반을, '운'이라고 하는 것은 대한을, '세'라고 하는 것은 유년을 말한다. 명운세란 이것을 통칭해서 필자가 쓰고 있는 말이다.

명운세를 시간과 공간으로 나눠보면 아래와 같다.
선천명반은 공간이 된다. 선천적으로 부여받은 모든 것은 일생 일어날 가능성을 내포하고 있지만, 이것은 시간이라는 구체적인 매개체를 통해서 나타나야 하므로 선천명반은 공간이 된다.
이 선천적인 어떠한 암시가 어느 궁에 있다할 때, 가령 선천 부처궁이면서 태양화기가 있다고 하자.
이 선천적인 태양화기의 흉상은 공간적으로 자리하고 있는 것이므로, 이것이 태양화기의 흉상으로 구체적으로 표출되려면 그것이 나타나야 할 시간이 있어야 한다. 그 시간이란 선천명반을 체라고 할 때, 용이 되는 대한과 유년이다.

한사람의 명반을 예로 들어보자.

孤天鈴天天 辰使星鉞機 ○○△	解天龍三陰文紫 神福池台煞曲微 陷◎ 權		天天 喜刑	天年台鳳八天文破 虛解輔閣座馬昌軍 ○○陷
飛亡貫 54~63 乙 廉神索【疾厄】生巳	奏將官 44~53 丙 書星符【財帛】養午	將攀小 34~43 丁 軍鞍耗【子女】胎未		小歲歲 24~33 戊 耗驛破【夫妻】絶申
旬天天封七 空壽哭詰殺 ○	성명 : ○○○, 陽女 陽曆 1962年 12月 ○日 4:59 陰曆 壬寅年 11月 ○日 寅時 命局 : 金四局, 叉釧金 命主 : 祿存, 身主 : 天梁			天破大天地 廚碎耗貴空 ◎
喜月喪 64~73 甲 神煞門【遷移】浴辰				青息龍 14~23 己 龍神德【兄第】墓酉
天天火天天太 傷空星魁梁陽 △○○○ 祿				輩天天陀天廉 廉月官羅府貞 ◎◎◎
病咸晦 74~83 癸 符池氣【奴僕】帶卯				力華白 4~13 庚 士蓋虎【命】死戌
截天左天武 空巫輔相曲 ◎◎Ⅹ 科 忌	寡紅地巨天 宿鸞劫門同 陷○陷	紅天擎右貪 艶才羊弼狼 陷○○		恩天祿太 光姚存陰 ◎◎
大指太 84~93 壬 耗背歲【身官祿】冠寅	伏天病 94~ 癸 兵煞符【田宅】旺丑	官災弔 壬 府煞客【福德】衰子		博劫天 辛 士煞德【父母】病亥

① 선천부처궁 신궁은 파군이 있으며, 삼방의 조합은 살파랑에, 대궁은 무곡화기에 천상이 동궁하고 있다.

선천부처궁은 선천적인 공간상 무곡화기를 보고 있는데, 이것이 구체적인 현상으로 드러나기 위해서는 대한·유년이라는 시간에서라야 그 선천의 암시가 나타나게 된다.

② 선천 부처궁은 공간적으로 무곡화기라는 좋지 않은 상이 있는

데, 24~33살 무신대한(선천부처궁)이라는 시간에 오자 결혼했던 남편이 폐암으로 위 명이 30살의 나이에 죽었다.
공간적으로 있던 것이 대한이라는 시간이 오자 그 공간적인 암시가 나타난 것이다.
그래서 대한은 선천명반과 상하관계로 직접적인 영향, 즉 공간과 시간의 연결고리로서의 밀접함을 갖고 있다.

③ 선천의 사화를 예를 들어보면 즉 화록·화권·화과·화기가 어느 궁에 있다할 때, 대한이 그 궁에 해당되면 그 선천의 사화의 의미가 시간적으로 표출된다. 화록이면 길상, 화권이면 권세, 화과면 명예, 화기면 흉상으로 나타나는데, 그것은 이러한 선천의 공간적인 암시가 대한이라는 시간이 오자 그 암시가 10년 대한의 시간 안에서 모습을 드러나게 되는 것이다.
물론 이 선천의 공간에 배치된 모든 별들은 일생을 통해 전방위적으로 깊숙이 어느 시간이든 영향을 주지만, 강약과 우선순위적인 측면에서 본다면, 선천의 상은 대한에 직접적인 영향을 준다는 것이다.

(2) 대한과 유년의 관계

그러나 선천의 암시가 대한이라는 시간을 만났다 해서 이것이 우리의 피부와 직접 와 닿을 정도의 느낌이 있는 것은 아니다.

그래서 유년이라는 최종적인 절대시간이 와야 우리의 피부로 어떠한 길흉이든 느낄 수가 있다.[31]

그런 관점에서 본다면 대한도 유년의 입장에서는 공간인 셈이고 유년자신이야 말로 최종적인 시간다운 시간인 셈이다. 그래서 유년의 입장서 보면 선천도 대한도 다 공간적인 범주에 드는 것이라 할 수 있다.

이것은 마치 일본 인형처럼 큰 인형 속에 작은 인형, 그 작은 인형 속에 더 작은 인형이 점점 작아지면서 포개져 있는 것과 같다고 볼 수 있다.

그래서 우리에게 최종적으로 중요한 것은 유년이라는 시간인 것이다. 이 이론은 실제 감정을 통해 누누이 징험함을 볼 수 있는데 더 구체적으로 접근해보자.

'선천명'을 통상 '선천궁의 삼방사정'이라고 가정해 보자. '대한' 역시 '대한궁 삼방사정'으로 정의해보고, '유년' 역시 '유년궁 삼방사정'이라고 정의해 보자.

---

[31] 물론 더 깊숙이 유월·유일·유시까지 따져야겠지만 간단하게 표현하기 위해서 유년까지만 씀.

선천을 대해大海라는 공간이라고 비유한다면 그 대해안의 고기를 잡는 데는 시간의 그물이 필요하다.

대한을 그물코가 아주 큰 그물로 비유한다면, 이 대한이라는 그물에는 너무 큰 고기만 걸려 실제로 이 대해 속에 구체적으로 어떠한 고기가 얼만큼 살고 있는지 가늠이 쉽지 않다. 그래서 이 대한이라는 시간의 그물로는 이 대해의 구체적인 모습을 담아내기가 쉽지 않다. 다만 굵직굵직한 몇 마리의 고기만을 그 큰 그물로 잡아서 가늠할 뿐이다.

그래서 유년이라는 투망이 본격적으로 필요한 것인데, 이 대한의 성긴 그물이 놓친 고기를 유년이라는 그물은 확실히 잡아낼 수 있으므로, '아! 이 대해에는 이러저러한 물고기가 어떤 형태로 살고 있구나!' 하는 것을 알 수 있다.

여기서도 잡히지 않는 것은 더욱 더 세밀한 유월이라는 그물을 빌려야 하겠지만, 우선은 여기까지만 생각하도록 하자.

(3) 유년은 운의 결론

　결국 최종적인 결론은 유년이라는 그물에서 드러난다.
　대한이 잡을 수 있는 큰 고기도, 못 잡는 작은 고기도 모조리 유년이라는 시간의 그물에 걸리게 되는 것이다.
　고로 운이라고 하는 것의 핵심은 유년에 있다.

　유년의 내궁을 유년이라는 시간의 그물(場)이라고 생각해보자.
　이 개념은 어떠한 상이 인동되는가에 대한 아주 중요한 단서가 되는데, 선천과 대한의 공간적인 상이 유년이라는 시간의 그물에 걸리면 비로소 어떤 상을 나타내게 된다.
　그래서 이렇게 걸린 것이 우리의 피부에 어떤 상象으로 와 닿게 되므로 유년이란 운運의 최종결론이 되는 것이다.[32]

---

[32] 위에서 유년의 내궁이 대한의 내궁 중 어느 한 궁에 좌해 있는 경우에만 유년내궁이라는 시간의 그물(場)에 걸리는 진록과 진기는 격외로 중요해진다.
유년내궁이라 하더라도 대한의 외궁 중 어느 한 궁에 좌하고 있으면, 그리고 그 궁에 유년록기가 좌하고 있다면 유년의 내궁에 해당되지만 결국 길흉방면에서는 대한외궁에 좌한 것이므로 가록·가기에 해당되어 진정한 록과 기의 작용이 없게 된다. 이 점 명심할 일이다.

(4) 유월流月에 관하여

그러나 유년이 운의 최종적인 결론이기는 하지만 이 유년의 결론이 발현될 시점을, 달로 압축시킬 수 있고 일로 압축시킬 수 있으며 시로 까지 압축시킬 수 있다.

그러나 일시까지는 번거로워 안 갈지라도 흔히 관심을 가지는 유월에 대해 논의를 더 진행시켜보도록 하자.

위에서 유년십이궁을 안 쓴다고 했는데 그러면 유년십이궁은 필요가 없는 것인가?

그렇지 않다.

유월에서는 유년십이궁이 관건이라고 생각한다.

왜냐면 유월이 활동하는 무대가 유년이 되므로, 유년십이궁은 유월의 길흉화복에 밀접한 관계가 있다고 보는 것이다.

그래서 유월이 유년의 어느 궁이 되면서 그 궁에 록기가 인동되고 있을 때는, 일단 해당 유년궁에 의한 궁주사宮主事에 관한 일이 발생될 확률이 일차적으로 높은 것이다.

그러나 100% 이런 것은 아니다.

그 宮主事가 일어나기 위해서는 반드시 유월의 록기가 그 궁의 록기와 시간적으로 만나든지, 아니면 유월의 시간적인 범위 즉 삼방을 벗어나 공간적으로 그 궁과 관계된 유년궁을 발생·결과로 인동시켜야만 일어나게 된다.

더 확실하게 말하자면 유월궁의 삼방사정에 유년의 화기가 걸렸다고 치자.

그런데 이 화기가 유년십이궁의 어디에 떨어져 있느냐도 중요하겠지만 유년의 공간적인 입장에서[33] 암시된 상이 무엇인가를 먼저 따져야 한다.

즉 그 화기가 유년 운에서 전택이 발생이고 결과가 문서文書인 화기라고 할 때, 그 화기가 어느 유월의 삼방에 걸렸다할 때, 일단 그 유월의 시간의 그물에 유년에서 암시된 상이 걸렸으므로 그 상이 인동되기 쉬운 것은 사실이다.

그러나 이러한 상이 그러한 상으로 구체적으로 발현되기 위해서는, 유월의 록기가 발생 결과로 유년 전택궁과 유년 문서궁을 인동시켜야,[34] 구체적으로 나타날 수 있게 되는 것이다.

---

[33] 유월의 입장에서 유년은 공간이 되고 유월은 유년에 암시된 상이 나타나는 시간이 된다.

[34] 이 암시적인 화기는 결국 전택의 문서변동으로 나타난다.

9. 실례 추론

실례	남명 1963년 7월 ○일 사시		
旬蜚天破孤天天天 空廉福碎辰馬鉞昌同 △○○	天天天地天武 官才喜府府曲 ○○○	年封鳳龍天太太 解誥閣池姚陰陽 △△ 科	紅天大貪 艷傷耗狼 △ 忌
喜歲喪　　　　丁 神驛門【福德】冠巳	飛息貫　92~　　戊 廉神索【田宅】帶午	奏華官　82~91　　己 書蓋符【官祿】浴未	將劫小　72~81　　庚 軍煞耗【奴僕】生申
天天地右破 壽空劫弼軍 陷○○ 　　　　祿	성명 : ○○○, 陰男 陽曆 1963年 9月 ○日 10:59 陰曆 癸卯年 7月 ○日 巳時		天恩文巨天 虛光曲門機 ◎◎◎ 權
病攀晦　　　　丙 符鞍氣【父母】旺辰	命局 : 水二局, 大溪水 命主 : 文曲, 身主 : 天同		小災歲　62~71　　辛 耗煞破【遷移】養酉
天三天鈴天 哭台刑星魁 ◎◎			天左天紫 使輔相微 ◎××
大將太　2~11　　乙 耗星歲【命】衰卯			青天龍　52~61　　壬 龍煞德【疾厄】胎戌
解陰天火廉 神煞巫星貞 ◎◎	截寡天擎 空宿貴羊 ◎	紅祿七 鸞存殺 ○○	天天台八陀天 月廚輔座羅梁 陷陷
伏亡病　12~21　　甲 兵神符【兄弟】病寅	官月弔　22~31　　乙 府煞客【身夫妻】死丑	博咸天　32~41　　甲 士池德【子女】墓子	力指白　42~51　　癸 士背虎【財帛】絶亥

(1) 갑자대한 (32~41세)

◆ 사건
① 무인년 36세 이혼
② 기묘년 어머니 디스크 수술
③ 기묘년 동생 폭행당해 수술

◆ 분석
① 원명은 천형 영성이 좌하고 있으면서, 기거를 끌어다 쓰는 명이다.
관록궁에는 일월에 화과, 재백궁엔 천량에 타라가 좌하고 있어 일월양타 인리산재격이 구성되었다.
갑자대한은 선천의 자전선으로 묘왕지의 칠살이 록존과 동궁한 대한이다.

② 얼핏 보면 대한 명궁이 좋아 보이나 칠살은 육친에 불리한 성이고, 여기에 록존을 직접 깔고 앉아 있으면 양타협이 되어 살의 충을 받으면 육친형극이 있기 쉽다.
이 명은 대한 삼방에서 탐랑화기와 겁공 등의 살기를 보아 좋지 않다.

③ 기월동량명격이 살파랑운으로 들어오니 변화가 많은 대한이다. 그 변화는 주로 가정적인 변화(대한이 선천의 자전선에 좌하므로)로 나타나기 쉽다.

④ 우선 주시해야 할 것은 대한 재백궁에 정도화성의 탐랑화기이며, 대한의 삼방에 함지·홍란·천희·대모·홍염 등의 도화잡성이 포진하고 있다는 사실이다.
탐랑화기는 탈의 암시가 있으므로 도화적인 문제로 재적인 박탈(재백궁에 탈을 주하는 탐랑화기가 있으므로)이 있기 십상이다. 여기에 대모와 지겁은 탈재를 더욱 심하게 한다.

⑤ 또 대한 명궁에 형극성인 칠살이 록존과 동궁하면서 혼인과 희경을 주하는 홍란과 동궁하고 있으니 자칫 혼인의 변화가 있을 수 있다.

⑥ 혼인의 문제가 있기 쉬워 보이니 대한 부처궁을 본다.
대한 부처궁은 자미천상 대 파군조합으로 위신불충위자불효의 불효·불충의 반역성계가 좌하고 있으며, 삼자개입을 의미하는 보필이 분좌하고 있다.
더구나 자미천상 대궁에 파군화록이 있는데, 겸과 쌍의 암시가 있어 역시 삼자개입의 징조가 있다.

(2) 대한 사화를 살펴보자.

◆ **일차발생을 본다.**
① 갑간 염정화록이 인궁에 있다. 이것이 일차발생이다. 즉 대한 재복·선천형노선에서 일차발생이 되었다.

② 형제나 아랫사람·어머니, 정신적인 문제나 재적인 문제를 궁으로 엿볼 수 있는 사안이다. 여기에 성을 고려해서 보면 염정은 차도화이며 대궁의 탐랑은 정도화이고, 이 탐랑은 홍염·대모·홍란·함지의 도화적인 의미가 있다.

③ 그런데 신궁에 탐랑이 선천화기가 되었으니, 대한 염정화록 발생으로 인해 이 선천의 탐랑화기가 움직이게 된다. 그래서 발생에서 도화로 인한 마음의 박탈·재적인 박탈이 일어난다. 형제로 인한 박탈·어머니로 인한 박탈·정신적 도화(사랑·감정)로 인한 박탈·재물의 박탈이 다 일어날 수 있는데, 성계가 도화성이니 도화적인 문제로 인한 재적인 박탈·정신적인 박탈이 가장 큰 발생의 줄기로 판단한다.

◆ **이차발생을 본다.**
① 진궁에 선천 파군화록이 있으니 인궁의 대한 염정화록과 더불어 묘궁이 아차발생이 된다.
즉 일차발생의 도화적 문제로 물심양면의 박탈은 이차발생으로 집안의 변화(자전선에 명천선)를 초래하는데, 이 묘유궁선의 성계의 의미를 띠는 변화가 있다.

② 묘궁의 천형은 관재성이자 형극·질병·수술성이며, 영성은 분리를 주하는 성이고, 대궁의 기거는 초선종악의 성계이니 곧 질병·소송·배신의 의미가 있다.[35]

③ 묘궁의 곡허와 영성·문곡은 이 사안이 물심양면의 타격을 의미하며 예기치 않게 발생함을 의미한다. 예기치 않다는 판단은 거문의 암성이 영성의 어두운성과 함께 움직였기 때문이다. 여기까지가 이차발생이다.

◆ **인자궁을 본다.**
① 이 묘유궁을 이차발생 시키는데 원인을 제공하는 궁, 인자궁은 진궁 파군화록이다. 이 파군은 부질선·부관선에 해당되므로 이 원인은 부모·부처로 말미암는다.

② 일차발생으로 도화로 인한 마음의 박탈 재적인 박탈은 부처와 관계가 있으며, 그 외에 형제나 어머니의 문제를 내포하고 있는데, 이차발생까지 보니 그런 박탈은 결국 그것은 전택의 천이를 움직여 이사로 나타나고, 수술·소송·배신 등으로 나타난다.

③ 이 사람이 갑자대한 무인년에 부인이 바람이 나서 큰 돈을 잃은 것을 알고, 그 해 말 부인과 이혼소송을 제기하여 이혼하였다. 기묘년에는 어머니가 디스크 수술을 하고, 남동생은 회사에서 동료들에게 집단구타를 당해 뇌를 다쳐 수술을 몇 번이나 하였다. 동생의 문제로 이 명조가 이 해에 동생 회사를 상대로

---

35) 천형의 삼방에서 천월 질병성을 보니 질병의 암시가 있고, 천형의 삼방에서 관부·백호를 보니 관재도 있으며, 천형이 삼방에서 일월양타를 보니 인리산재의 형극도 있다.

소송을 제기했다.

기묘년에 또 기존에 살던 집을 팔고 전세로 이사를 갔다.

◆ **문제궁위를 본다.**

① 갑자대한 염정화록 일차발생이 인궁에 있는데, 자궁에 록존이 있으니 축궁이 문제궁위가 된다. 축미궁선은 선천의 부관선이자 대한의 부관선이며 또 신궁身宮선이 된다.

즉 부처와 문서문제·부모의 몸의 문제 등이 있을 수 있다.

② 대중성계인 일월·태음화과에 천요·목욕의 도화성이 들어오고, 경양·관부 등의 관재성이 들어오니, 부처와 도화문제로 인한 소송·부모의 몸 문제로 인한 수술(경양) 등의 문제가 된다.

③ 이 부인이 본격적으로 바람을 피우기 시작한 것은, 병자·정축년간에 보험회사를 나가면서 여러 사람들을 접촉하면서부터였다.[36]

정축년경에 여러 남자들과 PC 통신으로 교제를 하면서, 남편 근무할 동안 전국 여기저기에 있는 애인들을 비행기타고 만나 모텔을 전전하다 돌아오는 등, 이 해에 서너 명 이상의 남자들과 바람을 피우면서 일억 가까운 돈을 썼다. 대한의 문제궁선인 정축년에 본격적으로 그랬으며, 무인년 초에야 그 사실을 알게 되었다.

---

[36] 일·월의 대중성계에 천요의 도화성 때문이다.

◆ **일차결과를 본다.**

① 대한 갑간 태양화기는 미궁 천요와 동궁한 일월성계가 결과가 된다. 최종적인 사건은 부처와 문서문제·부모의 몸의 문제가 된다.
　 물론 발생에서부터 검토했듯이, 부처의 도화로 인한 문제가 크고, 부모의 수술문제는 오히려 작은 문제다.

◆ **이차결과를 본다.**

① 일차결과 태양화기의 협궁이나, 삼방에 선천의 화기가 없기 때문에 이차결과는 없다.
　 이렇듯 록기법에 발생·결과에서, 반드시 이차발생·이차결과가 형성되는 것은 아니다. 경우에 따라서 형성이 되기도 하고, 아니기도 한다는 것을 명심해야 한다.

(3) 무인유년 36세

◆ **유년의 일차발생을 본다.**

① 무인유년은 대한의 일차발생이 있는 궁이며, 형노·재복선에 해당한다.

② 대한의 일차발생으로 대궁의 탐랑화기가 발동하고 있어 정신적·재적인 박탈이 있다고 했는데, 무인유년의 무간 유년 탐랑화록으로 인해서 다시 대한에 의해 인동된 선천 탐랑화기를 인

동시켜, 이 해에 진정한 박탈사를 경험하게 된다.

③ 자미두수입문에서 말했듯이 탐랑화기는 선천화기로 할아버지에 해당이 되고, 대한의 염정화록은 아버지에 해당하는데, 이렇게 선천화기를 대한에서 록으로 인동시키면, 할아버지의 수염을 아버지가 잡은 상태가 되어 이미 집안이 뒤집어져 있는 상태다.

④ 이때 해당하는 유년 탐랑화록이 다시 선천 탐랑화기에 붙어서 인동되면, 아버지와 손주가 합세하여 할아버지의 수염을 뽑는 것이 되므로, 이 때의 선천화기의 흉상은 매우 강하게 나타나게 된다.
흔히 기억에 남을만한 사건들은 모두 이런 형태를 띠면서 발생하게 된다.

⑤ 이렇게 공간에 해당하는 대한에서 암시된 일이, 이렇게 유년이라는 시간에 의해 인동되면, 공간적인 암시는 이런 해에 나타나게 된다. 그래서 이 명의 갑자대한에서 암시되었던 정신과 재적인 거대한 박탈이 이 해에 일어나게 되었던 것이다.

◆ **유년의 이차발생을 본다.**
① 무간 탐랑화록 발생으로 대한의 일차발생을 인동시키는데, 유년의 이차발생은 파군 선천화록과 더불어 자궁이 된다. 이 자궁은 대한 명궁에 해당하므로 유년십이궁을 쓰는 원칙에 의거

유년 부처궁이 이차발생이 된다.

② 그런데 이 부처궁에 철저한 변화를 상징하는 칠살이 좌하고 있고, 피치 못할 일(여기서는 이혼과 같은 류)이 발생하는 록존이 있으며, 또 혼인과 희경의 문제를 암시하는 홍란·천희가 있고 함지의 도화성까지 있다.
일이차 발생을 정리해보면, 정신적 박탈과 재적인 박탈은 결국 집안의 처와 이혼의 문제를 야기하게 된다.

◆ **유년의 문제궁위를 본다.**
① 자궁 유년 부처궁에 록존이 있기 때문에, 유년 문제궁은 진궁으로 부처와 문서문제가 된다.(대한부관선·선천부질선)

② 또 이 문제궁선의 내용인 성계를 살펴보면, 겸과 쌍을 의미하는 파군화록 대 자미천상의 자파상의 불충불효의 반역조합에 보필의 삼자개입의 조합이 있으니, 처의 외도로 인한 부부간의 신뢰와 약속(부처의 문서)의 번복이다.

③ 유년의 문제발생과 문제궁위는 필히 자궁을 참조해야 하나 분석은 생략한다.
흔히 인자궁위는 문제궁위나 이차발생의 다중적 성질에 대해 (한) 가닥을 잡기위해 참조하는 궁위니, 사안이 분명하다면 꼭 인자궁위를 살필 필요는 없다.

◆ **유년의 일차결과를 본다.**

① 무인유년의 무간 천기화기는 유궁에 있는데, 이 묘유궁선은 이미 대한에 의해 이차발생된 궁선으로, 유년입장에서는 부질선에 해당한다.37)

② 묘유궁선은 갑자대한의 외궁에 해당하므로, 외궁에 살이 있는 것은 내가 아니라 남이 타격을 받는 상이므로 겁낼 것이 없다. 그러나 이렇게 대한에 의해서 문제궁위로든 이차발생이나 이차결과로든 인동이 되어 있으면, 외궁이라 할지라도 내궁에 있을 때처럼 길흉을 여실히 드러내게 된다.
그러므로 이 경우는 기거의 천형·영성의 관재·질병·배신 등의 암시는 유년 천기화기가 인동되면 이 한 해에 현실화된다.

③ 그러나 무인년에는 질병의 문제를 논하지 않는다. 무인년의 일차발생이 형노재복·이차발생이 전택의 부처가 되므로, 재적인 박탈·정신적인 박탈이 집안의 처와 혼인의 변화를 야기하는 것이므로 질병과 상관이 없기 때문이다.

④ 유년 무간 천기화기가 유년 부질선에 떨어지고 천형을 인동시키더라도, 이는 부질선 중 질액궁이 아니라 부모38)로만 해석하

---

37) 묘유궁선이 선천 명천선이므로 유년십이사항궁을 쓸 수 있다.

38) 집안에서 문서의 변화로 본다. 자전선·명천선·부질선이 이에 해당된다.

고, 질병으로는 논하지 않는 것이다.

◆ **유년의 이차결과를 본다.**

① 유년 이차결과는 갑간 대한 태양화기와 더불어 신궁·형노재복선이 된다. 결론적으로 처와의 인연이 박탈된다.

여기서 처와 인연의 박탈을 말하는 것은 이차결과된 신궁의 탐랑화기가 탈을 주하고, 인신궁선이 대한의 재복선이므로 복덕궁의 정신·사랑·영혼의 박탈의 의미가 있는데, 이차결과화의 원인제공을 하는 궁[39]의 의미가 탐랑화기속에 녹아 들어가므로, 이 박탈은 부처와 인연의 박탈·문서의 박탈, 즉 이혼으로 부인을 빼앗기는 박탈의 의미가 있게 되는 것이다.

② 길흉을 가늠하는데 있어 내외궁이 기준이 되는데, 이 신身궁은 대한 내궁에 해당하고, 선천 탐랑화기가 좌하고 있을 뿐만 아니라 쌍화기의 협, 즉 이두식으로는 이차결과가 되어 내궁의 탐랑화기적인 흉상이 인동되어, 남이 아닌 내가 안게 되므로 이 유년은 흉함을 알 수 있는 것이다.

---

[39] 인자궁이 부관선·부처의 문서선에 태음의 전택에 화과·부처와 가정에서의 약속이 인자가 된다.

(4) 필자의 분석

이상으로 필자가 무인유년의 상황을 분석함에 있어

① 유년 운을 볼 때 소한을 안 썼으며
② 유년양타나 대한 양타도 안 쓰고
③ 유년 운의 추론을 전적으로 화록과 화기의 교호작용에만 의지했고
④ 잡성을 예의주시(홍란·천희 같은 것) 했으며
⑤ 유년십이궁을 특별한 경우에만 썼다.
⑥ 그리고 길흉의 판단의 근거를 내외궁으로 삼았다.

기묘년에 이 명조에게 발생한 어머니의 수술과 형제의 수술은, 앞에 설명한 무인년의 추론에 비춰서 독자 여러분들이 스스로 해 보기 바란다.

대유학당 종합 안내 (2025년 11월~)

- 블로그 : http://blog.naver.com/daeyoudang
- 카카오톡 채널 : '대유학당'을 검색해서 친구 추가해 주세요. 다양한 혜택이 쏟아집니다.
- 프로그램 자료실(웹하드) : www.webhard.co.kr 아이디 : daeyoudang 패스워드 : 9966699
- 교육상담 문의 02-2249-5630 / 010-9727-5630
- 유튜브 : youtube.com/@daeyoudang
- 입금계좌 국민은행 805901-04-370471 예금주 (주)대유학당
- 대유학당 후원회원 모집
  1년 회비 100,000원 / 4가지 회원특전
  ① 개인맞춤수업 20% / ② 도서할인 20%
  ③ 프로그램할인 20% / ④ 수강료 할인 20%
- 대유학당 도서구매 www.daeyou.or.kr 10% 할인 + 3% 적립

강의 안내

요일	월(주역)	화(주역/기문)	수(현공풍수)	목(자미/기문)	금(자미/역임)	토(토요)
강좌명 시간	스토리주역 10:30~11:30	주역원전 2:00~4:00	현공풍수 2:00~4:00	자미진산반 2:00~4:00	자미실전 11:00~1:00	컬러/차크라 11:00~2:00
강좌명 시간		홍국기문 5:00~7:00		기문점법실전 4:30~6:30	실전역효 4:00~6:00	

2020년 4월 이후 강의를 모두 영상으로 보실 수 있습니다. 대면 수업이 어려운 먼 곳에 계신 분들께 추천합니다. 시간과 장소에 구애 받지 않고 어디서나 반복해서 들을 수 있으므로 효과적으로 공부할 수 있습니다. (목요/ 독학지미 / 성명학 / 주역점법 / 목기7주)

수강료는 오프라인 수업과 동일합니다. 현재 진행중인 강의는 현장수업에 참여하셔도 됩니다.

접수 안내

- 팔괘카드 세트 22,000원(구성:카드 8장+설명서+나전케이스)
- 주사위 세트 5,000원(구성:팔괘 주사위 2+육효 주사위 1)
- 섬시용 서죽 8,000원(구성:50개+2)
- 직접 동전 10,000원(구성:동전 3개)

찾아 오시는 길

- 서울시 성동구 아차산로17길 48 SK V1 센터 1동 814호 (우 04799)
- 회양사거리에서 연동대교 가는 방향 우측에 있습니다.
- 2호선 성수역 → 4번 출구로 나와 10m 남쪽 → 4 정거장 후 성수대우
- 프레시아 아파트 하차 / 7호선 어린이대공원 4번 출구 하차
- 버스노 302, 3220, 3217, 2222번을 타고 회양사거리 하차.

주역

주역인문(周易入門)
- 15×21cm 미래커버 본문2
- 도 / 344쪽 20,000원 / 김수길·윤상철 共譯 / 20년 3월
- 수강 5세

결인새로 읽기 쉬워진 주역인문. 휴대에 더 쉬울 수 있도록 작아진 크기, 주역 원문에 따라 간단한 해설을 덧붙이고, 정자의 의견을 담아 소상하게 풀이, 오행과 간지, 하도 낙서를 쉽게 소개한 동양철학 입문서.

2024년 개정판 누구나 쉽게 입문되도록 주도 역의 역사와 시대정신. 패괘 생성과정과 도의 관점에서 해독을 덧붙이고, 장자의 의견 역임 보는 법 들을 그림에 따라 간단히 해설해 풀이, 오행과 간지, 하도 낙서를 쉽게 소개한 동양철학 입문서.

대산주역강의 ① ② ③
- 16×23cm 양장 본문2도 / 총3권 1,856쪽 90,000원 / 김석진 지음 / 22년 3쇄

2019년 신간 대산 선생님의 주역강의를 대본강습이 직접 경을이 들는 그림 옮긴 책. 「대산주역강의」가 흔들한 국내 대판 있다면, "이 책을 읽어야 주역을 안다"고 하지만한 연구를 종합한 것이라면, 이 책은 오랫동안 연구의 경의말 정리해야 좀 더 깊게 읽을 수 있는 것이 정점이다.

주역전의대전역해(周易傳義)
校本 소全譯解 상 하
- 19×26cm 양장 / 김석진 譯
- 각권 800쪽 / 각권 45,000원

주역 해석의 양대 산맥이라 할 수 있는 정이천 程伊川 선생의 역전과 주희의 본의를 한글번역, 세상에서 유일하게 역전과 본의 모두를 읽을 수 있는 것이다. 조선말 필독서.

홍국경세(洪局經世) 상
- 16×23cm 양장 본문2도
- 총5권 3472쪽 200,000원 / 김수길·윤상철 共譯 / 11년 4월

하락리수(河洛理數)
- 16×23cm 양장 본문2도
- 총5권 1,680쪽 90,000원 / 김수길·윤상철 共譯 / 14년
- 12월 수정 2쇄 / 복 (하락리수 쉽게보기 포함)

진집이 선생이 창안하고, 소강절 선생이 집필한 책으로 자신이 태어난 시신년월일시로 하락리수의 상세한 해석, 신인의 비원결로 운명을 판단할 수 있다.

전문가용 하락리수 프로그램
- 기격 550,000원 / 2020년
- 개정 / 총괄 : 윤상철
- 구성 : 설치 usb, usb덕, 프로그램 매뉴얼.

2018년 개정판 생년월일시를 입력하면 사주 갱지의 산천을 우주 전공을 축시 찾아주는 문 12조건에 따른 김일출의 표시, 은·대운·년·월·일운 등의 평점 확인, 음운정계과 주역점, 결공점수 등 공합 주역성과 시작이다. 원도우 8, 10비트 사용 가능

주요 이용 도서

외 작 명

훈화 참문시
- (축자 포함) 500,000원

신청자의 사주를 운명을 설파해서, 장문을 삼고 단문을 보완해주는 훈화 이름을 드립니다.
이름은 사람이 자신의 능력과 성격을 표현하는 것이고, 운은 덕과 학식 능력을 종합적으로 표현 짓고, 삶의 목적과 갈 길을 설명해 주십니다.

- **부귀영화 이름작명**
- (축자 포함) 500,000원

채택된 지은 이름은 부와 명예, 행복을 안겨줍니다.

주역점 관세

출세역림(出世易林)
- 19×26cm 양장 본문2도 / 순은원 2,464쪽 180,000원 / 17년 3월 1쇄 / 23년 1월 3판 7쇄

대산주역점해(大山周易占解)
- 19×26cm 양장 본문2도 592쪽 35,000원 / 감수진 / 23년 1월 3쇄

자료우지 등이 3개 포함 상견운 채본됩니다.

2017년 신간 주역의 패를 보일고 경전과 고사를 응용하여 문학적으로 순화한 책. 64패를 통달해서 확장한 4096효에 대한 점괘를 다 담았으므로 '역임'이라는 명침에 적절 이름 다 있었으므로 '역임'이라는 명침에 적절하다. 주역이 흉신에서 비경에까지 문화 전반에 학인 가축, 주역점, 육효점에 활용 가능.

매화역수(梅花易數解)
- 16×23cm 양장 본문2도 496쪽 25,000원 / 감수집 / 상상 共譯 / 23년 7월 2판 5쇄

점지는 방법부터 해석하는 방법까지 그림과 함께 자세히 성양. 구체적인 해설을 실어, 누구나 쉽게 일상생활에서 응용할 수 있도록 편집. 초등학생까지 조선왕후 문화 전반에 독 편집. 초등학생까지 조선왕후 문화 전반에 독 점치는 방법과 해설을 실전연구.

주역비결
- 16×23cm 양장 본문2도 440쪽 25,000원 / 문상진 / 2025년 10월 3쇄

"알기는 소강절"이라는 말이 인구에 회자될 정도로 주역의 대가이자 점의 최고수였으며, 단 소강절 선생. 그 장부의 진수와 대가들의 비결을 한국심성이 설명하고, 각종 점법의 비결을 한국심성이 설명하고, 각종 점법의 비결을 한국심성이 설명하고, 간직되는 방법만의 해설을 실전연구.

2019년 신간 주역을 몰라도, 숫자 세 개만 뽑으면 미래의 길흉을 알 수 있는 비밀! 자녀 20년 노하우가 들어있는 장문의 양성. 판, 3,1,5를 뽑았다면, → 책에서 315를 찾아 읽기만 하면 → 총문과 217가지 흉험 장문을

주역중산 역상 하
- 16×23cm 양장 본문2도 상권 830쪽 50,000원 / 김 신호 역 / 21년 9월 2판 3쇄

직문인 중상해체 이해하기 쉽고 보다 쉽게 만든 주역해서 중심을 쏟는 역학계의 가루 감선. 2025년 여름 경월을 쏟는 역학계의 가루 감선.

손에 접하는 경전의 진수

① 주역점 ② 주역인해 ③ 대화중음 ④ 경전주선문심사전 ⑤ 도덕경음부경(전자책) ⑥ 논어
⑦ 정기제초 ⑧ 맹자 1 ⑨ 맹자 2 ⑩ 지미무수 ⑫ 관세음보살
⑬ 사자소학추구 ⑭ 시경 1-국풍편 ⑮ 시경 2-소아편 ⑯ 시경 3-대아 송 ⑰ 주역점비결

- **2020년 개정판 기준으로, 이론편, 활용편이 속이 얇어 손에 잡히는 경전 시리즈, 총 16권 출시.**
- **대학중용, 논어, 맹자, 사자소학추구는 큰 활자본 같은, 오른쪽 면에는 해설으로 구성.**
- **주역관문도소 주역점, 주역인해, 주역점비결 깨 보내면 더 좋습니다.**
- **9×15cm / 288~336쪽 / 비닐커버 / 2도 인쇄 / 각권 10,000원 / 총 16권**

녹음

2020년 개정판 ① ② ③
- 16×23cm 양장 본문2도 상권 1,052쪽 80,000원 / 19×26cm 양장 본문2도 이우산 / 20년 5월 개정

녹음을 알면 미래가 보인다(신간)
- 16×23cm 양장 본문2도 / 19×26cm 양장 35,000원 이우산 / 19년 6월 신간

고대로부터 현대에 이르기까지 인사(人事)와 대륙임본의 원전만 바르 모를 해설 해설, 녹음의 최고의 도중합격천으로 일거에 대한 이해와 연구에 도움이 되도록 초절한 맞춤 책. 목음 720과 주해서 부활하다!! 녹음연구자로 최초로 부활한다!!

대육임직지(6권 완간)
- 16×23cm 양장 본문2도 각권 526~640쪽 / 1~3권 30,000원 4~6권 34,000원 이우산 주해 / 19년 6월 완간

대육임본부의 원전에 의한 정통한 변역과 해설, 녹음이 최고 도장에처럼 바로 초절한 맞춤 100여 녹음 720과 주해서 '대육임지지' 녹음서사 최초로 부활하다!!

녹음상답소
- 16×23cm 양장 본문2도 742쪽 45,000원 / 이우산 / 23년 6월 신간

상답이란 일반인들을 위해 현대적으로 접근한 녹음 작명서, 상생에 있어 장남감, 이듬, 증혼, 결혼, 성사 시기, 결혼 이후 배우자와 나의 부모관심 회복, 금전의 유, 여상의 결혼 등 기술. 개정 경제생활, 자녀의 유무, 여상의 결혼 등 기술.

전문가용 녹음 프로그램
- 가격 150,000원 / 2018년 개정 / 춘절 : 운상절
- 구성 : 설치용 usb, usb락, 프로그램 매누얼

2018년 개정판 삼전조상님 육임산법과 더 붙어 9종 10괴제에 대한 간단한 설명 720 과에 대한 총점 길흉, 상세 행원 및 등과 25개 항목으로 나누어 육임점의 길흉이 단 답형으로 설명되어 있습니다. 원노우 가능, 인쇄, 저장 가능 11배전 사용 가능.

자미두수

▶ 자미두수 입문
- 16×23cm 양장 / 427쪽
- 25,000원 / 김선호
- 22년 5쇄

자미두수를 처음 접하는 분들을 위하여 만든 책, 자미두수 명반작성과 명반 보는 법 기초부터 14격국과 정성을 명쾌하게 풀이하고 명반주인의 순서를 밟아 통변에 이를 수 있다. **명반을 핸드폰에서 다운 받으세요.**

▶ 자미두수 명반 읽기(5권)
- 2020년 신간 1권은 자미두수 명반의 실전을 보는 방법, 2권은 대운편, 3권은 자미가 들어오는 궁, 4권은 신궁, 5권은 축처이다. 이 다섯 권으로 독자는 역자 자미가 단신의 이생을 복기, 부록에 격국, 직업찾기, 명 반으로 생활찾기, 개선찾기 정리
- 1권 336쪽 20,000원
- 2권 392쪽 25,000원
- 3~5권 320쪽, 각 25000원

▶ 별자리로 운명 읽기(5쇄)
- 16×23cm 양장 / 이욱실
- 25,000원

▶ 자미두수 전서 四 六
- 심곡비결 - 전자책
- 19×26cm 양장 / 김선호 譯
- 심곡 1,700쪽 전자책 30,000원

13년 동안의 중국 임상경험을 바탕으로 한, 대만과 홍콩의 어떤 해설서도 따라오지 못하는 지극한 해설과 역자주! 이 책 하나로 자미두수의 모든 시금들에게 가장 확실한 스승이 될 것이다.
한국 자미두수의 경전! 심곡비결.

▶ 종합자미두수 ① ② ③
- 16×23cm 양장 본문2도
- ① 격국편 ② 중합편 ③ 두수신
- 미(전자책) 각권 400쪽
- 20,000원 / 김선호

『심전자미두수』와 『자미두수입문』의 간격을 메우기 위한 종합서를 위한 안내서!
이 책에서 총합적인 격국은 물론 독수신에 대한 해설이 실려 있다. 또한 『두수신미』 미를 번역, 30페이지에 걸쳐 실전예제 수록.

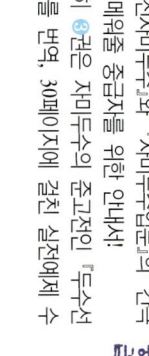

▶ 실전 자미두수 ① ②
- 16×23cm 양장 본문2도
- 10마디실증기명 ② 경험편
- 각권 448쪽 25,000원 / 김선
- 호 / 17년 11월 2판 1쇄

2017년 개정판 실전2도 시전이 명반을 풀고 "이때 왜 이 사건이 벌어졌는가?"에 대한 을 만 다 쉬어있다.보고 기 이 두 권 만 다 소화한다면 누구나 자미두수를 자재로 활용할 수 있다.

▶ 자미두수 신소(신간)
- 16×23cm 양장 / 박승준
- 사문적 지력 456쪽
- 25,000원 (2018년) / 전자책
- ② 인생의 국국 496쪽
- 30,000원 (2020 신간)

실시청성의 심아능장의 새로운 출발, 인간충격 등 모든 과적인 적작들, 그리고 독수정에서 대한 자미한 해설이 실려 있다. 표한 운중요의 소계를 밝히고 삼성 산대에의 운초률을 800쪽에 결쳐 해설.

▶ 전문가용 자미두수 프로 그램
- 가격 500,000원 / 2018년 개정 / 출고 : 김재룡
- 구성 : 설치 usb, usb판, 프로그램 매뉴얼.

2018년 개정판 바람으로 다양한 기능 별에 대한 지세한 설명과 pdf로 볼 수 있으며, 식원과 근사치 인상장 별의 경우 사화를 조정할 수 있는 옵션, 기문과 육임의 기본표기 제공. **안드로이드 8, 10버전 사용**

천문역법

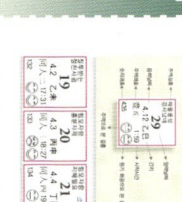

▶ 세종대왕이 만난 우리별자리 ① 上
- 각권 256쪽 12,000원

[우리별자리] 동양천문을 이야기로 해설한 책. 첫문학자 세종대왕이 이순지가 건행한 첫문과 문화사업에 의문을 담아 천문학적 개념서, 원문과 다른에 자세한 역을 하고 우수한 일이 읽기 쉽게 재편집. 청심일지 1467개의 북빛의별별, 10건의 태양, 12지의 닫음이 그 별에서 인기이 감홍치북을 내 려주신다. 비서운의 세월들기 위한 장의 아나데 내용을 뚜기 위해 옷 속이, 태월천문도 청심생태문의 와지도, 태월청문도 28수를 우리나라에 배대한 지도, 휴대하기 좋게 만든 천문도 통이 보태자서, 주변 도, 28수 나경 2종, 태월청분도 큰릇판, 해설서도 한국, 주변분을 해설. 천문측지를 구매하시면 "첨문도해설"을 통팔로 드립니다.

▶ 2021 천문유초(天文類抄)
- 30,000원

▶ 청상일지분야지도 그 비
- 발물 반대라 25,000원

▶ 태을천문도 (중 9)
- 중체트 100,000원

족자

천문	① 청상일지분야지도 / ② 태울천문도(블랙배커리/라인데)
불교	① 42수 진언(그린/레드) 300,000원 / ② 신묘장구 대다라니(그린/레드) 250,000원
블라인드	① 중(65×150) 150,000원 / ② 소(54×130) 120,000원
축자	① 대(150×230) 300,000원 / ② 중(120×180) 250,000원 30,000원 기정

지도

▶ 2021년 신간 은영을 고치고자 하는 사람들 동기 위해 만든 책, 전체 힘말에서 2% 정도 모지라면! 이 책에는 약간의 방법을 바꾸고 중인 중에 있는 ' 2% 도음이 되는 일말' 모아 놓았다.

▶ 팔자의 시크릿
- 15×23cm 본문 2도 / 336 쪽 16,000원 / 군상실 자음 / 23년 1월 2쇄

▶ 개인운세력
- 19×26cm 본문 4도 / 주돈 당림 표훈 총 13개월지 30,000원 / 군성철

개인운세력도 하루라수를 바탕으로 하여 각 지역 시주에 맞게 인쇄된 운세력입니다. 함상 곁에 두고 실패, 길흉을 보 상기, 중년번이 되는 일이 많아질 것입니다. 문세를 일이 적극적으로 청김할 수 있습니다. 찾조하세요.

▶ 전주전역 대학 중용
- 16×23cm 양장 본문2도
- 대학/49쪽 25,000원
- 중용/상 528쪽 25,000원
- 하 496쪽 25,000원 / 김수긴
- 譯 / 19년 10월 개정

전주전역 대학중용으로 국내 최초로 주자정가는 소주까지 천문역약이고, 비록와 하섭이었다. 등이 한 주석 본분 외주석으로 성애들의 학역을 복각하였다. 이 한 권으로 대학중용자 설문 모두 볼 수 있으.

만행스님의 불교 서적

서적

▶ 마음의 달 ① ②
각권 10,000원

만행스님은 5세에 불교에 입문한 이후 40여 년간 수행을 통해 얻으신 것들을 한걸음 내딛기 위한 마음자세와 수행법을 미음자세와 수행법을 설명하는 책이다. 부처님을 닮는 것에서 한걸음 더 나아가 깨달음의 경험들을 걸어보며 수련을 통해 실천적으로 깨달은 수련법을 체계적으로 제자들에게 기감없이 살아서 부처가 되기를 바라는 이들에게 기준처럼 갖추게 전하는 책이다.

▶ 행복기신 ① ② ③
각권 20,000원

수리

▶ 선운로기신
30,000원

▶ 덕행참회
10,000원
▶ 동화선
15,000원

은명, 사람을 나도 그래
• 15×23㎝ 본문2도 / 390쪽
• 20,000원 / 이월의 지음 / 21년 9월

은명학의 궁금증을 객관적으로 바라보며 썼다. 은명학 신점의 차이, MBTI와의 관점 차이, 사주가 겉으로 걸으 살으는지, 정해진 운명이라는 게 있는지, 사주로 어떤 일의 승패를 알 수 있는지, 운 vs 실력, 제물과 체질, 관상, 일주론 등.

어디 역학공부 좀 해볼까?
• 15×23㎝ 본문2도 / 390쪽
• 20,000원 / 이월심 지음 / 21년 4월

역학공부의 기초를 다지기 위해 꼭 필요한 책이다. 동양학을 배우기 위해서는 음양 오행, 신금 심이지, 10간 12지를 제외하고는 가장할 수 없다. 그린 참에서 이 책은 기문에 매우 충실한 책으로 전한히 따라가다 보면, 기초 공부를 마치게 된다.

쉽게 시작하는 사주명리 (2024 신간)
• 15×23㎝ 본문2도 / 613쪽
• 45,000원 / 순서주 지음 / 24년 4월

사주명리를 한 권으로 해결, 업주관과 사에 대해 설명한 수많은 책, 간단하지만 읽러하는 원리와 신비함, 10간 12지를 제외하는 모두의 원리를 손사장, 지정문을 확실하고 압도적이게 있게 설명, 기초부터 탄탄히 하여 실력을 다질 수 있게 하였다.

지명력, 나의 길을 찾다 (2025 신간)
• 15×23㎝ 본문4도 / 320쪽
• 30,000원 / 박창 지음 / 25년 4월

지명력의 이치를 통해 보다 본질적인 해석을 시도하는 독특한 저작물. 자연과학적 원리를 기반으로 문명을 분석하는 직접 방식을 독자들에게 새롭게 제공하며, 현대의 현대한 활용 가능성을 높이는 중요한 시도가 되는 책.

연해자평 (淵海子平)
• 19×26㎝ 양장 / 830쪽
• 50,000원 / 오성식 주해 / 20년 6월 5세

사주학의 기반 지평학을 진단, 업주 위주로 사주를 붙이는 방식이 처음 도입한 사주명의 지평학의 진수. 연해자평의 전문한 오성식씨의 해석함으로 미래예측을 제시.

자기계발

인기도서와 품절도서를 만날 기회

• 대산주역강해 1-3 각 20,000원
• 손에 잡히는 주역인문 8,000원
• 활자의 시그니쳐 11,200원
• 주역점비결 20,000원
• 주역강의 11,200원
• 좀급자미수 3 20,000원
• 지미신전 1 20,000원
• 지미신전 2 25,000원
• 동의음학 강해 20,000원
• 팔자대로 운영하기 1 15,000원
• 팔자대로 운영하기 2 20,000원
• 손에 잡히는 도덕경 10,000원

도덕경 중부

용
• 어디 역학공부 좀 해볼까? 15,000원
• 팔자대로 운영하기 2 24,000원

기문
• 기문강산수결 16,000원

작명

▶ 작명연의 (作名演義)
• 19×26㎝ 본문2도 / 288쪽
• 25,000원 / 최일영 / 20년 10월 2세

관상학사전
• 19×26㎝ 양장 / 687쪽
• 50,000원 / 박주한 / 22년 4월 2세

신체 각 부위에 대한 자세한 그림과 상세한 해설을 하고, 관상의 개선방법 등 특징이다. 또한 상식에 줄어 있는 그 일과 깊이에서 많이 다루었다.

▶ 이것이 홍국기문이다 ① ②
직업선택편 / 직업찾기편
• 16×23㎝ 양장 본문2도
• 384쪽, 23,000원
• 448쪽, 30,000원 / 정해숭 / 24년 11월 3세

우리나라 기문의 홍국기문을 포크럽 해서 일사례를 들어 설명한 책이다. 특히 각 직업별로 박, 관상의 원상방법 등 분류하였다. 당한 직업분야 오행과 양 오행의 특징에 해서 있는 음성이 살이 있을 수 있는 기문들을 배우지 않는 보편들 수 있도록 분류하였다.

▶ 박창영의 구성학 강의
• 16×23㎝ 양장 본문2도
• 742쪽 30,000원 / 박창영 이 연선 / 24년 11월 3세

구성학의 탄탄한 기초이론과 응용을 함께 단는 책. 실전에 들어가면 쉽게 이해할 수 있도록 도표를 많이 활용했으며, 수많은 예제들을 담아 연습문제를 실어 익힐 수 있도록 한 배열문과 2권에서는 기문을 찾아서 엄밀한 구성을 찾을 수 있도록 분류하였다.

구성

오행

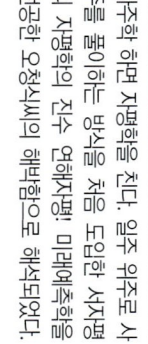

▶ 오행대의 (五行大義) 상 하
• 16×23㎝ 양장 본문2도 / 상 384쪽
• 22,000원 / 상 378쪽 22,000
• 원 / 김수길 이성선 공역 / 20년 8월 수정 4세

수나라 이전의 모든 저작들을 망라하여 집안한 오행학의 필독서이다. 음양과 오행에 관한 모든 것이 들어 있어 보고 이해할 수 있는 책. 특히 이 책은 모든 자리 학기의 만들기 위한 것이기 때문에, 심제 상용에서 어떻게 쓰이는지 모두 체계적으로 해설되어있다.

자미두수 14정성의 성정

소속	별	기운	오행	주관	쌍성조합	소속
		전설속의 인물		임무		
자미성계 역행	자미	제좌	기토	관록	파군 천상 탐랑 칠살 천부	북두
		백읍(문왕의 큰아들)		존귀 고상		
	천기	善	을목	형제	천량 태음 거문	남두
		강태공(문왕의 군사)		지혜 정신		
	태양	貴	병화	관록	천량 거문 태음	중천
		비간(주왕의 충신)		광명 박애		
	무곡	재물	신금	재백	천부 칠살 천상 파군 탐랑	북두
		무왕(문왕의 작은 아들)		武勇 재부		
	천동	복	임수	복덕	거문 천량 태음	남두
		문왕(주부락의 존장)		융화 온순		
	염정	囚	정화	살	천상 파군 천부 칠살 탐랑	북두
		비중(주왕의 간신)		왜곡 사악		
천부성계 순행	천부	재고	무토	재백	자미 염정 무곡	남두
		강황후(주왕의 부인)		재능 자비		
	태음	富	계수	재백 전택	천기 천동 태양	중천
		가부인(황비호의 처)		결백 주택		
	탐랑	도화	갑목	禍 福	자미 염정 무곡	북두
		달기(주왕의 애첩)		욕망 물질		
	거문	어두움	계수 기토 신금	시비	천기 천동 태양	북두
		마천금(강태공의 처)		의혹 시비		
	천상	印	임수	관록	자미 염정 무곡	남두
		문태사(주왕의 충신)		자비		
	천량	음덕,수명	무토	부모	천기 천동 태양	남두
		이천왕(무왕의 충신)		항상성 영도		
	칠살	權	신금	숙살	자미 염정 무곡	남두
		황비호장군(주왕의 충신)		위엄 격렬		
	파군	소모	계수	부처 자녀 노복	자미 무곡 염정	북두
		紂王(은나라의 폭군)		파손 소모		

● 대유학당 자미두수, 육임 기문 프로그램 다운 받는 곳 www.webhard.co.kr
아이디 daeyoudang 패스워드 9966699 02-2249-5630 010-9227-7263

상관궁 상관성	1) 사망	**상관궁** : 형노선, 재복선 **상관성** : 상문, 백호(조객 포함)
	2) 사업, 직업 변화	**상관궁** : 부관선, 자전선, 부질선, 형노선, 재복선 **상관성** : 화과, 화권, 창곡, 주서
	3) 관재	**상관궁** : 부질선, 부관선, 자전선 **상관성과 상관성계** : 관삭, 관부, 천형, 경양, 백호, 거문, 염정, 태양, 천량 등
	4) 승진과 시험	**상관궁** : 형노선, 재복선, 부관선, 부질선 **상관성과 상관성계** : 화권, 화과, 창곡, 천무, 주서, 천상, 자미·칠살, 태양·태음, 염정·칠살 등 대중에 유리한 성계 등
	5) 부동산 매매	**상관궁** : 자전선, 부질선, 형노선, 재복선 **상관성과 상관성계** : 주서, 화과, 문창·문곡, 천상, 거문·태양, 태음·태양 성계
	6) 이사	**상관궁** : 자전선, 부질선, 명천선 **상관성과 상관성계** : 록마, 기월, 동량, 정탐, 자살, 일월, 자파, 무파 등 변화에 관련한 상관성계
	7) 결혼	**상관궁** : 부관선, 부질선, 자전선 **상관성** : 홍란, 천희, 화과, 화권
	8) 질병과 사고	**상관궁** : 질액궁, 신궁 **상관성** : 천월, 홍란, 천희, 병부, 병, 천형
	9) 발재와 파재	**상관궁** : 형노선, 재복선 **상관성** : 겁공, 절공, 순공, 천공, 대모 등
	10) 임신	**상관궁** : 자전선, 부관선, 부질선, 신궁(身宮) **상관성** : 홍란, 천희, 화과

	성	오행	주관	담당
육길성	천괴	병화	科	정도공명
	천월	정화		이도공명
	좌보	무토	조력	정(正) 정도 - 과거
	우필	계수		부(副) 이도 - 음서, 공
	문창	신금	시험 문장 상례 혼례	의식, 규범, 학술, 이론
	문곡	계수		수리, 공학, 공예, 口才
육살성	경양	경금	사업-파동 재적-손실 건강-상해 육친-고독	강한 성격, 폭력, 단체 생활 부적합
	타라	신금		마음을 나쁘게 씀, 성격 강함, 위맹
	화성	병화		물질적, 일시적
	영성	정화		불현듯, 오랜시간, 정신적
	지공	정화	공망	정신적
	지겁	병화	겁탈	물질적

년	녹권과기
갑	염파무양
을	기량자월
병	동기창염
정	월동기거
무	탐월필기
기	무탐량곡
경	일무음동
신	거일곡창
임	량자보무
계	파거음탐

● 서적구매
www.daeyou.or.kr

● 계좌번호
국민 807-21-0290-497(윤상철)

자미두수 명반배치도 한문판

자미가 인궁에 있을 때

巳	午	未	申
巨門 △	天相 廉貞 ○△	天梁 ○	七殺 ◎

辰			酉
貪狼 ◎			天同 △

卯			戌
太陰 xx			武曲 ◎

寅	丑	子	亥
天府 紫微 ◎◎	天機 xx	破軍 ◎	太陽 xx

자미가 신궁에 있을 때

巳	午	未	申
太陽 ○	破軍 ◎	天機 xx	天府 紫微 △○

辰			酉
武曲 ◎			太陰 ○

卯			戌
天同 ◎			貪狼 ◎

寅	丑	子	亥
七殺 ◎	天梁 ○	天相 廉貞 ◎△	巨門 ○

자미가 자궁에 있을 때

巳	午	未	申
太陰 xx	貪狼 ○	巨門 天同 xxxx	天相 武曲 ◎△

辰			酉
天府 廉貞 ◎○			天梁 太陽 △x

卯			戌
			七殺 ◎

寅	丑	子	亥
破軍 xx		紫微 △	天機 △

자미가 오궁에 있을 때

巳	午	未	申
天機 △	紫微 ◎		破軍 xx

辰			酉
七殺 ○			

卯			戌
天梁 太陽 ◎◎			天府 廉貞 ◎○

寅	丑	子	亥
天相 武曲 ◎x	巨門 天同 ○xx	貪狼 ○	太陰 ◎

자미가 술궁에 있을 때

巳	午	未	申
天同 ◎	天府 武曲 ○○	太陰 太陽 △△	貪狼 △

辰			酉
破軍 ○			巨門 天機 ◎○

卯			戌
			天相 紫微 △x

寅	丑	子	亥
廉貞 ◎		七殺 ○	天梁 xx

녹권과기

년	녹권과기
갑	염파무양
을	기량자월
병	동기창염
정	월동기거
무	탐월필기
기	무탐량곡
경	일무음동
신	거일곡창
임	량자보무
계	파거음탐

- 별자리로 운명읽기 1 2
- 자미두수 입문
- 중급자미두수
- 자미두수전서
- 실전 자미두수
- 손 자미두수
- 심곡비결
- 전문가용자미CD
- 자미심전 1 2
- 육효증산복역

자미두수 명반배치도 한문판

자미가 사궁에 있을 때

七殺紫微 ○△ 巳	午	未	申
天梁天機 ○◎ 辰			破軍廉貞 xx△ 酉
天相 xx 卯			戌
巨門太陽 ◎○ 寅	貪狼武曲 ◎◎ 丑	太陰天同 ◎○ 子	天府 ○ 亥

자미가 해궁에 있을 때

天府 △ 巳	太陰天同 xxxx 午	貪狼武曲 ◎◎ 未	巨門太陽 ◎x 申
破軍廉貞 ○x 辰			天相 xx 酉
卯			天梁天機 ○◎ 戌
寅	丑	子	七殺紫微 △○ 亥

자미가 묘궁에 있을 때

天相 △ 巳	天梁 ◎ 午	七殺廉貞 ○○ 未	申
巨門 xx 辰			酉
貪狼紫微 △○ 卯			天同 △ 戌
太陰天機 x○ 寅	天府 ◎ 丑	太陽 xx 子	破軍武曲 △△ 亥

자미가 유궁에 있을 때

破軍武曲 x△ 巳	太陽 ◎ 午	天府 ◎ 未	太陰天機 △△ 申
天同 △ 辰			貪狼紫微 △△ 酉
卯			巨門 xx 戌
寅	七殺廉貞 ◎○ 丑	天梁 ◎ 子	天相 △ 亥

자미가 축궁에 있을 때

貪狼廉貞 xxxx 巳	巨門 ○ 午	天相 x 未	天梁天同 xx△ 申
太陰 xx 辰			七殺武曲 x○ 酉
天府 △ 卯			太陽 xx 戌
寅	破軍紫微 ○◎ 丑	天機 ◎ 子	亥

자미가 미궁에 있을 때

天機 ◎ 巳	破軍紫微 ○◎ 未		申
太陽 ○ 辰			天府 xx 酉
七殺武曲 xxxx 卯			太陰 ◎ 戌
天梁天同 ◎x 寅	天相 ◎ 丑	巨門 ○ 子	貪狼廉貞 xxxx 亥

년	녹권과기
갑	염파무양
을	기량자월
병	동기창염
정	월동기거
무	탐월필기
기	무탐량곡
경	일무음동
신	거일곡창
임	량자보무
계	파거음탐

● 대유학당 유튜브
대유학당 TV

● 서적구매
daeyou.or.kr

● 계좌번호
국민 807-21-0290-497(윤상철)

● 연락처
02-2249-5630

● 자미두수 강의
매주 금요일
 - 오전 11~1시
   입문/중급
 - 오후 2~4시
   자미실전

제 2부

격국 格局

『자미두수전서』「두수골수부주해斗數骨髓賦註解」에 보면 "먼저 격국을 분명히 관찰하고 난 다음에 악한 별들을 살핀다(先明格局 次看惡星)"라는 구절이 있는데 이것으로 고인들이 논명할 때 격국을 중요시 여겼음을 알 수 있다.

논명할 때 격국을 우선시 하였으므로 전서 안에 많은 격들이 있는데 대부분의 격들은 「두수골수부주해斗數骨髓賦註解」 안에 여러 형태로 산재해 있어서 그 많은 격들을 중급에서 소개하기에는 무리가 있다.

격만을 이야기해도 한권의 책이 될만한 양이니 여기서는 임상에서 주로 활용 가능한 몇 가지 중요한 격국이나 성계조합을 추려서 소개하겠다.

전서에는 명백하게 격의 이름을 붙이지 않았지만 현대 두수가들이 격으로 상용하고 있는 성계조합들을 필자도 격으로 이름 붙여 사용하고 있기 때문에, 이러한 성계들을 필자처럼 격으로 분류해서 기억해두면 임상에서 아주 유용할 것이다.

이미『왕초보자미두수』에서 일단의 격국들을 소개했지만, 여기서는 중급자용으로 격국이 유래된『전서』속의 구절들을 인용해 그 근거를 제시하고 격국을 해설하며 실례를 통해서 그 쓰임을 밝히는 식으로 서술하겠다.

1. 양령형기격

(1) 『자미두수전서』의 내용

> 與鈴刑忌集限 目下有憂 或生剋主先剋父 刑煞聚限 有傷官之憂 常人有官非之撓

✪ 태양과 영성·천형·화기가 모여 있는 운에서는, 눈 때문에 근심이 있거나 주로 아버지를 극하게 된다. 천형과 살성이 모이는 운에서는 벼슬에 위태로운 근심이 있고 보통 사람은 관재로 시끄러움이 있다.

위 말은 『자미두수전서』 176p에서 인용한 것으로 "양령형기陽鈴刑忌 상관지우傷官之憂 관비지요官非之撓"로 줄여 쓰기도 한다.

요약하면 운에서 태양·화기·영성·천형이 모이면 질병·육친형극·직업이나 사업상의 타격·관재 등이 있다는 것이다.

운에서 오면 실제로 임상경험상 위와 같은 일이 많이 발생한다.

이 조합은 『자미두수전서』에 격으로 분류된 것은 아니지만 얼마든지 격으로 응용할 여지가 많으므로 필자는 격으로 보고 영양형기격이라고 부른다.

운에서 오면 위와 같은 일이 발생하는 이유는 뭘까?
물론 '살을 보니 당연히 그럴 수 있지 않은가!' 한다면 할 말 없지만, 그래도 이런 구절이 나오는 데는 그럴만한 이유가 있을 법 하지 않겠는가!

  태양은 눈을 주하고 남성육친을 주하며 관록을 주하기 때문에, 이 태양이 깨지면 태양이 의미하는 이와 같은 의미의 흉상이 발현되게 되는 것이다.

  영성은 분리·소외 등의 의미가 있는 살성이고, 천형은 법률과 의료의 성으로 나쁘게 나타나면 관재·수술·형극이 있고, 화기는 시끄러움·장애·타격 등의 의미가 있다.
  이 격국이 만약 질병으로 나타나려면 질액궁·신궁·질병성과 같이 움직여야 하고, 육친형극으로 나타나려면 육친궁에서 만나야하며, 직업이나 사업적인 타격이나 관재 등을 만나려면 재백궁·관록궁·형제궁·노복궁 등의 궁에서 이러한 격국이 구성되면서 인동되야 할 것이다.
  관재라면 이러한 성계와 더불어 관부·관삭·백호 등의 잡성이 비쳐야 할 것이다.

실례1	남명 1947년 12월 ○일 사시			
天天天天陀文巨 廚壽虛馬羅昌門 △陷◎△ 忌	解祿地天廉 神存空相貞 ◎◎◎△	紅旬天天封八三擎天 艷空才哭詰座台羊梁 ◎◎		恩天七 光刑殺 ◎
力歲歲 35~44 乙 士驛破【子女】冠巳	博息龍 25~34 丙 士神德【身夫妻】帶午	官華白 15~24 丁 府蓋虎【兄弟】浴未		伏劫天 5~14 戊 兵煞德【 命 】生申
大陰紅地貪 耗煞鸞劫狼 陷◎	성명 : ○○○, 陰男 陽曆 1948年 12月 ○日 10:59 陰曆 丁亥年 1月 ○日 巳時			破天文天 碎鉞曲同 ◎◎△ 權
青攀小 45~54 甲 龍鞍耗【財帛】旺辰	命局 : 土五局, 大驛土 命主 : 廉貞, 身主 : 天機			大災弔 己 耗煞客【父母】養酉
截天龍鈴左太 空使池星輔陰 ◎陷陷 祿				寡天武 宿喜曲 ◎
小將官 55~64 癸 耗星符【疾厄】衰卯				病天病 庚 符煞符【福德】胎戌
天天孤火天紫 月官辰星府微 ◎◎◎	輩天天 廉傷機 陷 科	天天天破 空貴姚軍 ◎		天年台鳳天天右太 福解輔閣巫魁弼陽 ○X陷
將亡貫 65~74 壬 軍神索【遷移】病寅	奏月喪 75~84 癸 書煞門【奴僕】死丑	飛咸晦 85~94 壬 廉池氣【官祿】墓子		喜指太 95~ 辛 神背歲【田宅】絶亥

◆ **정해년의 관재발생**

① 위 명은 계묘대한 61세 정해년 관재가 발생했다. 위 명은 활법을 하는데, 활법원에 온 손님이 치료를 잘못했다고 하면서 무면허 의료행위로 고발 하였다.

② 전해인 병술년부터 손님으로 각별하게 친교를 나누고 가족처럼 지내면서 온갖 편의를 봐주며, 본인뿐만 아니라 가족까지

치료해주고 침 등을 가르쳐주기까지 했는데, 원래부터 약간의 장애가 있는 그 손님의 아이를 위 명이 침을 잘못 놔서[40] 후유증이 생겼기 때문에 책임지라고 고발한 것이다.

③ 돈으로 합의도 안해준다면서 평생 아이의 장애에 대한 후유증을 책임지라는 식으로 나왔다고 한다. 고의로 물건값을 수표로 계산하고 그 수표번호를 다 적어놓고, 모든 대화를 위명 몰래 녹음 하는 등, 매우 치밀하고도 고의적이고도 계획적으로 위명을 함정에 빠뜨리려고 준비한 것이다.

④ 위 명은 너무 믿고 최선을 다했던 사람에게 이런 식으로 안면 몰수식의 고발을 당하자 그 화를 삭이지 못해 혈압으로 두 번이나 쓰러지고 운영하던 활법원도 문을 닫아 버렸다.

◆ 관재발생의 근거

① 이 명의 정해년을 보면 태양이 선천 전택·대한 재백궁에 좌하고 있으면서 삼방에서 영성·거문화기를 보고 양타를 본다. 영양형기조합에서 천형을 보지 않았지만 경양의 화기化氣가 형刑이므로 천형과 같은 의미가 있어 이렇게 만나도 영양형기격국이 형성된다.

② 게다가 정해유년의 거문화기까지 사궁에 있게 되므로 사궁은

---

[40] 실지로는 본인이 장난삼아 놓았지 위명은 손대지 않았다함.

쌍화기가 되어서 영양형기의 격국이 인동된다. 영양형기의 격국의 의미대로 질병·관재·사업상의 타격을 다 보았다. 여기서 육친형극은 없었지만 대신 남자 고객에게 배신을 당한 것이다.

③ 중주파에서 영양형기 조합을 여명이 만나면 "항상 다른 사람에게 이용당한 뒤에 버림을 받기 쉬워서 특별히 감정적인 문제를 조심 하고 조혼하거나 일찍 연애를 하면 안 된다"고 했는데 실지로 남명이라도 해도 별반 이 의미에서 벗어나지 않음을 경험한다.

④ 위의 명의 경우도 결국 실컷 잘해주고도 뒤통수를 맞았다. 사업운영 과정에서 관재가 발생한 것은, 유년이 좌한 자리가 재복선이자 근무처에 해당하는 자전선에 있기 때문이고, 유년사화인 정간 태음화록 발생이 유년 관록궁에서 발생하고, 결과인 거문화기가 사궁, 즉 대한의 복덕궁에 좌했기 때문이다.

⑤ 혈압으로 쓰러진 것은 원래 인신사해궁의 거일조합은 심혈관 조합으로, 이 조합이 질액·신궁과 관계되면서 악살을 보면 흔히 중풍으로 떨어지거나 혈압으로 쓰러지거나 심장질환이 있거나 하는데, 유년의 태음화록이 선천 질액궁에서 발생하고 결과인 거문화기가 사궁에 있으면서 오궁의 염정천상을 형기협인하고 있는데, 이 궁이 몸궁, 즉 신궁이고 유년 질액궁에 해당되기 때문이다.

⑥ 관재가 전혀 생각지도 않은 가장 가깝게 지내고 가족처럼 여겼던 손님의 배신으로 말미암은 것은, 태양이 함지에 있으면서 이 태양을 어둡게 하는 거문이 사궁에 있으면서 화기가 되어 거문의 어둡게 하는 성질을 더욱 강화시키고, 타라·영성과 같은 암暗적인 살성을 같이 보므로 배신을 당하며 전혀 예기치 않게 관재가 일어났던 것이다.

⑦ 흔히 태음·거문과 같이 본질이 어둡기 쉬운 정성에, 타라·영성·문곡·음살 등의 살들이 붙으면 일의 추이를 쉽게 눈으로 볼 수 없을 뿐만 아니라, 배신과 배제를 당하거나 사기를 당하거나 하며 질병이라면 암과 같이 은밀하게 진행되는 병으로 나타나게 되는 것이다.

⑧ 태양은 어느 궁에서든 반드시 태음을 보게 되고 거문도 보게 될 확률이 많은데, 이렇듯 함지에 있으면서 위와 같은 성계를 보면 주로 배신이나 사기를 당하거나 경쟁에 밀리는 등의 일이 많았다.

旬天破陀巨 空廚碎羅門 　　　陷△ 　　　　忌	八紅祿左天廉 座鸞存輔相貞 　　　○○○△	紅寡擎天 艶宿羊梁 　　○○	三鈴右七 台星弼殺 　　○△◎
力指白　12~21　乙 士背虎【兄弟】冠巳	博咸天　2~11　丙 士池德【命】帶午	官月弔　　　　丁 府煞客【父母】浴未	伏亡病　　　　戊 兵神符【福德】生申
天台貪 月輔狼 　　◎	성명 : ○○○, 陰男 陽曆　1957年 4月 ○日 20:59 陰曆　丁酉年 3月 ○日 戌時 命局 : 水二局, 天下水 命主 : 破軍, 身主 : 天同		天地天天 哭劫鉞同 △◎△ 　權
青天龍　22~31　甲 龍煞德【夫妻】旺辰			大將太　92~　己 耗星歲【田宅】養酉
截天天天天太 空才虛貴姚陰 　　　　　陷 　　　　　祿			解天陰武 神空煞曲 　　　◎
小災歲　32~41　癸 耗煞破【子女】衰卯			病攀晦　82~91　庚 符鞍氣【官祿】胎戌
天大天文天紫 官耗巫曲府微 　　　△◎◎	天年鳳龍地火天 使解閣池光空星機 　　　　陷○陷 　　　　　　科	封天文破 誥喜昌軍 　　○○	蜚天孤天天天天太 廉福辰傷壽刑馬魁陽 　　　　　　△○陷
將劫小　42~51　壬 軍煞耗【身財帛】病寅	奏華官　52~61　癸 書蓋符【疾厄】死丑	飛息貫　62~71　壬 廉神索【遷移】墓子	喜歲喪　72~81　辛 神驛門【奴僕】絶亥

◆ **정해년의 관재발생**

① 위 명도 임인대한 51세 정해년에 관재가 있었다. 양식업계통에 종사하던 위 명은 정해년 상반기에 백억대의 어패류채취의 대박을 꿈꾸며 입찰이 아닌 수의계약을 해서 채취하기로 하고, 해당 어패류가 서식하는 바다 마을의 어촌계장과 관계자들에게 수억의 돈을 썼다. 그런데 어촌계장과 관계자들이 막판에 경쟁입찰 형식으로 방식을 바꾸고, 전혀 예상치 못한 3자에게 채취권을 줘버리는 배신을 경험하게 되었다.

② 이 명은 이 일이 99% 될 것으로 처음부터 믿고 세 명의 투자자들에 얼마씩 투자를 받게 되었는데, 일이 이렇게 어그러져 버리자 본인이 쓴 억대의 돈도 날리게 되었을 뿐 아니라, 투자자들의 돈도 날려버리게 되었다.

그러자 위험한줄 알면서도 투자를 했던 그 투자자들이 돌변해 그 돈을 내놓으라고 소송을 걸어와 일년 내내 소송에 시달렸다.

◆ 관재발생의 근거

① 유년이 대한 자전선·선천 형노선에 좌하고 있으며, 태양이 천형과 함께 있다. 대궁 사궁에서 거문이 타라와 동궁하며 화기가 되고 미궁에서 경양을 본다. 영양형기의 구조가 아니라 영성이 없는 양형기의 구조인데 영성은 어디로 갔을까?

② 그것은 사궁 입장에서 보면 거문화기가 타라와 동궁하고, 사궁의 삼방인 유궁 축궁·해궁에서 영양형기를 구성하고 있기 때문이다. 물론 영성이 아니라 화성을 보며 여기에 겁공이 더해졌지만, 이러한 격국을 운에서 운용할 때는 약간의 신축성 있는 변통이 필요하다.

즉 영양형기가 아니라 화양형기의 조합이 된다 해도 똑같은 의미를 가지게 된다는 것을 알아야 한다.

③ 정해년 유년 정간 거문화기가 사궁을 인동시키므로, 영양형기의 악격이 인동되어 이러한 관재와 손재·배신과 사기사를 당

하게 되었던 것이다.

④ 이 두 가지 예에서 볼 수 있듯이 영양형기격이 되면 중주파에서 여명에게 이 격이 형성되면 "다른 사람에게 이용당한 뒤에 버림받는"다는 의미가 남명에게서도 적용됨을 알 수 있다.

⑤ 영양형기격의 가장 중요한 징험인 질병·관재·육친형극의 표면적인 현상 외에 내면적으로는 "이용당하고 버림받는 의미"가 잠재해 있는 것이 아닐까 생각해 본다.

2. 석중은옥격 石中隱玉格

(1) 석중은옥격의 의미

석중은옥격은 자미두수에서 저명한 격국 중의 하나다.
『자미두수전서』의 여기저기에 이 격에 대한 설명이 있는 것으로 보아, 고인들이 중요하게 보았던 격 중의 하나라는 것을 알 수 있다. 아래에서 언급한 인리산재격이니 하는 이런 격은 『자미두수전서』에 격의 이름을 붙이지 않았던 반면에 이 격은 엄연히 격이라는 이름을 달고 있다.

석중은옥의 의미는 말 그대로 '돌 속에 감춰진 옥'이라는 뜻으로 이 말에는 여러 가지 해석상의 여지가 있을 수 있지만, 옥에 관련된 역사적인 이야기로 유추해보면 석중은옥의 의미를 실감나게 체득할 수 있다.

『열국지』에 보면 "화씨지벽和氏之璧(화씨의 구슬. 천하에 제일 귀한 구슬)"의 이야기가 나오는데 이야기의 줄거리는 이렇다.

전국시대 초楚나라에 변화씨卞和氏란 사람이 형산荊山에서 옥돌을 얻어 '초나라'의 '여왕厲王'에게 바쳤다.
여왕이 보석 세공인細工人에게 감정시키니 보통 돌이라 했고, 이에 화가 난 여왕은 변화씨를 월형(발뒤꿈치를 자르는 형벌)에 처했다.

여왕이 죽은 뒤 변화씨는 그 옥돌을 무왕武王에게 바쳤으나 결과는 마찬 가지였다. 이번에는 왼편 발뒤꿈치를 잘리고 말았다.

무왕에 이어 문왕文王이 즉위하자 변화씨는 그 옥돌을 끌어안고 궁궐문 앞에서 사흘 낮 사흘 밤을 울었다.

문왕이 그 까닭을 묻고 옥돌을 세공인에게 맡겨 갈고, 닦아 본 결과 천하에 둘도 없는 명옥이 영롱한 모습을 드러냈다.

문왕은 곧 변화씨에게 많은 상을 내리고 그의 이름을 따서 이 명옥을 '화씨지벽'이라 명명했다.

그 후 화씨지벽은 조趙나라 혜문왕惠文王의 손에 들어갔으나 이를 탐내는 진秦나라 소양왕昭襄王이 15개의 성성과 교환하자는 바람에 한때 양국 간에는 긴장이 조성되기도 했다.

이에 연유하여 화씨지벽은 '연성지벽連城之壁'이라고도 불렸다.

우리가 흔히 쓰는 "완벽하다" 하는 말은 바로 이 화씨지벽에 얽힌 이야기에서 나온 단어다.

조趙나라 혜문왕惠文王이 가지고 있던 옥을 진秦나라 소양왕昭襄王이 15개의 성성과 교환하자고 하니까 약한 조나라로서는 고민에 빠진다.

그때 한 신하가 자기의 식객인 '인상여'藺相如라는 사람을 천거했고, 인상여藺相如가 진나라의 성 15개와 바꾸기 위해 화씨벽을 들고 가자 진왕은 화씨벽만 취하고 성을 할양할 생각을 하지 않는다.
 이것을 안 인상여가 목숨을 걸고 진나라의 소양왕을 속여 화씨벽을 완전하게 보전했는데, 여기서 '완벽完璧'이라는 단어가 유래되었다.

 이 화씨벽은 이 일이 있고난 뒤에 진시황이 중국을 통일하자 진나라 소유가 되고, 진시황이 이 화씨벽으로 옥새를 만들었으며 진이 망한 뒤에는 한고조 유방에게 전해진다.
 후한의 광무제도 이 옥새를 얻어 한나라를 부흥시키고, 삼국시대에 접어들자 이 옥새는 손견에게 그리고 그 아들 손책에게 전해지고, 다시 손책의 패전으로 원술에게 갔다가 원술의 부하가 배신하면서 빼앗긴 옥쇄는 조조의 손에 들어가게 된다.

 석중은옥격을 이해하는데 있어 핵심은 형산에서 캔 옥을 변화씨가 그것을 왕에게 바쳐서 옥으로서 인정받으려는 것에서부터 시작되었다.
 형산에 묻힌 그대로 있었으면 변화씨가 양발 뒷꿈치를 잘릴 일도 없었을 것이며, 조나라와 진나라간에 옥과 15개 성의 교환에 관한 설왕설래와 인상여의 완벽에 얽힌 무용담도 없었을 것이고, 진시황 이후 옥새로 변한 옥으로 인해 수많은 왕조의 쟁탈 대상이 되면서 옥새를 뺏기 위한 죽고 죽이는 살육의 역사도 일어나지 않았을 것이다.
 결국 형산의 옥이 밖으로 나와서 옥으로서 자신의 존재를 드러낸 순간부터 파란만장한 드라마가 쓰여 졌다는 것이 석중은옥격을 이해하는 단서가 된다.

　석중은옥격은 돌 속에 감추어진 옥과 같아서, 드러내거나 뽐내게 되면 주위사람들이 그 옥을 탐내기 때문에 온갖 시비구설이 일어나게 되고, 인생에서 중대한 좌절을 경험하게 된다는 암시가 있다. 이 돌 속에 감춰진 옥을 위에서 이야기한 '화씨지벽'으로 바꿔 놓고 보면, 화씨지벽에 얽힌 이야기가 석중은옥격이 구성된 사람에게 주는 교훈이자 인생지침이 된다고 이야기해도 대과가 없을 것이다.
　석중은옥격은 자오궁의 거문이 있을 때 격이 이뤄지는데, 이 격이 가지고 있는 의미는 거문이 가지고 있는 시비구설의 속성 때문이다.

　아래에서 『자미두수전서』에 실려있는 석중은옥격과 그 조건, 필자가 해석한 석중은옥격의 의미 등을 발췌해서 석중은옥에 대한 이해를 돕고자 한다.

(2) 『자미두수전서』의 내용

① 1243p

> 命在子午逢巨門是也

✪ 명궁이 자오궁의 거문인 경우를 말한다.

> 詩曰 巨門子午二宮逢 身命逢之必貴榮 更得三方科祿 拱 石中隱玉是豊隆

✪ 시로 말하기를, 거문이 자오궁에 있으면서 명·신궁이면 반드시 귀가 영달하고, 다시 삼방에서 과·록이 공조하면 돌 속에 옥이 숨어있는 것과 같아서 (귀가) 크고 융성하다.

② 992p

> 子午巨門 石中隱玉
> ★ 子午二宮安身命 值巨門坐守 更得寅戌申辰科權[41]合照 富貴必矣

✪ 자·오궁에서 거문은 석중은옥격(돌 속에 옥이 감추어져 있는 격)이 된다.

★ 자·오궁에서 거문이 명·신궁에 좌수하며 다시 인·술·신·진궁에서 화과·화권이 합조하면 반드시 부귀하게 된다.

이두주 『자미두수전집』의 주가 맞다. 대개 창곡의 화과를 합쳐서 보는 경우가 아니라면 자·오궁의 거문은 결코 화과와 화

---

41) 원문은 '利祿'이라고 되어 있으나 『자미두수전집』의 '科權'이 맞다고 보아 원문을 수정하였다.

록이 합조하는 경우가 없다. 정년생이 천기화과·천동화권이 되어 과권이 합조하기는 하나 정년생의 거문화기는 입격하는 것으로 봐도 무방하다.

석중은옥격의 특징은 늦게 발달한다는 것이다. 단 쉽게 기울어지고 실패하기 쉬운데, 갑자기 일어났다가 갑자기 엎어지는 유형에 속한다. 소위 늦게 발한다는 것은 재화才華가 다른 사람에게 발견되기가 쉽지 않다는 것이다. 소위 기울어지고 실패하는 이유는 발달한 이후에 다른 사람으로부터 질투와 시기를 받고 함해를 당하는 것에서 비롯되는 수가 많다.

거문화기면 더욱 그렇다. 따라서 반드시 발달 후에 최선을 다해 겸손해야지 절대로 주제파악을 잃어서는 안된다.

석중은옥격에 거문이 화록이 되면 비교적 좋은 격국이 되는데, 태양화권에 문곡화과를 보면 그 발달이 비교적 빨라 30세부터 일어날 수 있으며, 실패의 위기도 적다.

다만 지나치게 고조되거나 최고위를 점해서는 안되고, 막후에 있거나 부차적인 지위에 있는 것이 좋다.

만약 자·오궁의 거문과 경양이 동궁하면 파격이 되는데, 심한 시비구설과 곤란함에 빠지기 쉽고, 비록 권세를 얻는다 해도 오래 가지 못하고 일생 놀라는 일이 많으며 망가지고 패하기 쉽다.

심곡비결 문답

문 : 자·오궁 거문이 귀격이 된다면 비록 묘왕을 만나지 않아도 역시 발달합니까?

답 : 거문이 자·오궁에서는 묘왕지이며 비록 살성이 충하더라도 발달한다.

③ 전집에서 인용된 석중은옥격 - 993p

> 子午宮巨門守命 丁癸生人合局是也
> ★ 詩曰 巨門子午喜相逢 更値生人丁癸中 早歲定爲攀桂客 老來滋潤富家翁

✪ 자·오궁에 거문이 수명하고 정·계년생이면 합국한다.

☆ 시로 말하기를, 거문은 자·오궁에서 만나는 것을 좋아하는데, 다시 정·계년생이면, 어린나이에 정히 과거급제하고, 늙어서는 넉넉한 부자집 늙은이가 된다.

이두주 정년생이나 계년생이면서 거문이 자·오궁에 수명하는 경우이다. 이 격국에 대해서 고인들은 아주 숨기는 것이 많아 일반인들은 단지 '정계년생 거문자오'의 공식으로만 기억하고 있으나, 실제로는 거문이 화록·화권·화과의 삼길화 중 두 개 이상을 보는 것을 말한다.

몇 가지를 열거해 보면 다음과 같다.

① 신후년생 거문화록에 태양화권에 문곡화과가 회조하는 것으로 상격이 된다.

② 계년생 거문화권에 대궁 녹존이 공조하는 역시 상격이다.

③ 정년생 거문에 녹존이 동궁하면서 대궁의 천기화과와, 차성 안궁한 천동화권이 가회하는 것으로, 중격이다.

④ 기년생 거문과 녹존이 동궁하면서 차성안궁한 천량화과가 가회하는 것으로, 역시 중격이다.

⑤ 병년생 경양과 거문이 동궁하면서 차성안궁한 천동화록을 만나는 것으로 하격이다.

⑥ 무년생 경양과 거문이 동궁하면서 태양화과를 삼방에서 만나지만 대궁 천기화기로 인해 격을 이루지 못하게 된다.

복잡한 것 같지만 한마디로 말하면 삼길화를 좋아하고, 경양과 화기를 만나는 것을 꺼린다는 뜻이다.

④ 523p

在子午宮於身命 爲石中隱玉格 更會祿科權 福厚 會破忌羊陀 若不夭折 男盜女娼

✪ 자·오궁에서 신·명궁이 되면 석중은옥격石中隱玉格이 되고 다시 녹·과·권을 만나면 복이 두텁다. 파군·화기·양타를 만나면 요절치 않으면 남자는 도둑이 되고 여자는 창기가 된다.

(3) 대한이나 유년에서 형성될 때

『자미두수전서』에는 주로 원명격상에서 석중은옥격이 형성될 때를 주로 언급하고 있으나, 운에서도 얼마든지 이 격을 인용해 볼 수 있다.

대한의 명궁이나 유년 명궁이 자오궁의 거문으로 석중은옥격이 형성되었다면, 이 대한이나 유년 중에는 필히 재주를 안으로 감추고 실속모드로 살아야 하며, 지나치게 자기를 드러내거나 의기양양하면 반드시 온갖 시비와 구설·배재를 당하므로 주의해야 한다.

임상에서 이 격을 보면 위에서 정의한 오리지날 석중은옥의 의미대로 나타나는 경우도 많지만, 의미상 여러 가지로 변용해서 해석할 여지도 있다.

가령 석중은옥격의 의미답게 돌 속에 귀한 옥을 감추고 있듯이 겉은 평범해 보이지만, 알고 보면 실상은 온갖 자격증을 다 갖추고 매우 유능한 사람이라든지, 심지어는 결혼생활을 할 때 다른 사람처럼 똑같이 평범하게 하는 것 같은데 중년이후에 알고 보니 배우자가 밖에 보석 같은 첩을 끼고 두 집 살림을 지속하고 있었다든지 하는 여러 가지 경우의 수가 있었다.

또는 빼어난 능력을 갖고 있음에도 내면의 재능을 일생동안 펼치지 못하고 일생동안 '돌'처럼 무심하게 인생을 사는 경우도 있다.

실례1	여명 1929년 8월 ○일 유시		
天天年鳳陀 傷才解閣羅 　　　　陷	天祿天 空存機 　○○	輩天天鈴擎破紫 廉月使星羊軍微 　　　○○○○	天孤天地天 廚辰姚劫鉞 　　　　○○
官指太　52-61　己 府背歲【奴僕】絶巳	博咸晦　62-71　庚 士池氣【身遷移】胎午	力月喪　72-81　辛 士煞門【疾厄】養未	靑亡貫　82-91　壬 龍神索【財帛】生申
紅寡天天太 艶宿喜刑陽 　　　　○	성명 : ○○○, 陰女 陽曆　1929年 9月 ○日 18:59 陰曆　己巳年 8月 ○日 酉時 命局 : 水二局, 潤下水 命主 : 貪狼, 身主 : 天機		截天破龍天 空官碎池府 　　　　陷
伏天病　42-51　戊 兵煞符【官祿】墓辰			小將官　92~　癸 耗星符【子女】浴酉
台八右七武 輔座弼殺曲 　陷陷陷 　　　　祿			大紅太 耗鸞陰 　　○
大災弔　32-41　丁 耗煞客【田宅】死卯			將攀小　　　　甲 軍鞍耗【夫妻】帶戌
解天地天天 神福空梁同 　陷○X 　　　　科	天文文天 哭曲昌相 　○○○ 　　忌	天恩陰火天巨 貴光煞星魁門 　　　　△○○	天天封三天天左貪廉 壽虛誥台巫輔狼貞 旬　　　　△X△陷 空　　　　　　　權
病劫天　22-31　丙 符煞德【福德】病寅	喜華白　12-21　丁 神蓋虎【父母】衰丑	飛息龍　2-11　丙 廉神德【命】旺子	奏歲歲　　　　乙 書驛破【兄弟】冠亥

① 기축년 현재 81세 되는 분이다. 자궁의 거문으로 전형적인 석중은옥격에 해당된다. 남편이 두 집 살림을 해서 다른 집에도 자식이 있고, 이 분도 자식이 있다.

② 석중은옥, 즉 돌과 옥이 동시에 있는 의미이므로 당사자 외에 숨은 여자를 품은 상으로 남편이 두 집 살림을 한 것이다.

③ 명궁에 화성·삼방에서 들어오는 고신·과수와 신궁에 록존 등은 이러한 의미를 더욱 강하게 해준다.

2부 / 격국

실례2 남명 1966년 5월 ○일 묘시			
天破封八天天祿貪廉 官碎誥座巫姚存狼貞 ◎陷陷 忌	陰鈴擎右巨 煞星羊弼門 ◎△○○	天天天恩文文天 月空貴光曲昌相 ○△X 科	孤天天地左天天 辰傷馬空輔梁同 ○○△陷○ 祿
博亡病 23~32 癸 士神符【福德】病巳	力將太 33~42 甲 士星歲【田宅】死午	青攀晦 43~52 乙 龍鞍氣【官祿】墓未	小歲喪 53~62 丙 耗驛門【奴僕】絶申
截寡年鳳火陀太 空宿解閣星羅陰 X◎X	성명 : ○○○, 陽男 陽曆 1966年 6月 ○日 6:59 陰曆 丙午年 5月 ○日 卯時		天台三紅天七武 才輔台鸞鉞殺曲 ◎X○
官月弔 13~22 壬 府煞客【父母】衰辰	命局 : 木三局, 松栢木 命主 : 文曲, 身主 : 火星		將息貫 63~72 丁 軍神索【身遷移】胎
天天天 壽喜府 △			天龍太 使池陽 陷
伏咸天 3~12 辛 兵池德【　命　】旺卯			奏華官 73~82 戊 書蓋符【疾厄】養戌
紅旬輩地 艶空廉劫 △	大天破紫 耗刑軍微 ○○	解天天天天 神廚福虛哭機 ◎ 權	天 魁 ○
大指白 庚 耗背虎【兄弟】冠寅	病天龍 辛 符煞德【夫妻】帶丑	喜災歲 93~ 庚 神煞破【子女】浴子	飛劫小 83~92 己 廉煞耗【財帛】生亥

◆ **갑오대한**

① 이 명은 직장생활을 잘하다가 갑오대한(33~42세) 중 신사년 36세에 갑자기 의료기기 대리점사업을 시작하였다.

② 전임자가 6년이나 한 지역에서 해먹고 남은 것을 인수했는데, 이미 시장 점유율이 포화상태인 상황에다 유사품이 많이 나온 상태에서 겨우 유지수준으로 하다가 일 년도 못되어 신사년에 다시 직장으로 컴백하였다.

③ 또한 임오년에 이사를 했는데, 하필 그 집이 저당이 잡혀져 전세금을 날리는 상황이 생겼다.

◆ 석중은옥의 결과

① 갑오대한은 거문운으로 석중은옥의 패격에 해당하는 운이다. 경양과 영성은 석중은옥을 깨는 망치와 정의 역할을 하므로 이 대한에 전택으로 인한 석중은옥파격의 의미가 유감없이 발휘된다.

② 직장생활을 하다가 사업을 시작한 것은 돌 속의 옥이 깨져 튀어 나온 것에 해당한다. 그러나 이 격은 파격이 되었기 때문에 돌 속에 옥이 있었던 것이 아니라 돌과 별반 차이가 없는 질 나쁜 옥이 있었기에 사업을 해도 이미 한물간 업에 손을 대서 손실을 보게 된 것이다.

③ 저당 잡힌 전셋집으로 이사를 간 것도 석중은옥의 패격의 징험으로 말미암는다. 돌 속의 옥을 깨뜨리려고 하는 행위는 이사로 나타났으며 깨고 난 뒤에 보니 옥에 문제가 있었던 것이다.

④ 록기로 이 현상을 살펴보면 갑오대한의 갑간 염정화록 발생은 외궁인 사궁에 있는데, 이 궁에 선천 염정화기가 록존을 대동하고 있으며, 천요라는 권모술수와 수완의 성이 좌하고 있다. 이 궁은 선천 재복선이자 대한 형노선이므로 발생에서부터 파

재는 예정되어 있다.

⑤ 염정화기는 여러가지 징험이 있지만 흔히 사기에 걸리는 일이 많으며 천요와 같은 성과 같이 있으면 그런 일이 많다. 이러한 사기의 의미에 록존까지 있으면 사궁은 양타협기가 되어 그 사기로 인해 돈을 깨는 의미가 분명해진다.
결과는 태양화기로 대한 내궁인 관록궁이자 선천 질액궁에 떨어지고 있다.

⑥ 이렇게 태양이 함지에 있으면서 화기가 되면 주로 경쟁에서 밀리는 경우가 많은데, 사업에 투자를 한다면 한물간 사업에 손을 대거나 잘 되는 것을 잡아도 잡는 순간부터 경쟁업체가 우후죽순처럼 생겨나 경쟁력을 상실하게 된다.
대한이 전택궁에 좌해서 전택에 관한 변동이 이 대한에 있기 쉬운데, 발생이 사기성계를 인동시키고 결과가 태양화기가 되므로, 직업과 문서방면에서 손실을 보게 되는 운이 되는 것이다.

⑦ 신사년에 사업에 손을 댔는데, 신사 유년이 좌한 사궁 자체가 대한에 갑간 염정화록에 의해 양타협기된 선천 염정화기가 인동되어 사기당할 수 있는 환경이 조성되어 있으며, 신간 거문화록 발생이 자전선에 유년 부질선으로 전택의 문서상의 파격의 석중은옥격이 되고, 차성 이차발생은 술궁 태양화기가 되어 불리한 직업적 변동을 하게 된다.

결과인 문창화기는 미궁 관록의 문서궁에 있으면서 석중은옥 파격의 오궁을 이차결과화 하고 있어 잡는 문서가 좋지 않았다.

⑧ 임오년은 석중은옥의 패격에 해당하는 오궁 대한 명궁과 중첩이 된다. 유년 자체에서 시비구설에 영양의 불협화음의 성계를 깔고 앉아 있으니, 전택으로 인한 시비구설의 상이 분명하다. 임간 천량화록 발생이 인신궁에 있어 동량에 천마의 변동성계가 원인이 되고, 결과인 무곡화기는 대한 전택궁이자 선천 전택궁에 있으니 이 해에 전택의 이동이 있음을 알 수 있다.

그러나 이차결과가 차성안궁한 사기성계의 정탐과 더불어 술궁 태양화기가 이차결과가 되니 술궁은 쌍화기의 협을 받은 태양화기로 문서와 관록이 다 깨지게 된다.

그러므로 이 해에 하는 이사는 필연적으로 문제가 있게 되며 돈을 날리는 사기문서를 잡는 이사가 되는 것이다.

3. 거화양격 巨火羊格

자미두수에서는 몇 가지 자살조합이 있는데 정파상에 화령을 보는 것, 영창타무, 그리고 거화양조합이 대표적이다.

현대사회에서처럼 자살이 흔한 시대에는 명반 상 이러한 조합이 형성되어 있으면 극히 유의해야 한다.

여기서는 실례를 통해서 거화양격국에 대해 알아본다.

전서에는 거화양격국이라는 격은 없다.

단지 거문·화성·경양이 만나면 종신액사의 의미가 있다고 해서 "거화양 巨火羊 종신액사 終身縊死"라는 구절이 있을 뿐이다.

그러나 이 거화양조합도 위의 양령형기처럼 격은 아니나 충분히 격으로 응용할 가치가 있고 대만의 유명 두수가들 사이에서는 이미 거화양격으로 통용되고 있다.

필자의 임상경험상 정확히 거화양이 형성되지 않고 거문·영성·경양이나 거문·화성·타라 같은 경우에도 거화양과 같은 징험이 있었으므로 이런 조합들도 거화양격에 해당된다고 본다.

(1) 『자미두수전서』의 내용

『자미두수전서』에 "거화경양巨火擎羊 종신액사終身縊死"[42]라고 되어 있어 단순히 목매달아 죽는 액사만 언급이 되어 있으나, 뒷부분에는 "거문이 화성·경양·타라에 악성을 보면 목매달아 죽거나 물에 빠져 죽는 것을 조심해야 한다."[43]라고 해서 '투하投河'라고 해서 투신자살도 언급을 하고 있는데, 이는 후대의 경험상 거화양격국이 형성되면 목매달아 죽을 뿐만 아니라 투신자살도 빈번한 것을 보고 이런 징험을 남긴 것이 아닌가 생각된다.

이 부문에서 유의해야 할 것이 있는데 "거화경양타봉악요巨火擎羊逢惡曜"라고 해서 거화경양 즉 거화양巨火擎羊에 봉악요逢惡曜"라고 해서 부대조건이 붙는다는 사실이다.

여기서 말하는 '악요惡曜'란 형모刑耗[44]·화기를 말한다.

다시 말하면 거화양의 종신액사격은 거화양의 성계가 구성되고 다시 화기와 다른 악살이 더해져야 오리지날 종신액사격이 된다는 것이다. 이점 유의해야 한다.

그러나 임상경험상 거화양격국이 형성되었다고 다 자살하는 것이 아니었다. 이는 고인이 성적인 측면만을 언급하였을 뿐 자살하

---

[42] 두수부문편 966p 참조.
[43] 명격론과 잡칙 거문편 1458p 참조. 거화경양타봉악요巨火擎羊逢惡曜 방액사투하防縊死投河
[44] 대모와 천형을 말한다.

기 위한 그 밖의 부대조건들, 즉 궁과 사화에 대해서는 입을 다물었기 때문에 후인들이 응용하기 어려웠던 것이다.

거화양격국의 종신액사격은 실제로 자살조합이지만, 몸 부분이 아닌 다른 부분에서도 이 조합은 종신액사의 형태로 나타날 수 있다. 간단하게 말하면 '자충수'의 의미가 있다고 보면 되겠다.

가령 재백궁적인 측면이라면 재물측면에서의 자충수, 부처궁에 서라면 부처감정상의 자충수 등이 있다고 해석해 볼 수 있다. 그러나 반드시 거화양조합외에 궁과 사화의 인동여부를 고려해야 그러한 실제적인 사안을 추론할 수 있다.

여기서는 실제적인 자살방면에 국한해서 서술해보기로 한다.

(2) 거화양격이 자살의 의미가 있으려면

아래 몇 가지 조건이 충족되어야 한다.

① 복덕궁

자살은 정신적인 충동에서 비롯되는 자해행위이므로 반드시 정신과 사상을 관장하는 복덕궁과 관계가 있다. 그러므로 거화양격국이 형성되어 있더라도 어떤 형태로든 복덕궁과 관계되지 않으면 자살로 보기 어렵다.

② 질액궁·신궁

자살이라는 것은 죽겠다는 정신적인 충동으로 몸에 위해를 가하는 것이므로 몸을 관장하는 질액궁과 신궁身宮이 관계된다.

사화의 인동이 이 두 궁을 움직이지 않으면 거화양격국이 형성되어 있더라도 자살하지 않는다.

③ 상문·백호와 형노선·재복선

자살은 실지로 죽음을 전제로 하는 행위기 때문에 상문·백호는 자살의 상관성이 된다.

거화양의 자살격국은 이미 그 격국의 의미가 죽음을 상정하고 있기 때문에, 이런 성계가 있을 때 격국의 흉의에 부합하는 상문·백호와 같은 상망의 성질을 띤 잡성과 민감하게 반응한다.

상문·백호 자체가 사망의 상관성이 되기 때문에 거화양이 형성되면서 상문·백호가 인동되거나 하면, 종신액사의 흉의가 더욱 더 가중되는 것이다.

그러므로 거화양격국이 형성되고 복덕궁·질액궁·신궁이 움직인 상태라면 상문·백호와 같은 잡성의 인동여부를 자세히 봐야한다.

이 두 개의 잡성이 인동되면 실제로 죽음에 이르는 자살을 감행할 수 있기 때문이다.

또 사망의 상관궁인 형노·재복선이 움직여야 한다.

상문백호가 보이더라도 사망의 상관궁인 형노·재복선이 움직이지 않는다면 죽음에 이르지 않는다.[45]

---

[45] 상관궁과 상관성은 『실전자미두수』 참조.

④ 기타 상관궁과 상관성

자살이라 해도 자살 방식이 여러 가지다.

즉 목매달아 죽는 액사, 뛰어내려 죽는 투신자살, 약 먹고 죽는 음독사, 자기 몸에 인화성 물질을 끼얹어 타 죽는 분신자살 등 자살 형태에 따라 위에서 언급하는 상관궁외에 해당행위에 부합되는 상관궁과 성이 있으므로, 어떤 형태의 자살인가 등의 자세한 추론에 들어가서는 이런 부분까지 세밀하게 고려해야할 것이다.

가령 투신자살이라면 천이궁이 상관궁에 포함될 것이며, 약 먹고 죽는다면 천주天廚·천월天月 등이 상관성이 될 것이다.

이제 거화양격국이 형성되어 자살기도를 한 명례를 예로 들어
보기로 한다.

실례1	남명 1967년 9월 ○일 미시			
天天天天鈴陀天 廚巫刑馬星羅梁 △○陷陷	祿地七 存劫殺 ○○○	紅擎 艷羊 ◎	孤天天紅廉 辰傷空鸞貞 ◎
力歲弔　　　乙 士驛客【身福德】生巳	博息病 94~　丙 士神符【田宅】養午	官華太 84~93　丁 府蓋歲【官祿】胎未	伏劫晦 74~83　戊 兵煞氣【奴僕】絶申
解寡恩地火天紫 神宿光空星相微 陷Ｘ○陷	성명 : ○○○, 陰男 陽曆　1967年 10月 ○日 14:59 陰曆　丁未年 9月 ○日 未時 命局 : 金四局, 金箔金 命主 : 文曲, 身主 : 天相		封天天 詰姚鉞 ◎
青攀天　　　甲 龍鞍德【父母】浴辰			大災喪 64~73　己 耗煞門【遷移】墓酉
旬截輩年鳳文巨天 空空廉解閣昌門機 △○○ 忌科			天天陰破 使才煞軍 ○
小將白 4~13　癸 耗星虎【　命　】帶卯			病天貫 54~63　庚 符煞索【疾厄】死戌
天天三天右貪 月官台喜弼狼 ◎△	破天台太太 碎虛輔陰陽 ◎陷 祿	天大天八左天武 壽耗貴座輔府曲 ◎◎◎	天天龍天文天 福哭池魁曲同 ○○○ 權
將亡龍 14~23　壬 軍神德【兄弟】冠寅	奏月歲 24~33　癸 書煞破【夫妻】旺丑	飛咸小 34~43　壬 廉池耗【子女】衰子	喜指官 44~53　辛 神背符【財帛】病亥

◆ 자살의 성계 상황

① 계축대한 24~33세 무인년 32세에 목매달아 자살했다. 선천
복덕궁을 보면 이미 고극성의 천량이 영타·천형 등을 보아 형
극적인 기질이 농후한데, 겁공에 자미칠살의 화살위패의 성계
의 협까지 되어 있어, 성향이 비관적이고 극단적이기 쉽다.

② 복덕궁의 삼방에서 (차성안궁한) 거문화기를 보아 전형적인 거화양의 종신액사의 조건이 충족되었으며, 형기성(천형·타라)을 더불어 보고 조객·상문까지 보아 교과서적인 자살 경향이 있는 것을 볼 수 있다.

③ 계축대한(24~33세)의 대한 복덕궁을 보면 기거의 거문화기에 백호가 좌하고 있으며, 순공·절공 등의 공망성을 보아 정신적인 좌절 경향의 성과 동궁하고, 자탐과 화탐이 협하고 있으므로 염세적이며 충동적인 경향이 더해진다.
거문화기의 삼방에서는 경양을 보아 거화양 종신액사의 조건을 구비하고 있다.46)

④ 대한 명궁의 삼방에서도 역시 거문화기(차성안궁)·영성·타라의 거화양격이 이뤄진다.
역시 삼방에서 화기에 대모·천형 등을 보아 "거화경양타봉악요巨火擎羊逢惡曜"의 조건이 충족되고 있다.

◆ 근거 이유
① 그러나 이렇게 선후천 복덕궁에 자살성계가 구성되어 있더라도 일정한 조건이 성립되지 않으면 자살하지 않으며, 자살조건이 충족되어야 자살을 한다고 위에서 말했다.

---

46) 원명 복덕궁에 천량·영·타가 대한 복덕궁에서 거문화기를 만나므로 거화양이 이뤄진다.

② 계축대한의 사화를 보면, 계간 파군화록이 술궁에 있으면서 진술궁 선천 부질선을 움직인다.

진궁은 자미천상이 좌하고 있는데, 여기의 천상은 항상 거문과 천량의 협이 되어 있으면서 거문궁의 향배에 따라 재음협인이나 형기협인이 되는데, 이 경우는 이미 거문화기에 의해 선천적으로 형기협인이 되어 있음을 볼 수 있다.

이런 상태에서 천상이 대궁 파군에 의해 충동을 받으면 자연적으로 천상을 형기협인케 하는 거문궁이 간접적으로 움직이게 된다.

③ 묘궁 대한 복덕궁의 기거성계는 대한에 의해 간접적으로 동해 있는 상태가 되어, 자살 조건의 부대조건인 "질액궁이 움직여야 한다[47], 복덕궁이 움직여야 한다[48], 상문백호가 움직여야 한다[49]"를 충족시키고 있음을 알 수 있다.

④ 문제궁위는 인궁으로 대한 부질선이며, 결과도 또한 탐랑화기로 대한 부질선에 해당하여, 역시 질액궁선을 움직이고, 이 질액궁선은 선천 형노선으로 사망의 상관궁선을[50] 움직이고 있는 것을 볼 수 있다.

---

[47] 진술궁 부질선

[48] 묘궁은 대한 복덕궁

[49] 복덕궁 묘궁에 백호

[50] 형노·재복선 즉 묘궁 재복선, 인궁 형노선으로 형노·재복선의 조건이 충족

⑤ 무인년의 무간 탐랑화록은 대한의 탐랑화기를 발생시키고[51] 결과인 천기화기는 대한 재복선이 되면서 상문백호를 인동시키므로 이 해에 자살하였던 것이다.

⑥ '신궁身宮은 움직이지 않았지 않는가?'하고 반문할지 모르나, 명궁과 신궁은 표리일체로 신궁이 안 움직일 때는 명궁을 대체해서 쓸 수 있다. 이미 대한 복덕궁이 선천 명궁과 중첩되어 있기 때문에 대한의 화록에 의해 천상이 움직이면, 선천 명궁과 중첩된 복덕궁의 기거가 움직이기 때문에 자동적으로 명궁이 동해 있음을 알 수 있다.

⑦ 그리고 이 명은 음력 윤 5월에 죽었는데, 5월은 사궁으로 신궁이 좌한 궁이다.

---

51) 부질선·형노선

실례2 여명 1959년 1월 12일 사시⁵²⁾			
旬天天天陀文天 空虛巫馬羅昌梁 △陷◎陷 科	天祿地七 壽存空殺 ◎◎◎	天封天擎 哭詰貴羊 ◎	解天天天廉 神廚才鉞貞 ◎◎
官歲歲 84~93 己 府驛破【財帛】生巳	博息龍 94~ 庚 士神德【子女】浴午	力華白 辛 士蓋虎【身夫妻】帶未	青劫天 壬 龍煞德【兄弟】冠申
紅天大紅地左天紫 艷使耗鸞劫輔相微 陷◎陷	성명 : ○○○, 陰女 陽曆 1959年 2月 19日 10:59 陰曆 己亥年 1月 12日 巳時		截天破天文 空官碎刑曲 ◎ 忌
伏攀小 74~83 戊 兵鞍耗【疾厄】養辰	命局 : 金四局, 劍鋒金 命主 : 文曲, 身主 : 天機		小災弔 4~13 癸 耗煞客【命】旺酉
龍恩三鈴巨天 池光台星門機 ◎◎◎			天寡天右破 月宿喜弼軍 ◎◎
大將官 64~73 丁 耗星符【遷移】胎卯			將天病 14~23 甲 軍煞符【父母】衰戌
天孤天陰火貪 福辰傷煞星狼 ◎△ 權	蜚天太太 廉姚陰陽 ◎陷	天天天武 空魁府曲 ◎◎◎ 祿	年台鳳八天 解輔閣座同 ◎
病亡貫 54~63 丙 符神索【奴僕】絶寅	喜月喪 44~53 丁 神煞門【官祿】墓丑	飛咸晦 34~43 丙 廉池氣【田宅】死子	奏指太 24~33 乙 書背歲【福德】病亥

◆ 자살의 성계 상황

① 28세 병인년에 자살했다. 6세 된 큰아들이 병사하자 상실감을 못 이기고 신경질환을 앓다 자살했다.

② 선천 명궁이 유궁으로 정성이 없으면서, 문곡화기와 천형·절

---

52) 이 명은 심평산의 『유년재화종론』에서 발췌한 것이다.

공·파쇄·조객 등 흉한 성이 포진되어 있어 좋지 않은데, 대궁에 영성과 동궁한 기거를 끌어다 쓴다.

③ 기거는 이미 기거의 삼방에서 거화양[53)]에 문곡화기를 보아 거화양의 악격이 형성되어 있는 상태로 이 기거를 명궁에서 끌어다 쓴다.

④ 선천 복덕궁의 천동 또한 양타·영성의 삼살을 보고 불안정하다.

⑤ 을해대한은 천동운으로 삼방에서 천량화과의 길화 외에, 양타·영성의 삼살을 보고, 타라·천마 절족마·일월·양타 인리산재의 악격이 형성되어 있고, 또 묘궁에서 문곡화기를 만난 기거의 종신액사격을 보고 있다.

⑧ 대한 복덕궁은 일월로 양타에 영성·천형·문곡화기의 살기를 보아 매우 불안정하며, 상문·백호·조객의 상망성을 보고, 기거의 종신액사의 악격을 차성안궁해서 보고 있어 좋지 않다.

◆ 근거 이유
① 이렇게 대한 명궁과 대한 복덕궁에서 거화양의 종신액사격이 형성 되었을지라도, 위에서 설명한 부대조건이 충족되는가를 봐야하는데, 을해대한의 사화를 보면 조건이 충족되고 있다.

---

53) 실제로는 거문·영성·경양.

② 을간 천기화록이 묘궁에 있어, 원국의 거화양의 종신악격을 대한 화록으로 인동시키고 있다. 태음화기 결과는 대한 복덕궁에 있어 일월양타 인리산재뿐만 아니라, 상문백호를 제대로 인동시키고 있음을 볼 수 있다.

③ 역시 복덕궁 입장에서 보면, 대한화록에 의해 인동된 기거의 거화양종신액사격과 일월양타의 인리산재격이 겸해서 이뤄지므로 흉을 말로 할 수 없다.
거화양격이 인동되었을 뿐만 아니라 자살의 부대조건, 복덕궁이 움직여야 하고 질액궁·신궁이 움직여야 한다.[54]

③ 자살하기 위해서는 상문·백호와 형노선·재복선이 움직여야 한다고 했는데, 역시 위 명도 발생에서 재음협인으로 인동된 진궁 자미천상이 질액궁이자 대한 형노선과 중첩되어 움직이니 형노선이 움직였다. 결과인 태음화기는 대한 재복선을 움직이며 상문·백호를 같이 움직이고 있어, 완벽하게 자살 조건을 충족시키고 있으므로 이 대한에 자살이 가능함을 알 수 있다.

④ 병인년을 보면 유궁이 유년 부질선으로 거화양의 종신액사격이 형성되어 있음을 볼 수 있다.

---

[54] 위 명은 을간 천기화록 발생이 묘궁에 있으면서 진궁의 선천 질액궁 자미천상을 재음협인하여 질액궁을 발생차원에서 움직이고 있고, 결과는 태음화기로 미궁 신궁을 움직여 질액·신궁이 다 움직인다고 할 수 있다.

4. 영창타무鈴昌陀武격

영창타무격 또한 정식 격명은 아니다.

단지 『자미두수전서』의 「골수부」의 부문으로만 언급이 되어 있을 뿐이다.

그러나 격국이란 성의 조합이 이루는 어떤 국세나 격식을 의미하므로 위에서 언급했던 양령형기격이나 거화양격처럼 영창타무 또한 충분히 격이라 명명할 수 있다고 본다.

실제로 현대 두수가들 대부분이 영창타무격이라고 이름 붙여 사용하고 있다. 먼저 『자미두수전서』 964p에 실린 부문과 필자의 해석까지 인용해 본다.

(1) 전서에서 인용

> 鈴昌羅武 限至投河
> ★ 此四星交會辰戌二宮 辛壬己生人 二限行至辰戌 定遭水厄 又加惡殺 必死外道 如四星在辰戌坐命亦然

✪ 영성·문창·타라·무곡이 모여있는 운에서는 물에 빠지며

☆ 이 네 별이 진·술궁에서 교회하고, 신·임·기년생이면서 대·소한에서 다시 진·술궁에 이르면 정히 물로 말미암은 재액을 만나고, 또 악

살이 더해지면 반드시 바깥에서 죽게되며, 만일 네 별이 진·술궁에 좌명해도 역시 그렇다.

이두주 영창라무鈴昌羅武는 자미두수에서 아주 중요한 성계조합이다. 흔히 '영창타무鈴昌陀武'라고도 부른다.
무곡이 진·술궁에 독좌하고 대궁에 탐랑이 독좌하는데, 신년생이면 타라가 신궁申宮에 있어 진궁의 무곡을 만나고, 만약 문창까지 만난다면 문창은 화기가 되는데, 진궁의 대한에 이를 때 그 간지는 임진이 되므로 무곡이 다시 화기가 된다.
게다가 타라·영성의 두 살성이 더해지므로 불길하다.
무곡은 종종 수험水險을 뜻하므로 이 운에 이르면 주로 물에 빠지게(投河) 된다.
임년생이라면 무곡은 이미 화기가 되고 타라는 술궁에 있어 이미 불량한 구조가 된다.
기년생은 을년생을 잘못 쓴 것으로 보인다.
을년생은 타라가 인궁에 있어서 술궁의 무곡을 만나며, 술궁 대한이 이르면 그 간지는 병술이 되어 염정화기가 천상天相 오궁에서 동궁하면서 비추고, 대한의 대한경양·대한타라[55]가 비추고 더불어 원국의 영성·타라까지 비추므로 불량한 성계가 구성된다.
그러나 기년생이 비록 이 격이 이루어지지 않는다 해도 문곡과 무곡이 쌍화기를 만나기 쉽기 때문에 조심해야 한다.
영성·문창·타라·무곡의 조합은 좌절을 뜻한다고 보며, 반드시

---

[55] 중주파의 관점이며, 필자는 쓰지 않는다.

수액水厄을 당하는 것은 아니다.

이 영창타무격은 문창이 조합되는 관계로 유년문창·문곡과 유년양타를 쓰는 학파, 즉 중주파같은 경우는 유년의 문창과 유년타라가 영성·무곡 조합에 붙게 되면서 화기가 되어도 역시 이 격이 이뤄진다고 한다.

그러나 필자는 유성流星을 쓰지 않으므로 이런 관점은 취하지 않고, 명반상에서 영성·타라·문창·무곡이 삼방사정에서 만나게 되면서 문창이나 무곡에 화기가 붙어야 영창타무격이 형성된다고 본다.

『자미두수전서』의 부문에서처럼 진술궁에 무곡이 있을 때만 그런 것이 아니라, 어느 궁에서든 이 네 성이 조합되면서 화기가 되면 이 격이 형성되며, 심지어 무곡이 명궁에 좌하지 않고 삼방에서 무곡·문창·영성·타라를 보더라도 역시 영창타무격이 이뤄진다고 본다.

또 자운선생의 해석처럼 무곡·문창·영성만 보고 타라는 보지 않는데, 문창이나 무곡에 화기가 붙으면 이 또한 영창타무격으로 본다. 그것은 타라가 없지만 화기化忌를 타라 대신으로 보기 때문이다. 타라의 화기化氣는 기忌가 되어 화기와 일맥상통한 면이 있기 때문에 이런 관점도 통용될 수 있다.

영창타무격은 기본적으로 사고조합이지만, 사고가 나려면 이 격국만 있다고 되는 것이 아니라, 위에서 말한 거화양격에서 언급한 몇 가지 조건들이 형성되어야 한다.

　교통사고나 밖에서 당하는 사고의 의미를 가진다면, 반드시 질액궁·신궁·천이궁을 같이 움직여야 하며, 그렇지 않으면 이 조합이 형성되었다 해도 사고로 해석할 수 없다. 위의 해설에서 언급한대로 좌절과 자충수[56]로 나타난다.

　만약 재백궁에 무곡화기가 있고 영창타무가 형성된다면, 재백궁에 재성 무곡이 화기가 되는 것이므로 거대한 파재는 말할 것도 없고, 영성·문창·타라까지 더해져 자충수의 의미를 띄게 되어 자충수로 인한 거대한 파재의 의미가 있게 된다.

---

[56] 스스로 행한 행동이 자기에게 불리한 결과로 돌아오는 것. 자기가 스스로 자기 눈을 찌르는 형국 같은 것이 이에 해당한다.

2부/ 격국

실례1	남명 1979년 6월 ○일 술시			
天天天陀天 使才馬羅梁 △陷陷 科	八祿七 座存殺 ○○	天火擎 姚星羊 X◎	天孤天三紅鈴天廉 廚辰空台鸞鉞貞 ○○○	
力歲弔 56~65 己 士驛客【疾厄】絶巳	博息病 46~55 庚 士神符【身財帛】墓午	官華太 36~45 辛 府蓋歲【子女】死未	伏劫晦 26~35 壬 兵煞氣【夫妻】病申	
紅寡台右天紫 艷宿輔弼相微 ◎◎陷	성명 : ○○○, 陰男 陽曆 1979년 8월 ○일 20:59 陰曆 己未年 6월 ○일 戌時 命局 : 火六局, 山頭火 命主 : 祿存, 身主 : 天相		截天恩地 空官光劫 △	
青攀天 66~75 戊 龍鞍德【遷移】胎辰			大災喪 16~25 癸 耗煞門【兄弟】衰酉	
輩天年鳳天巨天 廉傷解閣刑門機 ◎◎			左破 輔軍 ◎◎	
小將白 76~85 丁 耗星虎【奴僕】養卯			病天貫 6~15 甲 符煞索【 命 】旺戌	
解天陰天天文貪 神福煞巫喜曲狼 △△ 忌權	旬破天天地太太 空碎壽虛空陰陽 陷◎陷	大封天文天武 耗誥魁昌府曲 ○○○○ 祿	天天龍天天 月哭池貴同 ◎	
將亡龍 86~95 丙 軍神德【官祿】生寅	奏月歲 96~ 丁 書煞破【田宅】浴丑	飛咸小 丙 廉池耗【福德】帶子	喜指官 乙 神背符【父母】冠亥	

◆ 임신대한에 직장을 그만 둠

① 임신대한(26~35세) 기축년 음력 3월 다니던 직장에서 그만두었다. 임신대한의 삼방사정을 보면 영성·문창·무곡을 보고 타라를 안보지만, 대한 천이궁에 문곡화기가 있어 타라를 대신해 영창타무격의 악격이 이뤄져 있다.

② 임신대한의 임간 무곡화기가 대한 관록궁(대한내궁)에 좌하고 있어 대한 관록궁(선천 복덕궁)이 무곡화기로 깨지면서 영창타

무의 흉격이 제대로 구성되어 있음을 볼 수 있다. 그러므로 이 대한 중에는 직장을 오래 다니지 못하는 흉의가 있다.

③ 임간 천량화록이 질액궁·무곡화기는 신궁을 인동하고 있으므로 이 대한에 사고수도 또한 예정되어 있다.

◆ 근거 이유
① 기축년은 자전선이자 형노선으로 무곡화기·문곡화기의 협을 받아 유년 명궁의 일월성계가 깨진다.

② 기간 무곡화록이 대한 무곡화기가 있는 대한 관록궁에 붙어 무곡화기를 인동하여 영창타무의 악격[57]이 이뤄져서 한지투하, 즉 직장에서 낙동강 오리알이 되어 그만두게 되었다.

---

[57] 무곡화기·영성·문창·타라는 화기가 대신한다.

실례2 남명 1956년 3월 ○일 묘시

天封祿火天 官誥存星府 ◎○△ 博劫天 45~54 癸 士煞德【官祿】絕巳	天擎左太天 傷羊輔陰同 △○陷陷 祿 力災弔 55~64 甲 士煞客【奴僕】胎午	天恩八三紅文文貪武 貴光座台鸞曲昌狼曲 ○△◎◎ 寡 科 宿 青天病 65~74 乙 龍煞符【身遷移】養未	天地右巨太 使空弼門陽 ◎△◎X 小指太 75~84 丙 耗背歲【疾厄】生申
旬截輩天陀 空空廉月羅 ◎ 官華白 35~44 壬 府蓋虎【田宅】墓辰	성명 : ○○○, 陽男 陽曆 1956年 4月 ○日 6:59 陰曆 丙申年 3月 ○日 卯時 命局 : 土五局, 壁上土 命主 : 巨門, 身主 : 天梁		破天天台天天 碎才空輔鉞相 ◎陷 將咸晦 85~94 丁 軍池氣【財帛】浴酉
天大天破廉 壽耗姚軍貞 ○X 忌 伏息龍 25~34 辛 兵神德【福德】死卯			解天陰天天 神哭煞梁機 ○○ 權 奏月喪 95~ 戊 書煞門【子女】帶戌
紅天年鳳天天地 艷虛解閣巫馬劫 ○△ 大歲歲 15~24 庚 耗驛破【父母】病寅	天鈴 喜星 陷 病攀小 5~14 辛 符鞍耗【命】衰丑	天天龍 廚福池 喜將官 庚 神星符【兄弟】旺子	孤天天七紫 辰刑魁殺微 ○△ 飛亡貫 己 廉神索【夫妻】冠亥

① 계사대한(45~54세) 무자년 53세 때 부인이 대장암으로 사망했다. 계사대한의 복덕궁 미궁은 무곡탐랑에 창곡이 좌하고 복덕궁의 삼방에서 염정화기에 영성을 보아 영창타무격을 이루고 있다.[58]

---

58) 이 경우도 염정화기가 타라를 대신한다.

② 그런데 유심히 봐야할 것은 무곡·문창·영성을 발동시키는 화기(타라의 성질을 포함)가 대한 부처궁에 있으면서 무곡에 영향을 주어 영창타무격이 형성되었다는 사실이다.
이것으로 부인의 수명(복덕)에 좌절성의 재난이 있을 수 있음을 알 수 있다.

③ 여기에 계사대한 사화를 보니 계간 파군화록이 대한 부처궁에 떨어지게 되는데, 원래 묘궁에 선천 염정화기만 없다면 이 파군화록은 대한 내궁의 화록이므로 길하다 하겠으나, 이 경우는 선천 염정화기가 좌하고 있어 이것을 대한 파군화록이 인동시키고 있는 것이므로 염정화기적인 흉상이 폭발하게 된다.
이 대한에 부인이 죽은 것은 이렇게 대한 차원에서 대한 부처궁의 염정화기를 인동시켰기 때문이다.

④ 이 파군화록은 사궁이 록존과 더불어 진궁 선천 자전선을 문제궁위화 하는데, 이 궁에는 천월의 질병성과 암적인 흉의를 타라와 백호와 십이운의 묘가 있어, 암질로 인한 사망이 문제가 됨을 알 수 있다.

⑤ 대한 탐랑화기 결과는 대한 복덕궁에 떨어지는데, 이 궁에 홍란·병부와 같은 질병성이 있고 몸을 의미하는 신궁까지 있으며, 탐랑화기는 입문에서 말했듯이 박탈의 암시가 있다. 이 탐랑화기는 대한의 내궁에 해당되기 때문에, 복덕, 즉 수명의 박탈이 결과가 되는데, 그 원인은 파군화록이 의미하는바 부처의

수명과 관계되는 것이다.

⑥ 무자년은 대한 부질선으로 질액문제가 있기 쉬운 해다.
무간(유년) 탐랑화록이 미궁 무탐에 탐랑화기(대한)를 인동시키는데, 이는 이미 대한차원에서 구성된 영창타무의 악격을 유년 탐랑화록이 인동시키는 것이 되어, 대한에서 암시된 흉의가 폭발하게 되었다. 천기화기 결과는 대한의 문제궁위였던 진술궁선에 천기화기로 떨어지게 되어, 상문·백호를 인동시켜 부인이 이 해에 죽음에 이르게 되었다.
사망은 반드시 이렇게 상문백호가 인동됨을 기억해야 한다.

⑦ 요는 대한차원에서 영창타무의 악격이 구성되어 있는데, 유년에서 다시 이 악격을 무간 탐랑화록으로 인동시키자, 그 악격이 의미하는 흉의가 이 해에 폭발하였다는 것이다.

5. 상명인재격·인재피겁격·인재지도격

상명인재격喪命因財·인재피겁격因財被劫·인재지도격因財持刀
이 세 가지 격도 전서에 격으로 분류한 것은 아니다.
다만 위의 격들처럼 부문으로만 있지만 충분히 격으로서 분류할 만한 가치가 있기 때문에 격이라는 이름을 붙였다.

> 武曲七殺火星逢 因財被劫
> 武曲七殺會擎羊 因財持刀
> 武曲羊陀兼火宿 喪命因財

무곡은 과수성이자 재성이다.
무곡이 육친궁에 들어가면 과수의 의미를 띠며, 여기에 살을 보면 육친과의 감정상의 타격이 있고, 재백궁에 들어가면서 살을 보면 재적인 타격을 본다.
여기서는 무곡이 재백궁에 있을 때의 징험을 살펴보자.
위의 세 가지 부문은 무곡이 각기 다른 살을 볼 때의 징험을 말한 것이다.

무곡칠살이 화성을 만나면 돈 때문에 겁탈을 당하고, 무곡칠살이 경양을 만나면 돈 때문에 칼을 들게 되며, 무곡이 양타를 본

상태에서 화성이나 영성을 보면 돈 때문에 목숨을 잃는다고 했다.

여기서 무곡·칠살을 특별히 지칭한 것은, 무곡·칠살이 묘유궁에서는 살기 등등하기 때문에 다른 궁에 있을 때보다 훨씬 살에 민감하고, (또한) 살을 보면 극렬한 반응을 하기 쉽기 때문이다.

아주 쉽게 무곡·칠살조합을 분석해 보면 무곡은 재성이요, 칠살은 사망성이다. 즉 재성이 자기를 죽이는 살인자와 같이 있는 셈으로, 이 정성성계 자체만으로 재의 죽음의 의미를 띤다.

너무 단순화한 감이 있지만 이렇게 이해한다면 위의 구절들의 흉의가 나온 배경을 쉽게 이해할 수 있을 것이다.

그러나 세번째 부문에서 특별하게 무곡·칠살이라 지칭하지 않고 양타겸화숙이라고 한 것을 보면, 무곡은 기본적으로 십이궁 모두에서 양타·화령을 동시에 보는 것을 싫어하며, 무곡이 주하는 재적인 성질 때문에 생명의 위험이 있거나 신체적인 피해를 입을 수 있다는 것을 알 수 있다. 이러한 조합이 특별히 묘유궁의 무곡·칠살이라면 가장 이 부문賦文의 의미를 극명하게 드러나게 할 것이다.

임상에서 실제로 이러한 조합을 본다고 꼭 목숨을 잃게 되는 것은 아니나, 목숨을 잃을 뻔한 것과 같은 심적 타격을 입어 화병이 생기는 등의 일로 발현이 되는 경우도 많았으므로, 딱히 목숨을 잃는다고 곧이곧대로 해석해서는 안 될 일이다.

아래 위 부문에 해당되는 명반을 보자.

실례1	여명 1960년 4월 ○일 축시			
	破八文貪廉 碎座曲狼貞 ◎陷陷	截天天天天巨 空福壽虛哭貴門 ○	大台陀天右左天 耗輔羅鉞弼相 ◎◎◎◎X	蜚陰祿天天 廉煞存梁同 ◎陷◎ 忌
	小劫小 　　辛 耗煞耗【父母】生巳	靑災歲 　　壬 龍煞破【身福德】養午	力天龍 94~ 　癸 士煞德【田宅】胎未	博指白 84~93 甲 士背虎【官祿】 絕申
	旬天龍**天太** 空才池**姚陰** 　　　　X 　　　　科	성명 : ○○○, 陽女 陽曆　1960年 4月 ○日 2:59 陰曆　庚子年 4月 ○日 丑時 命局 : 金四局, 白臘金 命主 : 廉貞, 身主 : 火星		天三天擎文七武 傷台喜羊昌殺曲 　　陷◎X◎ 　　　　　　權
	將華官 4~13 庚 軍蓋符【命】浴辰			官咸天 74~83 乙 府池德【奴僕】墓酉
	封紅火天 誥鸞星府 △△			紅解寡年鳳恩地太 艶神宿解閣光空陽 　　　　　　陷陷 　　　　　　　　祿
	奏息貫 14~23 己 書神索【兄弟】帶卯			伏月弔 64~73 丙 兵煞客【遷移】死戌
	天天孤天 月廚辰馬 ○	天天破紫 空魁軍微 ○○◎	天地天 刑劫機 陷◎	天天天鈴 官使巫星 ◎
	飛歲喪 24~33 戊 廉驛門【夫妻】冠寅	喜攀晦 34~43 己 神鞍氣【子女】旺丑	病將太 44~53 戊 符星歲【財帛】衰子	大亡病 54~63 丁 耗神符【疾厄】病亥

① 기축대한(34~43세) 정축(38세)·무인(39세)에 그 전부터 돈놀이를 하다가 이 두 해에 돈을 다 뜯기게 되어서 화병에 불면증으로 현재까지 고생하고 있다.

② 대한 재백궁에 무곡·칠살·경양이 좌하고 대한 복덕궁에 화성이 있어 "무곡양타겸화숙 상명인재"의 조합이 되었다.

③ 기축대한의 기간 문곡화기를 대한 관록궁에서 보아 상명인재의 악격이 형성되어 유년의 록기에 의해 인동이 되자 상명인재의 징험이 나타났던 것이다.

④ 목숨을 잃는 것은 단순하게 이 조합이 형성되었다고 죽는 것이 아니라 사망의 상관궁성이 인동되어야 죽는 것이므로, 여기서의 상명인재는 그만큼 돈으로 인한 타격이 심대하다는 정도로 이해하면 되겠다.

실례2 남명 1974년 7월 ○일 축시

天孤文 廚辰曲 ◎	紅龍天 艷池機 ◎	天台天天天破紫 官輔喜姚鉞軍微 ◎◎◎ 權	截天年鳳天 空虛解閣馬 ◎
小亡貫　　　　　己 耗神索【夫妻】絕巳	將將官　　　　　庚 軍星符【兄第】胎午	奏攀小　5~14　辛 書鞍耗【 命 】養未	飛歲歲　15~24　壬 廉驛破【父母】生申
天鈴右太 哭星弼陽 ◎◎◎ 忌	성명 : ○○○, 陽男 陽曆　1974年 9月 ○日 2:59 陰曆　甲寅年 7月 ○日 丑時		天破天大天文天 福碎才耗貴昌府 ◎陷
青月喪　95~　　戊 龍煞門【子女】墓辰	命局 : 土五局, 路傍土 命主 : 武曲 / 身主 : 天梁		喜息龍　25~34　癸 神神德【身福德】浴酉
天封三天擎七武 空詰台刑羊殺曲 　　陷陷陷 　　　　　科			蜚地左太 廉空輔陰 　　陷◎◎
力咸晦　85~94　丁 士煞氣【財帛】死卯			病華白　35~44　甲 符蓋虎【田宅】帶戌
解天陰天祿火天天 神使煞巫存星梁同 ◎◎◎Ｘ	寡恩紅陀天天 宿光鸞羅魁相 ◎◎◎	旬天地巨 空傷劫門 陷◎	天八貪廉 月壽座狼貞 △陷 祿
博指太　75~84　丙 士背歲【疾厄】病寅	官天病　65~74　丁 府煞符【遷移】衰丑	伏災弔　55~64　丙 兵煞客【奴僕】旺子	大劫天　45~54　乙 耗煞德【官祿】冠亥

① 심평산의 『자미두수유년재화총론』의 14번예에 나온 명례로, 27세 경진년에 여자 친구의 옷이 노출이 심한 것을 불량배들이 뒤에서 조롱한 것 때문에 말다툼을 하다가 그들에게 칼을 맞고 중상을 입었다.

② 27세면 계유대한 중으로 천부가 대한 명궁, 천이궁엔 무곡, 칠살이 경양·천형과 동궁하고 화령이 협하고 있다.

화령이 무곡칠살과 동궁하지는 않지만 협하고 있으므로 무곡칠살과 화령이 동궁한 것과 마찬가지로 볼 수 있다.

즉 무곡양타겸화숙武曲羊陀兼火宿·상명인재喪命因財의 악격이 형성되어 있다.

③ 경진년이면 경간 천동화기가 인궁에 붙어 선천의 태양화기와 더불어 대한 천이궁의 무곡칠살을 쌍화기로 협하고 있음을 볼 수 있다.

상명인재의 악격이 형성되어 있는데, 쌍화기의 협을 받으니 악격이 인동되어 상명인재의 징험이 나타난 것이다.

6. 기량회양타격機梁會羊陀格

『자미두수전서』의 천기편에 보면 "천기·무곡·칠살·천량은 고독한 별로 논한다"59)는 구절이 있다. 또 "만약 천기가 칠살·천량을 보면 승도의 청한함이 있다"60)라는 구절도 있다.
　이것으로 보면 천기나 천량은 본질적으로 고독한 성임을 알 수 있는데, 이 두 성이 조합되면 고독에 고독을 더한 것이니 『자미두수전서』에서 승도의 청한함이 있다고 한 것이다.

　승도의 청한함이란 결국 육친과 인연이 없음을 말한다.
　이러한 기량조합이 역시 고극과 형극을 주하는 양타를 보면, 형극과 고독의 성질이 극대화 되어, 『자미두수전서』의 부문에서처럼 "조유형극만견고"의 징험이 있게 되는 것이다.
　그러나 『자미두수전서』에서처럼 기량이 양타만 보면 무조건 "조유형극만견고"의 육친형극의 징험이 있는 것이 아니고, 육친궁에서 그렇게 되었을 때 이러한 징험이 있다고 보아야 한다.
　만약 재백궁·관록궁·천이궁 등 사회적인 의미가 강한 궁에서

---

59) 원문은 "기형살음 고성론機刑殺陰 孤星論"이다.
60) 원문은 "약견칠살천량 당위승도지청한若見七殺天梁 當爲僧道之淸閑"이다.

이러한 조합이 형성되었다면, 이 격국은 단순히 재의 취득이 고생스럽거나 형극적인 의미의 직업을 갖는다든지 활동무대에서 고립과 고독을 초래한다든지 할 뿐이다.

그러므로 격국을 운용함에 있어서 단순히 성의 조합만을 가지고 판단하다가는 낭패를 보기 십상이다.

반드시 해당격국의 의미를 충족시킬만한 궁적인 요소가 더해져야 하며, 여기에 사화의 인동 등이 있을 때라야 이러한 격국의 징험이 온전하게 되는 것임을 명심해야 한다.

형극과 고독의 의미를 띤 이 격국에 형극과 고독을 더하는 성들, 즉 천형·고신·과수·화성·영성 등을 더해서 본다면 기량회양타격의 형극과 고독의 성향이 배가 된다.

天天龍陀太 才哭池羅陽 陷○	解大陰祿鈴破 神耗煞存星軍 ○○○	旬天天天地擎天 空虛貴刑劫羊機 △◎陷	天天天天紫 廚喜鉞府微 ◎△○
力指官　　　己 士背符【父母】病巳	博咸小　　　庚 士池耗【福德】衰午	官月歲 93~　　辛 府煞破【田宅】旺未	伏亡龍 83~92　壬 兵神德【身官祿】冠申
紅八武 艷座曲 　　◎ 　　祿 青天貫　3~12　戊 龍煞索【命】死辰 地天 空同 △◎ 小災喪 13~22　丁 耗煞門【兄弟】墓卯	성명 : ○○○, 陰男 陽曆 1950年 1月 ○日 16:59 陰曆 己丑年 11月 ○日 申時 命局 : 木三局, 大林木 命主 : 廉貞, 身主 : 天相		截蜚天天天年鳳恩太 空廉官傷壽解閣光陰 　　　　　　　　○ 大將白 73~82　癸 耗星虎【奴僕】帶酉 天寡封三貪 月宿誥台狼 　　　　◎ 　　　　權 病攀天 63~72　甲 符鞍德【遷移】浴戌
天孤天台天紅文左七 福辰空輔巫鸞昌輔殺 陷◎◎	破天 碎梁 ○ 科	天文右天廉 魁曲弼相貞 ○○○△ 忌	天天天火巨 使姚馬星門 △△○
將劫晦 23~32　丙 軍煞氣【夫妻】絕寅	奏華太 33~42　丁 書蓋歲【子女】胎丑	飛息病 43~52　丙 廉神符【財帛】養子	喜歲弔 53~62　乙 神驛客【疾厄】生亥

① 을해대한(53~62세) 계미년 55세에 장남을 잃었다.

　대한 복덕궁이 선천 자녀궁과 중첩되면서 "기량회양타 조유형 극만견고"의 조합이 형성되었다.

　경양과 동궁한 천형은 경양의 흉의를 배가하고 있다.

② 을해 대한의 을간 천기화록이 미궁에 있어 축미궁의 기량을 움직이며, 대한 태음화기가 유궁에서 백호·상문과 함께 있으면

서 축궁을 비추니, 기량양타에 태음화기·천형·지겁 등의 형기 살성들을 보아 전형적인 형극격국을 이루었다.

③ 계미년은 선천 자전선에 대한 재복선이면서 천기가 경양·천형과 좌하면서 대궁에서 천량을 보아 기량회양타격의 유년이다. 이 궁에는 대한의 천기화록이 있어 기량회양타격을 실제적으로 인동하고 있다.

④ 유년 계미년의 탐랑화기가 유년 자전선을 충하니 이 해에 아들이 죽었다.

7. 노상매시격 路上埋屍格

『자미두수전서』 염정편에 보면 "칠살염정동위 노상매시 七殺廉貞同位 路上埋屍"한다고 하면서, 주석에 "이 두 성이 신·명궁에 있으면서 화기에 살모 殺耗가 더해지면 이렇게 판단하고, 천이궁에 있어도 그렇다."고 되어 있다.

이 격국은 임상에서 매우 징험함을 드러내기 때문에, 축미궁에 염정칠살운이나, 축미궁에 천부대 염정칠살조합이거나, 진술궁에 염정천부대 칠살조합이나, 진술궁에 칠살대 염정천부조합 모두 상황이 좋지 않을 때는, 격국의 흉의를 드러내는 경우가 많으므로 조심해야 한다.

간단하게 말해서 진술축미궁의 정부살조합은 노상매시의 징험이 있다는 것이다.

노상매시의 의미는 "길 위에 시체를 묻는다"해서 현대 두수가들에게 대체적으로 도로나 길에서 횡액을 당하는 의미로 회자되고 있다. 임상에서는 종종 의미대로 교통사고가 나는 경우도 많았지만, 딱히 길이나 도로가 아니더라도 다치는 경우로 응하거나, 수술을 하거나 사망하거나 하는 등 여러 가지 양상으로 격국의 흉의가 드러나기 때문에, 고정적으로 도로에서의 횡액의 의미로만 받아들이지 말아야 한다.

이 격국 역시 단순히 성의 조합만으로 노상매시의 흉의가 나타나는 것이 아니고, 『자미두수전서』의 주석처럼 명·신궁·천이궁에서 그래야 된다고 한 것처럼, 격국과 걸맞는 궁과 조합이 되면서 사화의 인동이 되어야 이러한 흉격이 의미있게 발현되게 된다.

실례1 남명 1979년 7월 ○일 인시

天天陀破武 壽馬羅軍曲 　△陷X△ 　　　　祿 力歲弔 15~24 己 士驛客【兄弟】冠巳	祿文太 存曲陽 　○陷◎ 　　　忌 博息病 5~14 庚 士神符【命】帶午	天擎天 姚羊府 　◎◎ 官華太 辛 府蓋歲【父母】浴未	孤天台天紅天文太天 辰空輔貴鸞鉞昌陰機 天　　　　◎◎△X 廚 伏劫晦 壬 兵煞氣【福德】生申
紅寡封右天 艶宿誥弼同 　　　◎△ 青攀天 25~34 戊 龍鞍德【夫妻】旺辰	성명 : ○○○, 陰男 陽曆　1979年　9月　○日　4:59 陰曆　己未年　7月　○日　寅時 命局 : 土五局, 路傍土 命主 : 破軍, 身主 : 天相		截天地貪紫 空官空狼微 　◎△△ 　　　權 大災喪 95~ 癸 耗煞門【田宅】養酉
蜚年鳳天 廉解閣刑 小將白 35~44 丁 耗星虎【子女】衰卯			恩左巨 光輔門 　◎◎ 病天貫 85~94 甲 煞索【身官祿】胎戌
解天陰天天 神福煞巫喜 將亡龍 45~54 丙 軍神德【財帛】病寅	破天天天八三地七廉 碎使才虛座劫殺貞 旬　　　　陷◎◎ 空 奏月歲 55~64 丁 書煞破【疾厄】死丑	大鈴天天 耗星魁梁 　　陷◎◎ 　　　　科 飛咸小 65~74 丙 廉池耗【遷移】墓子	天天天龍火天 月傷哭池星相 　　　　△△ 喜指官 75~84 乙 神背符【奴僕】絶亥

① 무진대한(25~34세) 중 25세 계미년 음력 8월말에 학교동아리 활동으로 마라톤을 완주하고서 쓰러져 사망했다.

② 계미년은 선천의 부질선이자 대한의 자전선에 천부가 경양과 동궁하며, 대궁에서 염정·칠살을 보아 염정칠살 노상매시 격국이 형성되어 있다.

③ 이 격국은 대한 탐랑화록과 선천의 무곡화록과 더불어 축궁이 이차발생되므로, 대한차원에서 사화로 축미궁이 발동되어 있으며, 미궁은 대한 천기화기와 선천 문곡화기의 협이 되어 쌍기협살(경양)이 되어 축미궁의 염정칠살 노상매시의 흉의가 움직이고 있다.
더구나 이 노상매시가 형성된 궁이 질병과 재액의 의미를 띠는 질액궁선에 있으므로, 성계와 궁 모두 노상매시의 함의를 충족시키고 있다는 사실에 유의하자.

④ 계미년은 유년이 노상매시가 이뤄지는 미궁에 좌하고 있으며, 사화의 인동이 다시 축미궁을 발생시키자 격국의 의미대로 노상에서의 횡액을 당해 사망하였던 것이다.

⑤ 사망의 원인이 단순하게 노상매시격국 때문만은 아니다.
이 명이 사망한 직접적인 원인은 원명의 태양이 록존과 문곡화기와 동궁하고 있어 양타협기로 요절의 암시가 있는데다가, 무진대한의 복덕궁이 또 양타협기의 흉격이 구성되었으며, 대한 천기화기가 또 선천 복덕궁에 좌하고 사화의 인동이 좋지 않은 등의 복합적인 문제가 있었다.
그러나 사망한 해가 노상매시격에 해당하는 계미년이었다는 것은, 노상매시격자체가 사망에 이르게 한 필요조건은 아니었을지라도 충분조건은 되었음을 알 수 있다.

8. 인리산재격 人離散財格

『자미두수전서』 1412, 1419, 1479p에서 인용한 글이다.

> 太陰羊陀 必主人財散

✪ 태음이 양타를 보면 반드시 사람과 헤어지고 재물은 흩어진다.

> 日月羊陀 多剋親

✪ 일월이 양타를 만나면 육친을 극하는 일이 많다.

> 擎羊日月同宮 男剋妻而女刑夫

✪ 경양이 일월과 동궁하면 남자는 극처하고 여자는 남편을 형한다.

위의 구절들은 '인리산재격'의 근거가 되고 있다. 명확하게 인리산재격이라는 격이름은 없으나, 현대 학자들이 이것을 격에 준해서 사용하는 일이 빈번하므로, 필자는 인리산재격이라는 이름을 붙여서 사용하고 있다.

태양·태음성이 양타를 만나면 사람과 헤어지고 재는 흩어진다는 말은, 임상에서 매우 징험함을 볼 수 있기 때문에 충분히 격으로서의 가치를 가질 수 있다고 본다.

실상 인리산재人離散財는 일월이 양타를 만났을 때만 해당되는 것이 아니다. 『자미두수전서』에서는 거의 모든 정성이 양타 등 살성을 보면 '인리재산人離財散'이라는 말을 밥 먹듯이 쓰고 있다. 다시 말하면 인리산재는 정성이 살을 만났을 때의 현상을 지칭하는 관용구나 마찬가지라 하겠다.

자미양타 인리산재·무곡양타 인리산재 등등 모든 성이 양타와 더불어 살을 만나면, 이런 용어로 현상을 표현해도 현실과 크게 어긋나지 않은 추론이 된다.

그러나 필자의 경험상 일월이 양타를 만났을 때는 특히 징험한 현상이 있는 것 같다. 운에서 일월이 양타를 보는데 운의 내궁에서 화기가 있어 양타와 만나거나 하면 거의 백발백중 인리산재의 현상이 생기는 것을 볼 수 있다.

물론 일월이 묘왕지에 있으면서 양타를 보는데, 록권과 등을 보고 화기나 기타 살성을 보지 않는다면, '인리人離'는 부단히 새로운 사람의 출현해서 인간관계의 변화가 다단하고 산재散財는 이런저런 투자와 구매 등 긍정적이고 생산적인 방향으로 나타날 것이다.

그러나 일월이 함지에 있으면서 양타를 본다면 화기를 보지 않더라도 최소한의 인리산재의 현상을 경험하게 된다.

즉 인간관계가 오래가지 않고 돈이 모이지 않는 것에서부터 시작해서 인리人離가 다른 사람이 떠나는 것뿐만 아니라, 사람으로부터 벗어나고 싶을 정도로 육친이나 주변 사람들이 괴롭히거나 하는 경우로 나타나고, 산재 또한 일월로 대표되는 부모·자식·부처 등에게 끊임없이 돈을 쏟아 붓거나 도와줘야하는 상황이 되어서 돈을 모으지 못하는 상황이 생기기도 한다.

실례 여명 1960년 12월 ○일 자시			
破太 碎陽 ○ 祿 小劫小　　86~95　辛 耗煞耗【官祿】絶巳	解天天天台天三破 神福傷虛哭貴台軍 　　　　　　　◎ 截 空 青災歲　76~85　壬 龍煞破【奴僕】墓午	大陀天天 耗羅鉞機 　　◎○陷 力天龍　66~75　癸 士煞德【遷移】死未	蜚天八天祿天紫 廉使座刑存府微 　　　　◎△○ 博指白　56~65　甲 士背虎【疾厄】病申
旬龍陰文武 空池煞曲曲 　　　◎◎ 　　　　權 將華官　96~　庚 軍蓋符【田宅】胎辰	성명 : ○○○, 陽女 陽曆　1961年 2月 13日 0:59 陰曆　庚子年 12月 28日 子時 命局 : 火六局, 霹靂火 命主 : 巨門, 身主 : 火星		天擎太 喜羊陰 　陷○ 　　　科 官咸天　46~55　乙 府池德【財帛】衰酉
紅左天 鸞輔同 　　陷 　　◎ 　　忌 奏息貫　　　　己 書神索【福德】養卯			紅寡年鳳鈴文貪 艷宿解閣星昌狼 　　　　　◎陷◎ 伏月弔　36~45　丙 兵煞客【子女】旺戌
天天孤封天火七 月廚辰詰馬星殺 　　　　○○○ 飛歲喪　　　　戊 廉驛門【父母】生寅	天天天天 壽才空魁梁 　　　○○ 喜攀晦　6~15　己 神鞍氣【身命】浴丑	恩天天廉 光姚相貞 　　◎△ 病將太　16~25　戊 符星歲【兄弟】帶子	天天地地右巨 官巫劫空弼門 　　　○陷X○ 大亡病　26~35　丁 耗神符【夫妻】冠亥

① 일월양타 인리산재의 격국의 응용은, 비단 태양 또는 태음이 경양이나 타라와 동궁하거나, 일월조합이 경양타라와 동궁하거나, 삼방에서 양타를 보거나, 위 명처럼 명·신궁에 일월이 좌하지 않았지만 삼방에서 일월과 양타가 같이 들어오는 경우에도 인리산재로 해석할 수 있다.
명·신궁 입장에서 일월이 양타를 보고 있지만, 재백궁입장에서는 태음이 경양과 동궁하면서 재백궁의 삼방에서 천동화기를 보고 있어, 일월양타에 화기까지 보아 오리지널 인리산재의 상이 있다.

② 사실상 이 명은 보험영업을 오랫동안 하면서 영업을 잘해 적잖은 돈을 벌었지만 늘 산재의 상황이 같이 따라 다녔다.
투자궁이라는 복덕궁에 천동화기에 홍란이 좌하고 있어, 늘 일확천금을 노리는 투자에 유혹되어 투자했다가 거액의 빚을 지고, 빚을 갚을 때가 되면 다시 친구에게 투자한다든지 모르는 사람에게 인정상 빌려준다든지 해서 돈을 날리는 일을 반복해 오고 있다.

③ 병술대한(36~45세)은 탐랑이 화령을 보아 화탐·영탐의 횡발 격국이 이뤄져서 이 대한에 특히 횡발의 욕구가 강해졌다.
그러나 대한의 삼방사정에서 록을 보지 않고, 재백궁에서도 록을 보지 않았으며, 대한 관록궁에서만 대궁에서 록존을 보아 직장생활에만 인연이 있을 뿐이다.

④ 반면에 대한의 병간 염정화기는 대한 복덕궁에 좌하여 대한 재백궁을 치고 있으니, 이 대한 중에 사행성 업에 투자했다가 거액의 빚을 지고, 그 경제적인 빚을 감당하지 못해 위장 이혼까지 했었다.

⑤ 병술 대한의 병간 천동화록이 대한 외궁인 묘궁, 즉 선천 재복선이자 대한형노선에 있어 외궁에 록이 들어간 것 자체도 불리하지만, 선천의 천동화기를 대한 천동화록으로 인동시킨 것 자체가 묘궁의 흉상을 그대로 받게 된다. 재투자적인 측면에서 천동화기의 극대한 불만적인 상황이 연출되게 되었다.

⑥ 대한 염정화기는 대한 내궁인 대한 복덕궁에 좌하고 있으면서, 대한 파군이 좌한 재백궁을 파괴시키고 있다.
대한 재백궁의 파군은 파구창신의 성으로, 삼방이 길하면 부단한 창신으로 새로워지고 또 새로워지는 결과가 있지만, 삼방이 흉하여 개창을 하면 할수록 소모와 파재가 감당할 수 없게 된다.

⑦ 더구나 자오궁의 정파상 조합이 화령을 만나면 자액투하自縊投河로 자살조합이되는데, 대한 재백궁에서 그러한 조합이 형성되었으니, 재적인 자충수로 응기하게 되어 이 대한 중에 두 번이나 사행성 업종에 투자를 했다가 두 번 다 돈을 날리는 일이 있었다.

⑧ 을유대한은 태음 재성이 재백궁에서 묘왕지에 있어 재에 길하지만 아쉽게도 함지의 경양이 동궁하고, 대궁에서 천동화기를 보아 일월·양타 인리산재의 징험을 다시 보게 되었다.

⑨ 을유대한의 을간 천기화록은 대한 부관선에 좌하여, 직업적인 활동방면에 보험 영업은 계획대로 되고 인정받는 상황이지만, 대한 태음화기는 대한 명궁 즉 대한 내궁에 좌하고 있어 진기로서의 흉함을 여실히 드러내게 된다.

⑩ 게다가 대궁에 선천의 천동화기까지 있으니 흉이 가배가 되는데, 이 궁선이 선천 복덕궁과 선천 재백궁에 해당하니 재적인 손실은 피할 수 없다.

⑪ 또 태음이 화기가 되면 투자착오의 징험이 있다. 이 대한에서 친구에게 돈을 빌려주면서 투자했다가 거액의 돈을 날리고, 아는 사람이 급전이 필요하니 며칠만 쓰자고 해서 대출까지 받아서 빌려줬다가 돈을 뜯기는 등, 사람에게 배신을 당하고 돈은 돈대로 날리는 인리산재의 징험이 현상에서 그대로 나타나게 되었다.

⑫ 46세 을유년
   ─ 을유년은 유년 명궁 자체가 대한 명궁과 중첩되면서 태음화기의 투자착오 궁에 앉아 있는데, 유년 자체가 다시 을간이라 태음화기가 또 유궁에 있게 된다.

- 이 해부터 돈을 친구에게 투자했다.

⑬ 47세 병술년
- 병술년은 대한 외궁으로 탐랑·문창이 좌하고 있는데, 병간 유년 천동화록이 대한 천이궁(대한 내궁)에 붙어, 대한 태음화기에 의해 인동된 선천 천동화기를 인동하게 되어 거대한 재적인 투자착오를 일으키게 된다.
- 결과가 염정화기로 선천 형노선에 가 있으므로, 이 해에도 친구에게 두 번이나 투자했다가 돈을 다 날렸다.

⑭ 49세 무자년
- 무자년은 대한 외궁인 대한 자전선이자 선천 형노선에 유년이 좌하고 있다.
- 무간 유년 탐랑화록은 신궁의 록존과 함께 대한 태음화기가 좌한 대한 명궁 유궁을 문제궁위로 인동시켜 다시 묘유궁 동월의 쌍화기를 문제궁위로 인동시키므로 이 해에도 아는 후배를 통해 그 후배가 아는 사람에게 급전을 대출받아 빌려줬다가 다시 날렸다.
- 또 주식고수라는 사람의 조언으로 주식을 샀으나 기축년 5월 당시에 주식이 폭락하였다.
- 유년 탐랑화록에 의해 문제궁위가 된 유궁은 태음이 경양과 동궁하면서 화기가 되어 전형적인 인리산재의 격국이 형성되었음을 유의해 보자.

9. 탐창貪昌·탐곡貪曲격

『자미두수전서』에는 직접적으로 탐창격·탐곡격이라는 격의 이름은 없다. 그러나 대만의 자운선생·료무거사를 비롯한 현대의 두수가들이 대부분 탐창격·탐곡격을 격으로 쓰고 있다.

탐창격이라는 것은 탐랑이 문창과 만나는 것, 탐곡격이란 탐랑이 문곡과 만나는 것을 말하는데, 흔히 길한 의미보다는 흉한 의미로 발현되는 경우가 많은 격이기 때문에, 현대 두수가들이 '탐창악격惡格'이니 '탐곡악격'해서 악격이라는 별칭을 붙여서 부르기도 한다.

물론 이렇게 악격이라고 부르기 위해서는 탐랑과 문창·문곡 중에 한 성이 화기가 되기만 하면, 위의 격이 이뤄지지만 진정한 탐창·탐곡은 탐랑이 문창화기를 보거나 탐랑이 문곡화기를 보는 것이 정격이라고 할 수 있다.
정리하자면 탐랑화기에 문창 또는 탐랑에 문창화기면 탐창악격이 되고, 탐랑화기에 문곡 또는 탐랑에 문곡화기면 탐곡 악격이라고 부르는 것이다.

격국을 형성함에 있어 탐랑과 창곡이 동궁하는 경우가 오리지날 격국이 되겠지만, 탐랑은 명궁에 있는데 문창이 재백궁에 있다거나, 문창이 명궁에 있는데 탐랑이 관록궁에 있다거나, 또는 탐랑이 명궁에 있는데 천이궁에 문창이나 문곡이 있다거나 하는 상황 모두 위의 격이 이뤄진다.

심지어는 축궁에 정성이 없이 인궁과 자궁에 문창·문곡이 있어 축궁을 협하고 있는데, 미궁에서 탐랑(이때는 무탐조합이 됨)이 있을 때도 축궁 입장에서는 탐창·탐곡의 격국이 형성된다.

즉 미궁에 있는 무곡탐랑 조합을 정성이 없는 축궁으로 차성안궁해서 협궁에 있는 창곡과 함께 탐창·탐곡의 격국이 형성된다는 것이다.

위에서처럼 삼방에서 창곡과 탐랑이 서로 만나거나 해서 포괄적으로 (탐창·탐곡의 격국이) 형성되는 것이 가장 일반적인 경우지만 운용상 아래와 같이 응용할 수도 있다.

즉 명궁에 탐랑이 있는데 부처궁에 문창이나 문곡이 있다고 했을 때 명궁과 부처궁이 삼방에서 만나지 않음에도 불구하고, 운에서 탐랑에 화기가 되거나 문창이나 문곡에 화기가 되면 탐창·탐곡의 악격의 형성으로 인해 부부관계가 불안해지거나 문제가 생기기도 한다.

『자미두수전서』의 「별에 대한 문답」 중 문곡편에 "탐랑이 문곡을 만나면 하는 일이 전도가 된다."[61]고 했기 때문에 현대 두수가

---

61) 『자미두수전서』 375P. 원문은 "혐우탐랑嫌遇貪狼 리정사이전도范政

들이 흔히 "탐곡 작사전도作事顚倒"의 의미로 운용하고 있다.
 또 "문창과 탐랑이 만나도 같은 의미가 있다."⁶²⁾고 했으니 흔히 "탐창·탐곡 작사전도"라고 통틀어서 부르는게 대세다.

 또 "문창과 탐랑이 명궁에 있으면 뼈는 가루되고 시체가 찢겨진다."⁶³⁾고 하였으니, 문창의 경우는 탐랑과 만날 때는 작사전도와 분골쇄시의 의미를 다 가지고 있다. 물론 주註에서 사해궁에서 그렇게 될 때 그런다고 되어 있으나, 임상에서는 모든 궁에서 이렇게 되면 정도의 차이는 있지만 분골쇄시로 해석할 여지가 있다.

 뼈는 가루가 되고 시체가 찢겨진다는 말이 자못 으스스하지만 현상적으로 문자 그대로 이렇게 발현되려면 여러 가지 조건이 있어야 한다. 단순히 문창·탐랑이 명궁에 있다고 이러는 것은 절대 아니니 겁먹지 말아야 한다.
 문자 그대로 응기할 경우는 문창·탐랑 중, 한 성에 화기가 되는데 운에서 다른 한성까지 화기가 되고, 해당궁에 살성이 많이 비치며 불길한 잡성들을 많이 보고, 사화의 인동이 몸을 의미하는 신궁身宮과 질액궁을 같이 움직이면서 홍란·천희·병부·병 등의 잡성들을 봐야 한다.

事而顚倒"로 되어 있다.
 62) 『자미두수전서』 1431P에 "문창탐랑文昌貪狼 정사전도政事顚倒"를 인용하였다.
 63) 976p의 "창탐거명昌貪居命 분골쇄시粉骨碎屍"를 인용하였다.

일반적인 해석으로는 온전한 몸이 뼈가 가루가 되고 시체가 찢겨진다는 것은 정상이 비정상이 되는 것이다. 현상적으로 나타날 때는 작사전도의 의미와 일맥상통하게 나타나는 것이므로 작사전도와 분골쇄시를 다른 의미로 받아들일 것이 아니라 하나의 통일된 의미로 받아들이되 표현의 차이일 뿐이라는 것을 알아야 한다.
　그래서 현대두수가들이 이 격국을 운용할 때 탐창이든 탐곡이든 작사전도와 분골쇄시의 의미를 혼용해서 쓰고 있다.

　『자미두수전서』에는 창곡이 탐랑을 만나면 "정사이전도政事而顚倒"라고 했는데, 현대학자들은 이것을 풀어 해석해서 "리정위이전도離正位而顚倒" 즉 어떤 일이든 "바른 자리를 벗어나서 뒤집힌다."고 해석하고 그렇게 응용한다.
　예를 들어 남자의 경우에 부처궁에 탐창·탐곡이 있다면, 아내의 자기주장이 강해서 전통적인 부창부수가 어렵다. 부부간에 일생동안 서로 양보하지 않거나 아니면 역할이 바뀌거나 음양이 전도되거나 여존남비의 가정이 되기 십상이다.

　만약 천이궁에서 탐창·탐곡의 악격이 형성되었다면, 위에서 말한 "바른 자리를 벗어나서 뒤집히는" 의미대로 교통사고 중 차량전복사고 등이 일어나는 것으로 나타나는 경우가 많다.
　그리고 만약 문서궁이라면 문서계약이 번복되는 일이 있기 쉽고, 재백궁이라면 재물부분에서 의외의 손실이 있으며, 노복궁이라면 인간관계상 배신을 당하기가 쉽다.

자운선생은 탐창·탐곡이 형성되면 투자할 때도 작사전도의 의미답게 황당한 투자를 하게 된다고 한다.

실례 남명 1966년 3월 ○일 묘시			
天破封祿天 官碎誥存府 ◎△ 博亡病 45~54 癸 士神符 【官祿】 絶巳	天鈴擎左太天 傷星羊輔陰同 ◎△○陷陷 祿 力將太 55~64 甲 士星歲 【奴僕】 胎午	天天恩八三文文貪武 空貴光座台昌狼曲 天 ○△◎◎ 才 科 青攀晦 65~74 乙 龍鞍氣 【身遷移】 養未	孤天天地右巨太 辰使馬空弼門陽 ◎◎△◎ X 小歲喪 75~84 丙 耗驛門 【疾厄】 生申
截天寡年鳳火陀 空月宿解閣星羅 X◎ 官月弔 35~44 壬 府煞客 【田宅】 墓辰	성명 : ○○○, 陽男 陽曆 1966年 3月 ○日 6:59 陰曆 丙午年 3月 ○日 卯時 命局 : 土五局, 壁上土 命主 : 巨門, 身主 : 火星		台紅天天 輔鸞鉞相 ◎陷 將息貫 85~94 丁 軍神索 【財帛】 浴酉
天天破廉 喜姚軍貞 ○X 忌 伏咸天 25~34 辛 兵池德 【福德】 死卯			解龍陰天天 神池煞梁機 ◎◎ 權 奏華官 95~ 戊 書蓋符 【子女】 帶戌
紅旬輩天地 艶空廉巫劫 △ 大指白 15~24 庚 耗背虎 【父母】 病寅	天大 壽耗 病天龍 5~14 辛 符煞德 【命】 衰丑	天天天天 廚福虛哭 喜災歲 庚 神煞破 【兄弟】 旺子	天天七紫 刑魁殺微 ◎△◎ 飛劫小 己 廉煞耗 【夫妻】 冠亥

① 임진대한(35~44살) 43세 무자년 아침에, 에쿠스를 타고 출근하다가 20톤이 넘는 덤프트럭이 차 옆구리를 쳐서 차의 수리비가 3천만원이 나올 정도로 대형사고가 일어났으나, 크게 몸은

다치지 않았다.

② 무자년은 대한 재복선에 선천 형노선에 해당한다.
유년 질액궁 미궁은 선천 신궁身宮이 천이궁과 중첩되면서, 탐랑·무곡에 창곡이 동궁하고 있다.
임진대한의 임간 무곡화기가 미궁에 있어, 탐창·탐곡의 작사전도의 악격이 형성되었다.

③ 무자년은 무간 탐랑화록이 미궁에 있어 탐창·탐곡의 악격을 인동시키고, 천기화기 결과가 대한 천이궁인 술궁에 있어 교통사고가 일어나게 되었다.
교통사고는 질액·신궁·천이궁이 상관궁위가 되는데, 이 궁이 인동되니 교통사고가 일어나고, 탐창·탐곡의 작사전도격이 형성되니, 차가 뒤집히는 사고가 일어나게 되었던 것이다.

10. 형기협인격 재음협인격

천상의 격국 중에 형기협인刑忌夾印과 재음협인財蔭夾印이 있다. 천부성계는 천부 - 태음 - 탐랑 - 거문 - 천상 - 천량 …의 순서로 배치되므로, 천상의 협궁에는 늘 거문과 천량이 협하게 되는데, 천상은 양 협궁에 있는 이 두 성의 영향을 크게 받는다.

천상을 사이에 두고 거문과 천량의 상황을 가지고, 재음협인과 형기협인의 격국이 나뉜다. 가장 보편적인 구조는 거문이 록이 되면 천량의 두 가지 속성64) 중 음蔭의 역량과 더불어 재음협인65)이 되는 것이고, 거문이 화기가 되면 천량의 두 가지 속성 중 형刑과 더불어 천량의 형刑과 거문화기의 기忌와 협인夾印(천상협)의 격국이 이뤄진다.
여기까지는 일반적으로 흔히 알고 있는 격국의 특징이다.

거문과 천량이 천상을 협하는 것은 어떤 경우나 변함이 없지만, 거문이나 천상·천량이 성의 배치상 다른 성과 조합되는 경우가 많이 발생한다.

---

64) 형刑(형극·고생·우여곡절)과 음蔭(그늘 음, 음덕)적인 속성.
65) 財(祿) 蔭(天梁) 夾印(天相夾)

여기서 말하려고 하는 것은 재음협인과 형기협인격의 중요변수가 거문에 있으므로 거문과 동궁 하는 성이 어떤 성인가를 잘 봐야한다는 것이다.

거문과 조합되는 성은 네 가지가 있다.

① 거문독좌　② 거문·천동　③ 거문·태양　④ 거문·천기

이렇게 네 가지가 있는데, 거문에 록이나 기가 있어야 오리지날 재음협인과 형기협인이 이뤄지지만, 이렇게 거문이 아닌 거문과 조합되는 천동·태양·천기가 록이나 기가 되어도 재음협인과 형기협인이 이뤄진다.

즉 형기협인이라고 할 때 거문화기로 인한 형기협인, 거문·천동조합에서 천동화기로 이뤄지는 형기협인, 거문·태양조합에서 태양화기로 이뤄지는 형기협인, 거문천기조합에서 천기화기로 인해 형기협인이 되는 경우가 있을 수 있는데, 그 형기협인의 성격이 다 같은 것은 아니다.(재음협인도 마찬가지다)

(1) 거문에 록기가 붙는 재음협인과 형기협인

① 거문화록으로 인한 재음협인의 특징

거문의 화록의 특징으로 인한 도움을 천상이 받는다.

천상이 문서를 주하고 거문은 시비구설을 의미하는데, 이 거문에 록이 붙으면서 천상을 협하면, 가령 언어로 말미암아 도움을 얻는다든지, 가르치는 것으로 도움과 지지를 받는다든지 경쟁에서 승리한다든지 하는 특징이 있을 수 있다.

그러나 이 거문에 화록이 붙어 재음협인이 되더라도, 거문과 동궁하는 성계에 따라 약간씩의 의미변화는 있을 수 있다.

자오궁의 염정·천상은 사해궁의 거문독좌의 협을 받고, 사해궁의 독좌한 천상은 진술궁의 독좌한 거문의 협을 받으며, 축미궁의 독좌한 천상은 자오궁의 거문독좌의 협을 받는다. 그러므로 위의 경우는 엄밀하게 말하자면 자오궁과 사해궁·축미궁의 천상일 때 적용할 수 있다.

그러나 이 외에 궁, 즉 묘유궁의 천상은 인신궁에서 거일의 협을 받고, 진술궁의 자미천상은 묘유궁의 기거의 협을 받으며, 인신궁의 천상은 축미궁의 거동의 협을 받는다.

거일·기거·거동의 조합에 거문화록이 붙으면, 거문화록이 의미하는 기본적인 길함이 있기는 하지만, 동궁한 태양·천동·천기의 의미 또한 간과하지 않아야 한다.

성계의 조합에 따라 다른 의미로 각색될 수 있다.
- 가령 거문·태양이라면 태양의 의미하는 공적인 부분·전파·전달의 의미에, 거문화록일 때의 의미가 따라 붙기 때문에 대중에게 설교하고 가르치고 전파하는데 격외로 유리할 것이다.
- 거문·천동조합이라면 천동이 의미하는 감정과 정서의 의미에 거문화록의 의미가 추가 되므로, 감미로운 말·감정과 정서를 배려한 말의 의미가 있으므로, 정서나 감정을 다루는 직종에서 승부수를 띄울 수 있다. 감정을 고양시키는 예술작업·미용·디자인·설계·서비스업·컨설턴트와 같은 일에 적합하다.
- 거문·천기조합이라면 천기가 의미하는 계획·임기응변의 능력·사고력의 의미가 있으므로, 여기에 거문화록의 의미를 추가하면 계획을 말로 표현하는 일·언어를 기민하게 구사하는 일·연구·설계·논리와 추론을 필요로 하는 일 등에서 타고난 능력을 발휘할 수 있을 것이다.

2부/ 격국

실례	남명 41년 4월 ○일 戌시		
截天年鳳七紫 空福解閣殺微 △○	天天天 廚空貴鉞	輩右左 廉弼輔 ◎◎	孤天陰鈴陀 辰壽煞星羅 ○陷
將指太 24~33 癸 軍背歲【夫妻】生巳	小咸晦 14~23 甲 耗池氣【兄弟】養午	靑月喪 4~13 乙 龍煞門【命】胎未	力亡貫 丙 士神索【父母】絶申
寡台恩天天天天 宿輔光喜姚梁機 ○○	성명 : ○○○, 陰男 陽曆 1941年 5月 ○日 20:59 陰曆 辛巳年 4月 ○日 戌時 命局 : 金四局, 沙中金 命主 : 武曲, 身主 : 天機		紅旬天破龍祿地破廉 艶空官碎池存劫軍貞 ○△陷△
奏天病 34~43 壬 書煞符【子女】浴辰			博將官 丁 士星符【福德】墓酉
天相陷			解大紅擎 神耗鸞羊 ◎
飛災弔 44~53 辛 廉煞客【身財帛】帶卯			官攀小 94~ 戊 府鞍耗【田宅】死戌
天天八天巨太 月使座魁門陽 △○○ 科祿權	天地火貪武 哭空星狼曲 陷○○○	天天封三天文太天 傷才誥台刑昌陰同 ○○○ 忌	天天天天 虛巫馬府 △○
喜劫天 54~63 庚 神煞德【疾厄】冠寅	病華白 64~73 辛 符蓋虎【遷移】旺丑	大息龍 74~83 庚 耗神德【奴僕】衰子	伏歲歲 84~93 己 兵驛破【官祿】病亥

　미궁이 명궁이며, 묘궁 재백궁은 신궁身宮이면서 천상이 좌하고 있고, 인궁에 거문·태양·문곡이 있다.

　인궁을 자세히 보면, 거문에 화록·태양에 화권이 되어 말로 인해서 먹고 사는 것을 알 수 있다. 또한 태양의 화권으로 인한 공적인 곳에서의 권위, 문곡화과의 지명도가 겹쳐서 천상을 협하므로 정치인이 되었다.

② 거문화기로 인한 형기협인의 특징

거문의 시비구설로 말미암은 시비구설, 그로 인한 관재, 압박감, 기선을 빼앗김, 인간관계의 배신과 소인들에 의한 피해, 그로 말미암은 문서착오 등이 있을 수 있다.

역시 성계의 조합에 따라 다른 의미로 각색될 수 있다.
- 가령 거문태양이라면 태양의 대중·공중의 의미와 결합되므로 파급력이 큰 구설시비와, 관재·경쟁에서 밀리거나 인기가 추락하고 추문은 널리 퍼지며 대중적인 일에서 순조롭지 못하다.
- 거문천동조합이라면 천동이 의미하는 감정과 정서의 의미와 결합되어, 극심한 감정적인 고충과 애로가 있고 말 못할 고민으로 인한 스트레스가 극대화된다.
- 거문천기조합이라면 천기가 의미하는 계획과 임기응변의 의미와 결합되어, 계획착오·실수·좌불안석 등의 의미가 있게 된다.

(2) 거문천동조합의 재음협인과 형기협인

① 천동화록으로 인한 재음협인의 특징

거문과 천동조합은 거문이 천동의 감정을 어둡게 해서 주로 감정고충의 의미를 띈다.

이 조합에 천동화록으로 인한 재음협인이 되면 거문천동은 감정상의 고충이 아니라, 오히려 감정의 세밀한 부분을 살피는 의미로 전환되어 감정과 정서상의 충만함·따뜻함·살뜰한 의미를 띠게 된다. 이러한 거동의 협을 받은 무곡천상은 돈과 명예방면에서 행운과 복이 따르고 매사에 순조로움이 배가 된다.

② 천동화기로 인한 형기협인의 특징

거문천동조합에 천동에 화록이 아니라 화기가 붙으면 진정한 감정고충의 의미를 띠게 된다.

이런 유의 형기협인은 천상에 거동의 천동화기 감정고충의 의미가 고스란히 전이되어, 천상은 감정고충으로 신음하게 되거나 감정적으로 불유쾌하고 깨끗하지 못한 일로 인한 불길함이 있게 된다.

그 대표적인 예가 도화문제 같은 것이다. 물론 꼭 도화문제만 일어난다고 볼 수 없고, 경우에 따라서는 인간관계에서 감정적인 갈등이나 불만이 있는 것으로 나타나기도 한다.

天破天天八左太 月碎才貴座輔陰 　　　　　△陷 　　　　　　科 大劫小　4~13　辛 耗煞耗【命】生巳	截天天天貪 空福虛哭狼 　　　　○ 伏災歲　14~23　壬 兵煞破【父母】浴午	大陀天巨天 耗羅鉞門同 　　◎◎陷陷 　　　　　忌 官天龍　24~33　癸 府煞德【福德】帶未	解蜚天祿鈴天武 神廉巫存星相曲 　　　◎◎◎△ 　　　　　　權 博指白　34~43　甲 士背虎【田宅】冠申
旬台龍天廉 空輔池府貞 　　　　◎◎ 病華官　　　庚 符蓋符【兄弟】養辰	**실례** 　**남명 1960년 2월 ○일 술시** 성명 : ○○○, 陽男 陽曆　1960年 3月 ○日 20:59 陰曆　庚子年 2月 ○日 戌時 命局 : 金四局, 白臘金 命主 : 武曲, 身主 : 火星		三天地擎右天太 台喜劫羊弼梁陽 　　　△陷陷地 X 　　　　　　　祿 力咸天　44~53　乙 士池德【官祿】旺酉
恩紅 光鸞 喜息貫　　　己 神神索【夫妻】胎卯			紅寡天年鳳天七 艷宿傷解閣刑殺 　　　　　　◎ 青月弔　54~63　丙 龍煞客【奴僕】衰戌
天孤天天文破 廚辰姚馬曲軍 　　　○△陷 飛歲喪　94~　戊 廉驛門【子女】絕寅	天天地天 壽空空魁 　　　陷○ 奏攀晦　84~93　己 書鞍氣【身財帛】墓丑	天封陰火文紫 使詰煞星昌微 　　　△○△ 將將太　74~83　戊 軍星歲【疾厄】死子	天天 官機 　　△ 小亡病　64~73　丁 耗神符【遷移】病亥

　　갑신대한 무곡천상대운은 미궁의 거문천동의 천동화기와 유궁의 태양·천량의 협을 받고 있다. 98~2000년까지 3년째 도화 문제가 발생하였다.

(3) 거문태양조합의 재음협인과 형기협인

① 태양화록으로 인한 재음협인의 특징

거문과 태양조합은 아주 단순하게 설명하면, 거문이 태양의 빛과 열을 어둡게 하는 의미가 있지만, 인궁의 거일은 오히려 태양이 묘왕지에 있으므로 거문을 두려워하지 않는다.

거일조합은 태양의 빛과 열을 발산·전파·전달하는 의미·대중의 의미에, 거문의 구설·집중·시시비비를 따지는 의미가 더해져, 대중을 위해 일하거나 대중을 위해 설교하고 변론하고 시시비비를 가리는 의미를 가지고 있다.

또 거문의 어두움은 미지의 곳·낯선 곳이라면 태양은 거기에 빛을 밝히는 것으로, 거일 조합은 외국과 같이 낯선 곳·미지의 곳을 빛으로 밝히는 의미가 있으므로 외국의 의미도 있다.

이러한 거일 성계에서 태양화록이 되면서 재음협인이 되면, 대중을 위해 하는 일, 즉 정치·교육·언론·광고, 외국과 관계된 쪽에서 길한 의미가 있으므로, 이 성계의 협을 받는 천상 입장에서는 공교직·언론·방송·정치·무역·외국과 관계된 일에서 길함을 띄게 된다.

『자미두수전서』에 보면 묘유궁의 염정파군(대궁 천상)조합은 '흉악서리배'라고 해서 공직성계라고 하는데, 염정파군조합이 공직성계가 되는 이유는, 관록을 주하는 염정이 명궁에 있는 것도 이유가 되겠지만, 더 직접적인 이유는 대궁에 천상이 공직성계인 거일의 협을 받고 있기 때문이다.

실례	남명 1960년 12월 ○일 술시			
破七紫 碎殺微 △○	截解天天恩 空神福虛哭光		大陀天 耗羅鉞 ◎◎	蜚天天天祿鈴 廉傷貴刑存星 ◎◎
大劫小 25~34 辛 耗煞耗 【福德】 絶巳	伏災歲 35~44 壬 兵煞破 【田宅】 胎午		官天龍 45~54 癸 府煞德 【官祿】 養未	博指白 55~64 甲 士背虎 【奴僕】 生申
旬台龍八陰天天 空輔池座煞梁機 ◎◎	성명 : ○○○, 陽男 陽曆 1961年 1月 ○日 20:59 陰曆 庚子年 12月 ○日 戌時			天地擎破廉 喜劫羊軍貞 △陷陷△
病華官 15~24 庚 符蓋符 【父母】 墓辰	命局 : 土五局, 城頭土 命主 : 文曲, 身主 : 火星			力咸天 65~74 乙 士池德 【遷移】 浴酉
天紅左天 才鸞輔相 陷陷				紅寡天年鳳三 艶宿使解閣台
喜息貫 5~14 己 神神索 【命】 死卯				靑月弔 75~84 丙 龍煞客 【疾厄】 帶戌
天天孤天巨太 月廚辰馬門陽 ○△◎◎ 祿	天地天貪武 空空魁狼曲 陷○○○ 權		封天火文太天 誥姚星昌陰同 △◎◎○ 科忌	天天天右天 官壽巫弼府 X○
飛歲喪 戊 廉驛門 【兄弟】 病寅	奏攀晦 己 書鞍氣 【夫妻】 衰丑		將將太 95~ 戊 軍星歲 【子女】 旺子	小亡病 85~94 丁 耗神符 【身財帛】 冠亥

명궁이 묘궁 천상으로 태양화록으로 인한 재음협인격이 이뤄져 있다. 우리나라 삼대 언론사 중 한 곳에 근무하는 기자다.

② 태양화기로 인한 형기협인의 특징

이론적으로 거일조합에서 위와 반대로 태양의 화기가 되면 위의 의미와 반대로 정치·교육·언론·광고, 외국과 관계된 쪽에서 흉한 의미가 있게 된다.

그 흉함이란 거문이 동궁하고 있는 것 때문에, 관재·구설 시비·경쟁에서 밀림·인간적인 모멸과 매도를 당함·파재 등의 의미를 띤다.

성계의 배치법상 거일의 협을 받는 천상은 묘유궁에 있게 되며, 거일은 인신궁에 배치되게 된다.

이때 태양화기가 되려면 갑년생이라야 하는데, 갑년생이면 공교롭게도 인궁에 록존이 동궁하고 거일에 태양에는 화기가 붙게 되어서 양타협기의 구조가 되며,[66] 천상도 경양과 동궁하거나 마주보게 되어 아주 흉한 조합이 형성되게 된다.

그러므로 어떤 조합보다도 묘유궁 천상이 태양화기로 인한 형기협인이 되면, 다른 조합으로 인한 형기협인보다 피해가 극심하게 나타나니 유의해야 한다.

---

[66] 신궁에서는 거일에 태양화기가 되면서 대궁에 록존이 있게 되어 인궁처럼 치명적이지는 않다.

(4) 거문천기조합의 재음협인과 형기협인

① 천기화록으로 인한 재음협인의 특징

진술궁의 자미천상조합이 기거의 협을 받는데, 천기는 계획·임기응변·변동·사고력 등의 의미가 있어 다른 성의 성질을 어둡게 하는 거문과 동궁하면, 연구·발명·민첩한 사고력과 분석력·본질을 꿰뚫어 보는 혜안과 주도면밀한 계획 등의 의미가 있다.

이러한 천기에 화록이 붙으면 계획과 설계·임기응변·사고력 등이 극대화된다. 이런 성질이 어두움을 의미하는 거문과 함께 있으면 어두움·명확하지 않은 부분·깊이를 모르는 심연 등에, 계획과 기민함으로 어두움을 타파하고, 명확하지 않은 부분을 분석하는 예리함과 순발력으로 표현해내는 연기·연출·강의·변론·계산·기획 분야에 뛰어난 능력을 보인다.

② 천기화기로 인한 형기협인의 특징

계획과 설계·임기응변·사고력 등을 의미하는 천기가 화기가 되면, 계획 착오·무계획·두서없음·판단 착오·번복·지나친 사려·꼼수가 악수가 됨·긁어 부스럼 등의 의미가 생긴다.

거문과 동궁하면 이러한 천기화기의 의미에 거문의 어두움이 추가되는 것이니, 천기화기의 현상이 더욱 어둡고 깊게 드러나게 된다.

현상적으로 나타나는 빈번한 계획 착오는 천상이 의미하는 문서의 의미에 빈번한 계획 착오의 의미가 더해지는 것이므로, 문서상의 잦은 변동과 번복·착오가 있게 되며, 심리적으로는 극대한 스트레스와 초조감과 압박감을 느끼게 되어 매우 예민한 상태가 된다.

궁에 따라서 이 의미도 궁이 가지는 의미를 담아서 발현되는데, 재백궁이라면 재적인 문서의 계약상의 빈번한 착오와 변동이 있고, 관록궁이라면 직업상의 잦은 변동이나 입지가 불안정해지거나 보직이 빈번하게 바뀌거나 현 상황에서 점점 입지가 나빠지거나 할 수 있으며, 천이궁에서라면 잦은 이사와 불리한 변동이 많으며, 복덕궁에서는 주견없이 흔들리며 생각이 자주 바뀌고 심리적으로 항상 불안한 상태가 된다.

실례) 농약자살 남명 1948년 7월 15일 진시

27세 갑인년에 농약을 먹고 자살했다.

원국의 자미천상이 기거의 천기화기에 의해 형기협인 되었다.

진술궁의 자미천상 조합은 기본적으로 반역·저항·창신의 기질이 있다. 여기에 기거의 천기화기에 의해 형기협인 되면, 그러한 자미천상의 성향이 기거의 끊임없는 회의심으로, 자기에 대한 반역·자기에 대한 저항으로 나타나 자살에 이르게 한다.

대한이 무오대한 칠살에 삼살을 보는 대한으로 가는데다가, 무간 천기화기가 재차 붙어서, 원명의 자미천상은 극대한 자기회의에 빠지게 되어, 대한 명궁의 칠살 화양의 살기 어린 마음으로 자살을 택하게 되었던 것이다.

실례 남명 1948년 7월 ○일 진시

破祿天 碎存梁 ◎陷 博劫小　15~24　丁 士煞耗【父母】絶巳	旬天天天封火擎文七 空廚虛哭誥星羊昌殺 ◎△陷◎ 力災歲　25~34　戊 士煞破【福德】胎午	大恩天地天 耗光姚空鉞 　　　△◎ 靑天龍　35~44　己 龍煞德【田宅】養未	輩文廉 廉曲貞 △◎ 小指白　45~54　庚 耗背虎【官祿】生申
紅天龍陀右天紫 艶才池羅弼相微 ◎◎◎陷 　　　　　科 官華官　5~14　丙 府蓋符【命】墓辰	성명：○○○, 陽男 陽曆　1948年 8月 ○日 8:59 陰曆　戊子年 7月 ○日 辰時 命局：土五局，沙中土 命主：廉貞，身主：火星		天天天 傷貴喜 將咸天　55~64　辛 軍池德【奴僕】浴酉
天天紅天地巨天 福官鸞刑劫門機 △◎◎ 　　　　　　忌 伏息貫　　　乙 兵神索【兄弟】死卯			寡年台鳳左破 宿解輔閣輔軍 ◎◎ 奏月弔　65~74　壬 書煞客【遷移】帶戌
解孤八陰天天鈴貪 神辰座煞巫馬星狼 ◎◎△ 　　　　　　祿 大歲喪　　　甲 耗驛門【夫妻】病寅	天天太太 空魁陰陽 ◎◎陷 　　　　權 病攀晦　95~　乙 符鞍氣【子女】衰丑	截天三天武 空壽台府曲 ◎◎ 喜將太　85~94　甲 神星歲【身財帛】旺子	天天天 月使同 ◎ 飛亡病　75~84　癸 廉神符【疾厄】冠亥

제 3부

진가眞假의 분별

1. 명궁무대한 命宮無大限

(1) 영서연설과 명궁무대한

'영서연설 郢書燕說'이라는 고사성어가 있다.
『한비자 韓非子』의 「외저설편 外儲說篇」에 나온 이야기다.

춘추전국시대에 초楚나라의 도성인 영郢 사람이 연燕나라의 재상에게 편지를 쓰려고 했다.

밤에 편지를 쓰는데 불이 밝지 않으므로, 옆에서 촛불을 들고 있는 하인에게 등촉의 심지를 돋으라는 의미로 "촛불을 높이 들어라!"고 지시했다. 붓을 든 채 얘기하다가 그만 무심결에 그 말도 편지에 써 넣고서는 아무 생각 없이 그대로 편지를 보내고 말았다.

"촛불을 들어라"는 말은 편지의 내용과는 아무런 관계가 없는 것이었다. 편지를 받은 연나라 재상은 문장 가운데 촛불을 들라는 문구가 있는 것을 보고 이상히 여겼다. 잠시 생각하다가 연나라 재상은 이윽고 무릎을 치며 기뻐했다.

"이것이 나라를 다스리는 요체이다. '촛불을 들라'는 것은 밝음을 존중하라는 것으로, 바로 현자를 천거하여 임용하라는 말이구나!"

연의 재상은 곧바로 왕에게 이 뜻을 진언했고, 왕도 기꺼이 이 말에 찬성하여 실행에 옮겼다. 잘못 씌여진 문구 덕분에 나라가 잘 다스려지게 된 것이다.

'한비자韓非子'는 이 이야기를 다 쓰고 나서 말미에 "상상 밖의 효과는 있었지만, 편지의 뜻은 그런 게 아니었다. 요즘의 학자들이 대개 자기의 현학적인 도취에 빠져 이렇게 멋대로 해석하는 짓을 한다."고 덧붙였다.

그래서 '영서연설'은 그 뒤로 흔히 엉뚱한 말을 억지로 끌어다 붙여 교묘하게 이치에 맞출 때 쓴다.

즉 초나라 도읍 영郢에서 온 편지 내용에 대한 연나라식 풀이로, 말을 억지로 끌어다 붙여 해석한다는 말로 견강부회牽强附會와 같은 뜻으로 사용한다.

자미두수에서 '명무대한命無大限'을 주장하는 학자들을 보면 한비자의 '영서연설'의 고사가 생각이 난다.

'명무대한'은 정말 견강부회한 이론이다.

원류는 파지 않고 중간에 잘못된 이론만을 채용해서 후학들에게 혼란을 주고 있으니, 촛불은 좋게라도 해석해서 결말이라도 좋았지만, 이 '명무대한법'은 자칫 수많은 창생들의 운명 판단을 그르칠 수 있으니 어찌 가볍게 넘길 것인가!

물론 『자미두수전서』에 '명무대한법'에 대한 언급이 있어 근거가 있는 소리기는 하나, 『자미두수전서』보다 더 이전의 오리지날

원본인 『자미두수전집』에는 『자미두수전서』와 다르다.[67] 또 『전집』보다 더 오래된 자미두수의 전신前身인 『십팔비성十八飛星』에서도 『전집』과 같은 입장을 취하고 있으니만큼 원류를 따라야 옳고, 실제 임상에서도 명궁무대한은 맞지 않는다.

아래에서 『전서』·『전집』·『십팔비성』의 글을 인용해보고, 현대 학자들의 이론을 비교해서 필자의 이론을 정리해보겠다.

① 『자미두수전서』 71p

> 陽男陰女從命前一宮起
> ★ 是父母宮

- 양남음녀는 명궁의 전 궁에서 일으키고
- ☆ 부모궁을 뜻한다.

> 陰男陽女從命後一宮起
> ★ 是兄弟宮

- 음남양녀는 명궁의 한 궁 뒤에서 일으킨다.
- ☆ 형제궁을 뜻한다.

『자미두수전서』에서는 이렇게 명궁무대한법을 말하고 있다. 즉 명궁에서 대한이 시작 되는게 아니라, 명궁이 아닌 부모궁이

---

[67] 『자미두수전서』는 『전서』로, 『자미두수전집』은 『전집』으로 편의상 줄여 쓰겠다.

나 형제궁부터 대한이 시작된다는 것이다.

② 『자미두수전집』

> 定大限訣
>
> 大限就從局數數 男女逆順分陽陰 陽男陰女順推轂 陰男陽女逆行眞
>
> ★ 俱以命宮爲主 例如陽男陰女命立子宮 屬金四局 子宮起四歲 順行丑宮爲十四 每十年過一宮餘仿此 逆行如陰男陽女命立子宮 亦屬金四局 卽在子宮起四歲 亥宮十四歲 逐宮遇吉凶星而斷 餘局仿此而推之無異

✪ 대한大限을 정하는 방법

대한은 국수에서 비롯하여 세어 가는데 남녀 간에 역행할 것인지 순행할 것인지는 음양으로 나누며, 양남음녀는 순행으로 추리하고 음남양녀는 역행으로 행하는 것이 바른 방법이다.

☆ 모두 명궁을 위주로 하는데, 예를 들어 양남음녀이면서 자궁을 명궁이라고 하고 금사국에 속한다면 자궁에서부터 4세를 일으켜 순행하여 축궁에서 14세가 되니, 매 10년마다 한 궁씩 지나가는 것이다. 나머지도 이와 같이 한다. 또 음남양녀이면서 자궁을 명궁이라 하고 역시 금사국이라면 자궁에서 4세를 일으키고, 역행하여 해궁에서 14세가 된다. 결국 궁에서 만나는 길흉성으로 운을 판단한다. 나머지 국局도 이렇게 해서 추론하면 틀리지 않을 것이다.[68]

『전집』에서는 『전서』와 다르게 분명히 '구이명궁위주俱以命宮爲主'라고 해서 모두 명궁을 위주로 대한이 시작된다고 하고 있다.

---

[68] 『희이자미두수전집』 현대평주 료무거사, 시보문화출판.

③ 『십팔비성』

> 起大限例
> 陽男陰女 從命宮順數十年行一宮·陰男陽女 從身宮逆
> 數十年行一宮[69]

✪ 대한을 일으키는 예

양남음녀는 명궁에서 시작하여 순행으로 십년씩 한 궁에 배치한다. 음남양녀는 신궁에서 시작하여 역행으로 십년씩 한 궁에 배치한다.

십팔비성은 자미두수의 전신이다.

그러므로 십팔비성법에는 자미두수의 원형들이 곳곳에 산재해 있어 자미두수를 제대로 이해하려면 한번쯤은 연구해 봐야할 책이다.

자미두수가 십팔비성의 발전되고 버전 업된 형태이기 때문에, 십팔비성을 보면 자미두수의 기존 이론에서 벗어나 참신한 해석을 해볼 수 있는 여지가 많다.

이 십팔비성에서도 이렇게 대한을 명궁에서 일으킨다고 되어 있다.

『전서』·『전집』에 나오는 방법은 대한을 일으키는 법이 다르기 때문에, 어느 쪽을 채용하느냐에 따라 거의 10년이나 대한에 오차가 나게 된다.

---

[69] 『십팔비성책천자미두수전집』, 집문서국간.

『전집』과 『전서』가 왜 이렇게 다를까?

이것은 고인들의 비법을 감추려는 비인부전非人不傳의 마음 때문일 것으로 본다.

추명이라고 하는 것은 결국 명과 운을 살피는 것이 그 핵심인데, 중요한 대운수를 틀리게 해 버리면 엉뚱한 추명을 하게 될 것이기 때문이다.

『전서』4권에는 백여 개가 넘는 명보가 실려 있는데, 이 명보에서 대한을 쓸 때에도 『자미두수전집』과 『자미두수전서』의 방법을 혼용하고 있다.

중주파를 비롯한 중국과 대만의 대부분의 두수가들이 『전집』의 설명대로 명궁에서부터 대한을 일으키는 방법을 따르고 있다.

역자의 실제 임상에서도 『전집』의 방법이 옳았다. 그러나 우리나라에 번역된 일부 서적들에는 『전서』의 방법만이 소개되어 있으니 독자 여러분들의 냉철한 판단을 바란다.

현재 대만에서 명무대한을 주장하는 학자는 정가학鄭稼學·곤원堃元·우완야농迂頑埜農·서부한인庶廊閒人·수은水銀·람신藍神·임원전林源田과 같은 이들이다.

이름만 보면 여러 명의 학자가 이 명무대한을 따르고 있는 것 같으나, 사실은 한 사람이 필명을 바꿔가며 거의 백 권 가까운 자미두수 책을 오래전부터 써왔다.

곤원堃元이라는 필명으로 비교적 많은 책을 썼기 때문에, 이제부터는 곤원으로 통일해 부르겠다.

올해 68세 된 비교적 나이 드신 분이다.

(2) 혜경의 명궁무대한에 대한 논박

혜경은 그의 책 『두수변증斗數辨證』에서 명궁무대한에 대한 비판적인 입장을 견지하며 아래와 같이 말하고 있다.

> 자미두수에서 대한을 일으키는 법에는 약 네 종류가 있다.
> ① 오행국으로 운을 일으키는 법, ② 자평학의 절기로 운을 일으키는 법, ③ 명궁에서 운을 일으키는 법, ④ 명궁이 아닌데서 운을 일으키는 등의 네 종류다.
> 운을 오행국에 의지하지 않고 일으키는 것도 외계인 같은데, 대한이 명궁이 아닌 곳에서 일으킨다는 소리는 더욱 황당하다. 나의 관점에 대해 어떤 사람은 반대 의견을 내는데 그들은 말한다.
>
> 질문 : "대한이 만약 명궁부터 일으킨다면 일개 록권과 격국의 명은 어릴 때 마땅히 부귀해야 하지만, 사실상 적지 않은 사람들이 어릴 때 빈곤하고 끼니를 때우기 곤란하다가 나이 들어서야 부귀해진다. 이런 점에 관해서 당신은 과연 뭐라고 말할 것인가?"
>
> 혜경 : "명과 운은 별개의 일이다. 록권과가 입명했다고 태어나면서부터 부귀가 정해졌다는 것을 표시하는 것은 아니다. 그것은 운 자체에 소장消長의 작용을 갖고 있기 때문이다. 명운의 괘적은 절대로 점진하는 것이다.

유국화俞國華선생으로 말하자면 현재 행정 원장이 되어 귀하지만, 명리적으로 토론해 보면 마땅히 그의 사업이 최절정의 상태이므로 이처럼 극귀한 것이지, 절대로 태에서 나오자마자 행정 원장이 되었던 것은 아니다."

질문 : "초운을 일으킬 때 대운과 명궁이 중첩되는데, 부귀 명은 어릴 때 고생을 하지 않는다는 것인가? 이렇게 전후가 아주 다른 것에는 또 어떻게 해석할 것인가?"

라고 상대방이 승복하지 않고 질문을 하면 나는 또 이렇게 대답한다.

혜경 : "첫 대한에서 명과 운이 중첩되지만 대한의 궁간에 사화작용이 있다. 육십갑자의 순환이 다르므로 이 모두를 고려해야 한다. 부귀한 명이라도 어릴 때 고생하는 것은, 초운에 록봉충파祿逢沖破가 아니면 삼방사정에 살기성이 지나치게 많아서이다. 비결에 말하기를 '무탐이 떨어지면 소년에는 발달하지 못하고, 삼십이 넘어야 발복한다. 무탐이 진술축미궁에 있는 명은 소년시대에 필히 한 번의 고생을 겪어야 한다.'고 했는데 이것이 가장 좋은 설명이 아니겠나!"

질문 : "그건 특별한 경우다."

혜경 : "당신이 보기에 특례지만 다른 사람은 동의하지 않을 것이다. 양양창록陽梁昌祿의 명격으로 말하자면, 교육을 받기 전에는 그가 문장을 잘 쓰고 큰 시험에 참가하여 일정하게 두각을 나타낸다고 감히 말할 수 없다. 단 이런 유의 사람은 어릴 때 총명 영리하고 아이큐가 높으며 학습 능력이 뛰어나고, 여러 곳에서 명격의 우점을 드러낼 거라는 건 긍정할 수 있다.

간단하게 말하자면 서로 다른 환경에 있으면 반드시 서로 다른 우열의 표현이 있게 된다. 이것이 명리적인 특색이다."

혜경은 명궁무대한법을 주장하는 곤원의 명반을 분석하면서 그 방법의 오류를 지적하고 있다. 장황한 감이 있어서 필자 나름대로 곤원선생의 몇 가지 사안을 명궁대한법과 명궁무대한법일 때의 상황을 록기법으로 추론해서, 명궁무대한법의 부당함을 설명해 보이겠다.

2. 명궁무대한설의 진위

곤원의 내력으로 분석해 본 명국무대한설을 설명한 것이다. 아래 명반은 곤원이 저술한 『자미두수적고사紫微斗數的故事』(정대도 서공사출판, 1996)에서 인용하였다.

실례	곤원 1942년 12월 1일 유시 남명			
破天破武 碎鉞軍曲 ○×△ 忌	解天太 神福陽 ◎	天天 空府	旬孤天天地太天 空辰刑馬劫陰機 ○◎△×	
飛亡病 16~25 乙 廉神符【父母】冠巳	喜將太 26~35 丙 神星歲【福德】旺午	病攀晦 36~45 丁 符鞍氣【田宅】衰未	大歲喪 46~55 戊 耗驛門【官祿】病申	
寡天年鳳陰天 宿壽解閣煞同 △	성명 : ○○○, 陽男 陽曆 1943年 1月 6日 18:59 陰曆 壬午年 12月 1日 酉時 命局 : 火六局, 覆燈火 命主 : 廉貞, 身主 : 火星		天天紅貪紫 廚傷鸞狼微 △△ 權	
奏月弔 6~15 甲 書煞客【 命 】帶辰			伏息貫 56~65 己 兵神索【奴僕】死酉	
台三天天左 輔台喜魁輔 ◎陷 科			天天龍火陀巨 官才池星羅門 ◎◎◎	
將咸天 癸 軍池德【兄弟】浴卯			官華官 66~75 庚 府蓋符【身遷移】墓戌	
截輩天地 空廉月空 陷	大文文七廉 耗曲昌殺貞 ◎◎◎◎	紅天天恩天鈴擎天 艷虛哭貴光姚星羊梁 陷陷◎ 祿	天封八天祿右天 使詰座巫存弼相 ◎×△	
小指白 壬 耗背虎【夫妻】生寅	青天龍 96~ 癸 龍煞德【子女】養丑	力災歲 86~95 壬 士煞破【財帛】胎子	博劫小 76~85 辛 士煞耗【疾厄】絕亥	

(1) 신축년 결혼

> ∗ 신축년 20세 봄에 새집으로 이사하고, 처와 동거하다가 9월 21일 병신일 정식 결혼, 11월 26일 장자 출생.

◆ **명궁대한법으로 분석**

① 신축년은 을사대한(16~25세) 중이다.
대한은 부모궁선에 있다. 대한명궁은 선천 부모궁으로 무파에 무곡화기가 좌하고 있으며 삼방에는 살이 없다. 문제를 결혼으로만 축소해서 보기로 하자.

② 을간 대한 천기화록 발생은 대한 전택궁(자전선)이자 선천 부관선에 있다. 즉 집안에 부처의 기월 변동의 문제가 발생이다. 이차발생은 진궁으로 형노에 명천선으로 거문천동의 감정성계다. 전택에서 부처의 문제는 나의 감정과 관련된 것이다.

③ 차성 이차발생은 축궁이다. 축궁은 선천 자전선이자 대한 재복선이다. 전택에서 정신적인 문제임을 알 수 있다.
이 축궁에 좌한 성은 혈육을 의미하는 염정에 변화를 의미하는 칠살, 문서계약을 의미하는 문창·문곡이 좌하고 있다. 그리고 잡성으로는 청룡과 용덕이 있어, 이러한 혈육의 문서의 변화에 기쁜 일을 더 해준다.
그리고 결과인 태음화기는 다시 자전·부관선에 있어 역시 집안에서 부처의 변화다.

④ 대한의 부처궁을 보면 정성이 없이 좌보화과가 좌하고, 대궁에서 도화성계인 자미탐랑을 끌어다 쓰고 자미화권을 본다. 이 자탐성계는 혼인과 희경을 주하는 홍란·천희 성계를 대동하고 있으므로, 이 대한에 결혼 가능성이 높다 하겠다.
그리고 대한 을간 자미화과가 자탐화권에 다시 붙어서, 대한부관선은 선천 좌보화과와 대한 자미화과를 보고 있어, 이 묘유궁선을 인동시키면 결혼할 수 있음을 가늠해 볼 수 있다.

⑤ 신축년 20세에 결혼했다고 한다.
신축년은 대한에 의해 차성이차발생된 염정·칠살·창곡이 좌한 궁이다. 이미 대한에서 이차발생된 궁의 유년에 오자 결혼 했다는 것이 의미심장하다.
큰 일은 항상 이렇게 대한 사화의 인동이 있는 유년에서 유년 록기의 견인이 있으면, 해당 사안이 발생하게 된다.
신축년은 일단 자전선에, 가정에서 복덕(전택에 복덕)을 의미하는 궁이며, 여기에 창곡이 좌하고 염정·칠살에 기타 살이 없어 웅수건원의 길격이 형성되어, 가정을 꾸리기에 좋은 변화가 있는 시기다.

⑥ 신간 유년 거문화록은 유년 자전선에서 발생하는데, 이 유년 자전선은 명천선과 동궁하고 있으니 내가 꾸리는 가정이다. 이 궁선은 이미 대한에 의해 이차발생으로 동해 있는 궁선이다. 이 궁선에 신궁이 있으면서 동한 것은 결혼과 아이를 가지는 일이 당해에 이뤄짐을 의미한다.

아이는 배 아파서 낳기 때문에 임신이 되려면 반드시 자녀궁과 더불어 신궁身宮이 걸리는 것이다.

⑦ 그리고 이 유년 거문화록은 대한의 이차발생선에서 일차발생이 될 뿐만 아니라, 대한 천기화록과 더불어 유궁 자탐의 자미대한화과를 이차발생시켜 묘유궁선을 동하게 만든다.
이 묘유궁선은 대한의 부관선이며, 이 궁선에 선천 좌보화과와 대한 자미화과가 있고, 홍란·천희라는 혼인과 희경에 관련된 잡성이 있다.

⑧ 이렇게 유년 거문화록과 대한 천기화록에 의해 유궁이 이차발생이 되면, 이 궁선이 동해서 이 궁선이 주하는 궁과 성의 일이 이 해에 길이든 흉이든 발생하게 되는 것이다.
대한 부관선의 쌍화과에 홍란·천희에 자탐의 도화성계를 발동시켰으니, 당연히 이 해에 처와 결혼하며 아이를 가지는 길사가 있게 되는 것이다.

⑨ 신간 유년 문창화기는 축궁에 있는데, 이 문창화기는 대한에서 차성이차발생된 궁선을 결과화 시키는 것으로, 자전선에 재복적인 염정·칠살의 변화를 결과화 시킨다.
이 문창화기는 절대 흉한 것이 아니다. 이미 축궁에 대한의 화기나 선천의 화기에 의해 나쁘게 변질된 상황에서 문창화기라면, 이 화기는 흉하게 작용하겠지만 웅숙건원의 길격이 구성되어 인동된 상태에서 문창화기는 그 길격을 발동하는 역할만 하

는 것이다.

⑩ 이차결과는 유궁으로 역시 대한 부관선인 자탐에 쌍화과에 홍란·천희선을 결과화시키고 있으니, 이 해에 결혼하는 것은 너무도 당연한 것이다.

⑪ 실전자미두수에 보면 결혼의 상관궁은 자전선·부관선·부질선이며, 상관성은 홍란·천희라고 했다. 자전선은 진술궁, 부질선은 거문화록과 천량화록으로 이차발생된 사해궁, 부관선은 묘유궁, 홍란·천희도 묘유궁에서 인동되고 있어 결혼할 수 있는 조건이 다 갖춰졌다.

⑫ 음력 9월 21일 결혼했다는데 음력 9월은 무술월이다.
유년 거문화록에 의해 이차발생된 유궁의 자미탐랑에 자미화과·좌보화과가 인동되었는데, 무술월의 무간 탐랑화록이 재차 묘유궁선에 있는 자미탐랑의 자미화과·좌보화과를 인동시켜서, 유년에서 암시된 부관선의 도화문서를 이 달에 현실화시켜서 결혼하게 된 것이다.

⑬ 결혼과 이혼의 메커니즘은 똑같다. 다만 길흉의 차이가 있을 뿐이다. 계유년 52세 8월 27일에 이혼했다가 3주 만에 다시 재결합(문서적으로는 재혼)했다는데 그 메커니즘을 살펴보자.

⑭ 계유년 52세는 무신대한(46~55세) 하반기에 해당한다.

대한 부관선은 태양천량성계에 경양·영성의 살성에 천요·홍염의 도화성이 동궁하고 있어, 강렬한 봉흉화길의 암시가 있다.

⑮ 태양천량조합이 살을 보면 별리別離의 의미가 있는데 여기에 천량화록이 있으므로, 천량의 봉흉화길의 속성 때문에 이혼했다가 다시 재결합하는 일이 이미 대한 부관선상에서 성계의 암시로 나타나 있다.

⑯ 무신대한의 기월이 살을 보면 신경질이나 신경과민으로 변한다. 특히나 천월의 질병성과 기월이 앉은 자리가 병지가 되니 더욱 그렇다. 이혼의 이유는 부처의 갱년기 증상 때문에 극심한 정서적인 기복과 변화로 인한 것이었다 한다.

⑰ 무신대한의 무간 탐랑화록은 유궁에 있어, 대한 부질선이자 선천 형노선을 발동시키고, 결과인 천기화기는 대한 명궁이자 선천 부관선에 좌하고 있다.
록은 외궁에 있고 기는 내궁에 있어 내가 화기의 흉을 바로 안고 있는 상황이다.

⑱ 천기화기가 좌한 궁선이 대한명천에 선천부관선이니, 부처와의 불길한 변화라는 것을 분명 알 수 있다.
이 궁에 고신과 같은 고독성이 좌하고 있고, 형극의 천형·고독성인 천기·여성 육친의 태음이 좌하고 있으며, 삼방에서 겁

공·영양을 보고 있어 부처간에 사단이 안나는게 이상할 정도다.

⑲ 대한의 발생결과로 한 가지 살펴볼 것이 있다.
대한 발생이 있는 궁은 유궁으로 을사대한의 부관선이며, 이 궁선에 쌍화과 때문에 신축년에 결혼을 했던 사실을 상기하자. 그런데 이 결혼했던 궁선을 무신대한에 와서 무간 탐랑화록으로 발생시킨다는 것이다. 그리고 무신대한 무간 천기화기도 을사대한의 발생선에 해당한다는 것이다.

⑳ 을사대한에 을간 천기화록으로 이 인신궁의 부관선이 발동했기 때문에, 이 천기화록과 유년 거문화록이 합작해서 대한 부관선의 쌍화과를 인동시켜 결혼이 되었다. 그런데 을사대한에 결혼한 원인이 된 궁을 무신대한에 와서 천기화기로 파괴시키고 있다. 이것으로 보면 인연이 시작되고 인연이 끝나는 메커니즘이 분명히 있다는 것을 알 수 있다.

㉑ 무신대한 발생에서 자탐의 도화범주 조합을 발동시켰으니 문제의 발단은 감정 문제임을 분명히 알 수 있고, 여기에 홍란·천희가 있으니 혼인·희경의 문제(이혼)라는 것을 더욱 확실히 알 수 있다. 탐랑화록은 해궁의 록존과 더불어 술궁을 문제궁 위화 하는데, 이 술궁은 대한 재복선이자 선천의 명천선으로 나의 정신적인 문제이며 거문천동성계이니 감정문제다.
결과인 천기화기는 부처분리다.

㉒ 그리고 이혼하고 재혼한 시기가 대한의 발생궁인 유궁의 유년, 즉 계유년이었다는 것에 유의해보자.
유년이 좌한 궁은 대한 부질선에 선천 형노선이며(궁의 의미는 문서의 변화), 성은 자탐의 도화범주성계에 홍란·천희에 좌보화과가 있으니, 도화문서·혼인과 희경에 관한 도화문서의 의미가 있으니, 이혼이나 결혼 문제임을 쉽게 추론해 볼 수 있다.

㉓ 이혼이든 결혼이든 상관궁이 구비되어야 하는데, 대한차원에서 부관선·부질선을 동했으나 자전선은 동하고 있지 않았다. 그런데 계유년이 되면 대한의 발생선인 대한에 문서궁에 유년이 좌하고, 계간 유년 파군화록으로 대한 자전선을 발동시키며, 이 궁에 있는 대한 우필화과와 문서를 주하는 천상을 움직여, 전택에서의 문서 문제를 인동시켜 상관궁을 완성시키고 있으니 이 해에 이혼이 가능했던 것이다.

㉔ 계유년의 결과인 탐랑화기는 대한 발생선인 대한 부질선에 있으면서, 홍란·천희를 같이 결과화하므로 이혼 문제로 귀착 된 것이다.
대한의 외궁에 록은 남의 것이고 대한 내궁의 록은 나의 것인데, 유년이 대한 외궁에 좌하고 대한 화록이 좌하고 있으니, 홍란·천희를 대동한 혼인·희경의 문서는 내 것이 아닌 것이 되었던 것이다.

㉕ 또 하나 덤으로 살펴볼 것은 이차결과가 결혼했던 을사대한 정축년의 축궁이 되고 있다는 점도 유의해 보자.

재결합하는 문제는 실전자미두수에서 말한 궁간공명의 현상 때문에 그런 것이다. 자세한 설명은 생략하겠다.

◆ **명궁무대한법으로 분석**

① 명궁무대한입장이라면 16~25세 대운은 병오에 해당한다.

즉 병오대한 신축년 20세에 결혼을 한 셈이다. 병오대한은 일리중천의 태양이 좌한 궁이며, 대궁에서 천요·홍염을 보아 얼마든지 이성접촉이 있을 수 있는 대한이라 하겠다.

② 대한 사화를 분석 해보자.

병오대한의 병간 천동화록 발생이 대한 부처궁에서 발생해서, 부처와 거문천동의 감정 문제가 있을 수 있음을 알 수 있고, 이차발생도 신궁의 선천 부관선에 기월의 변동성이니, 역시 부처와의 정신적인 문제의 변화를 이야기 할 수 있다.

그리고 결과는 축궁 대한 부질선이자 선천의 자전선에서 염정 화기로 떨어진다.

③ 이 궁선에는 염정칠살에 창곡의 문서성이 있어 자전선·부질선에 해당되어, 이 자체로 얼마든지 결혼 문서를 잡을 수 있는 여지가 있으며, 이차결과도 대한 자전선에 자탐에 자미화권에 홍란·천희가 되므로 역시 결혼할 여지가 있다.

그런데 몇 가지 문제가 있다.

④ 결혼에 관한 상관궁이 동해 있어 결혼이 가능하다 하겠지만, 성을 살펴보면 이야기가 달라진다.

일단 천동화록 발생이 대한 부처궁에서 발생한 것까지는 좋으나, 이 궁에 음살과 과수가 있으며, 대궁에 거문은 화성·타라와 동궁하고 있어, 이 거동성계는 결혼까지 갈만한 감정이 생기지 않을 뿐 아니라, 생긴다 해도 감정 고충으로 나타난다.

이차발생도 대한 재복선에 선천 부관선의 기월을 발생시키니, 성으로는 고신에 겁공에 고독성인 천기에 형극의 천형성과 천마·절공의 종신분주의 분리성계가 발생이 되므로, 이것 또한 이성과 사랑이라 할 만한 감정이 생기지 않는다.

임상을 해보면 알겠지만 이런 대한에서는 대부분 결혼을 못하게 된다.

⑤ 일차발생·이차발생 모두 감정이 발생할 수 없는 구조에다가, 결과가 염정화기로 축궁에 떨어진다. 이미 발생에서 감정이 발생하지 않았는데 결과에서 전택의 문서에 문서성을 동하는 것은 결혼과는 상관이 없을 뿐만 아니라, 이차결과도 또한 외궁의 자탐화권에 화과에 홍란·천희이니, 외궁의 화권·화과는 나의 화권·화과가 아니라 남의 권과 과가 되기 때문에 이는 노기주[70])에 해당되며, 이성에 의해 배신을 당하거나 하기 십상인 결론으로 가기 쉽다.

---

70) 奴欺主 : 노복이 주인을 속임

⑥ 이런 상황에서 신축유년의 신간 거문화록은 대한의 발생선을 재차 움직이고, 결과도 또한 문창화기로 대한의 결과가 있는 축궁 염정칠살 창곡궁에 떨어지게 되니, 대한록기의 궤적을 유년이 충실히 밟고는 있다. 그러나 대한사화에서 분석했듯이 사랑이 발생해서 결혼하는 것으로 나타나는 것이 아니라, 이 해에는 있던 애인도 묘유궁의 자탐에 도화성계에 화권화과[71]가 결과가 되니, 뺏기거나 이용당하는 것으로 나타난다.
그러므로 필자는 명무대한의 관점이라면, 병오대한 신축년은 결혼이 불가능 할 것이라고 판단한다.

⑦ 그 다음 명무대한의 관점에서 52세 계유년의 이혼 문제를 살펴보자. 명무대한이라면 46~55세는 기유대한에 해당한다.
기유대한은 자미탐랑에 자미화권에 홍란이 있고, 대궁에 천희가 있어 혼인이나 이혼 문제가 있을 수 있는 대한이다.

⑧ 기간 무곡화록 발생은 사궁에 떨어지게 되는데, 이 사궁은 선천의 무곡화기에 파군이 동궁하고 있어, 대한 무곡화록이 이선천 무곡화기를 인동시키고 있으므로 문서상의 결절[72]이 발생이고 대궁에 천상이 록존과 동궁하고 있으면서 같이 동하니, 이렇게 화기가 있는 궁에 록존이 있거나 대궁에 록존이 있으면 이런 경우는 피치 못할 일이 발생되어 대부분 극단적인 결과로

---

[71] 외궁이라는 것에 유의하자.
[72] 무곡화기는 결렬되고 끊어지는 암시가 있다.

나타나게 된다.

⑨ 이 궁선이 육친궁이라면 해당 육친이 죽고, 문서라면 문서가 깨진다. 이때의 문서는 수습 가능한 문서가 아니라 끝나는 문서이며 곤원선생처럼 이혼했다가 삼주 후에 재결합하는 문서는 아닌 것이다. 그야말로 무파상의 '파조파가다노록'의 징험이 적나라하게 나타나게 된다.

⑩ 그리고 대한 기간 문곡화기 결과는 대한 부관선에 있으며, 이 궁선에 창곡의 화기가 있으니 역시 이혼할 수 있음은 틀림없는 사실이다.
계유년은 대한 명궁에 좌한 유년이고, 자탐이 홍란·천희를 대동하는 유년이라 얼마든지 이혼이나 혼인의 사안이 있을 수 있다.

⑪ 계간 파군화록은 다시 사해궁을 발동시켜 대한에서 암시되었던 문서상의 결절사가 발생이 되고, 결과는 탐랑화기로 대한 명천선에 형노선이니 탐랑화기의 박탈의 암시가 있게 된다. 이 궁에 홍란·천희가 있으니 이 해에 이혼한다는 것은 십분 긍정할 만한 부분이 있으나, 대한과 유년의 메커니즘상 재결합의 암시는 없다.
이런 구조면 그냥 깨지게 되는 것이지 다시 결합할 수 없다는 것이다.

⑫ 그래서 결혼과 이혼 부분의 분석에서도 명무대한의 관점으로는 정확한 사실과 부합하기 어려움을 알았다.

(2) 정사년 교통사고와 무오년 부사망

> * 정사년 36세 9월 3일 신시에 곤원이 교통사고로 사람을 죽임.[73] 이 해 9월 9일에 아버지가 설암으로 수술.
> * 무오년 37세 1월 12일 축시 아버지 사망.

◆ 명궁대한법으로 분석

① 정사년 36세는 정미대한(36~45세)에 해당한다.
   정미대한의 명궁은 천부로 삼방사정의 상황은 나쁘지 않아 길한 대한이다.

② 그러나 문제는 대한 내궁에 해당하는 사궁에 무파에 무곡화기에 파쇄가 선천 부질선상에서 록존을 대동하고 있다는 것이다. 이 궁선이 이 대한의 최대 취약점이 된다.
   그리고 이 성계는 만약 교통사고가 났다면 사망으로 가는 성계이기도 하다. 무곡화기의 결절과 파군·파쇄의 파괴·록존의 생명위험 등이 그러한 결과를 초래하게 된다.

③ 정간 태음화록 발생은 대한 부질선에 있는데, 이 궁선은 기월의 역마성계가 천마와 동궁하고 있고,[74] 천월·병의 질병성이

---

[73] 다른 저자의 책에 보면 이 해에 갑자기 차로 튀어나온 아이를 치어 죽여 대만 돈으로 십만원의 돈을 물었다 한다.

[74] 천기는 자동차를 의미하는데, 이 천기가 기월처럼 역마성계와 조합되고, 천마를 보면 더욱더 자동차의 암시가 강하다.

있으며 상문·백호를 대동하고 있다.
또한 파동을 의미하는 겁공과 순공·절공까지 다 인동하고 있다. 발생이 질액궁이면서 질병성을 움직이고, 여기에 상문백호의 사망성까지 있으니 출발이 심상치 않다.
이 궁선은 질액궁일 뿐만 아니라 대한의 부모궁이기도 하므로 부모의 사망을 예견해 볼 수도 있다.

④ 이차발생을 보면 진술궁·전택의 천이선에서 거문천동성계에 신궁선이 되고, 차성이차발생은 대한 천이궁인 축궁 염정칠살에 창곡성계가 된다.
이미 일·이차발생에서 질액궁·천이궁·신궁의 교통사고의 상관성이 다 동해 있음을 알 수 있다. 여기까지는 큰 문제를 삼지 않을 수 있으나 그 다음 거문화기가 문제다.

⑤ 유년 정간의 거문화기 결과도 선천 명천선에 있어 거화타의 종신액사의 격국이 형성되어 있는데, 여기에 몸궁이 있어 심상치 않다. 그러나 이것을 간과한다 해도 결정적인 것은, 이 거문화기에 의해 해궁 천상이 형기협인되어 사해궁 선천 부질선이 발동하는 것이다.

⑥ 이 사해궁은 이미 무파상 성계에 무곡화기에 록존까지 있어 파조파가다노록의 흉함한 구조가 되어 있는데, 이 성계가 움직이니 부질선 방면에 극단적인 일이 있게 되는 것이다.
차사고라면 사망사건으로 까지 번진다.[75]

⑦ 사람을 치여서 죽인 것은 이차발생시 인자궁인 대한 노복궁인 자궁때문에 그런 것이다. 천량화록이 있는 자궁은 대한의 노복궁으로 이 천량화록 대 태양성계는 별리 別離(헤어짐)의 암시가 있다.

⑧ 형노선은 사회대중을 상징하는 궁이기 때문에, 이 궁선이 문제궁위가 된 것은, 불특정한 어떤 대상이 원인이 되어 천이상에서 거화타의 종신액사에 무파상의 파조파가다노록의 흉상이 최종 결론이 되는 것이다.

⑨ 질액에서 발생이 되어 이차발생이 천이궁선의 거화타의 종신액사인데, 그렇게 이차발생이 되게 하는 인자궁이 대한노복궁이므로 노복과 관계된 천이에서의 종신 액사가 된다.
그리고 그 종신 액사는 무파상의 파조파가다노록의 폭패로 나타나게 된다.

⑩ 정사년 36세는 사궁으로 대한에 의해 인동된 사해궁선에 유년이 좌하고 있다.
유년이 부질선상에 있고,[76] 파군·파쇄의 파괴·무곡화기의 결절·질병을 의미하는 병부가 좌해 있으면서 인동되어 있다.

---

[75] 무곡화기는 금성의 화기이므로, 교통사고와 관계되는 경우가 많다.
[76] 대한부관선과 합해서 해석하면 사회생활에서의 질액 문제나 문서 문제·부모 문제를 의미한다.

⑪ 유년 정간의 사화는 대한과 같은데, 정간 유년 태음화록은 다시 대한 부질선에서 발동하니, 이 해에 발생하는 문제는 부모 아니면 질액문제가 발생한다. 여기에 상문·백호까지 발동하니 사망과 관계가 있으며, 이차발생은 유년의 형노선인 진술궁이 되어, 사회대중과의 천이문제에서 몸의 문제로 거영양의 종신 액사의 문제가 된다.

⑫ 이 진술궁은 대한 자전선이기도 하므로, 나의 집안과 관계된 문제로 거영양의 종신액사의 몸의 문제가 있을 수 있다.
이것은 이 해에 교통사고로 사람을 치어 죽이고, 아버지가 설암에 걸려서[77] 수술한 것을 암시한다.

⑬ 결과인 거문화기는 다시 유년 형노선에 좌하면서,[78] 다시 유년 천이궁 천상에 록존을 형기협인시켜, 유년 명천선이자 선천 부질선인 사해궁의 무파상의 파조파가다노록의 성계를 폭발시키게 된다.

⑭ 유년 거문화기 일차결과로 인해 노복의 천이에 거화타의 종신 액사가 발생되니 사람을 친 것이고, 이 거문화기에 의해 해궁의 록존과 동궁한 천상을 형기협인시키며, 이 록존은 결절과 단절을 의미하는 무곡화기를 보므로, 그 치인 사람은 결국 죽

---

[77] 입을 주하는 거문에 화타의 징험.
[78] 이 궁엔 이미 대한의 거문화기가 있다.

게 되었던 것이다.

⑮ 문제는 해궁의 천상이 우필·록존과 동궁하여 이 자체로는 매우 좋은 상황이나, 일단 이 궁이 깨지면 양타와 화령을 받고 있어 이 사살이 침범하여 아주 흉한 형기협인격이 형성된다. 사망하거나 암이 걸리거나 하는 극단적인 상황을 일으키게 한다는 것이다.

⑯ 이 해에 교통사고로 사람을 치여 죽이고 아버지가 설암에 걸려 수술하는 등의 불길한 일이 두 가지나 연거푸 일어났던 이유는, 유년에 좌한 무파성계의 파군때문에 그렇다.
파군은 파구창신의 성으로 흔히 겸·쌍·거듭·더블의 암시가 있어, 파군운에는 발생하는 일이 흉사든 길사든 한가지만 발생하지 않는다.

⑰ 무오년 37세 아버지 사망에 대해 살펴보자.
정미대한은 이미 성계의 구조로도 아버지는 돌아가시게 되었다. 왜냐면 이미 대한의 내궁에 선천의 부모궁이 들어와 있고, 이 부모궁은 무파상의 무곡화기에 록존으로 이미 파조파가다 노록의 흉험함 암시를 유감없이 드러내겠기 때문이다.

⑱ 그런데다가 정미대한의 사화마저 정간 태음화록 발생이 대한 부모궁에서 천형·천월의 질병성을 대동하고, 상문·백호의 상망성을 대동하고 있다. 결과인 거문화기가 전택궁으로, 거문화

기로 인해 형기협인된 천상으로 번져서, 결국 사해궁 선천 부질선의 무파상 성계를 인동시키고 있으므로, 유년에서 적절한 때만 되면 사망하게 되어 있다.

⑲ 무오년은 대한의 형노·선천의 재복선으로 양양의 별리성계가 구성되어 있는 해다. 무간 유년 탐랑화록 발생은 형노·재복선에서 발동하며,[79] 결과가 상문·백호가 있으면서 대한에 의해 발생된 대한 부모궁 신궁 천기화기가 되므로 아버지가 돌아가시게 되었다.

⑳ 사망의 상관궁인 형노·재복선과 상관성인 상문·백호가 다 동해 있으므로, 이 해에 아버지가 돌아가시는 것은 어렵지 않게 추론할 수 있다.

◆ **명궁무대한법으로 분석**

① 명무대한으로 36~45세는 무신대한에 해당한다. 대한에 좌한 기월에 천마·천월·천형은 교통사고가 날 수 있는 성계다.

② 대한사화를 살펴보면 무간 탐랑화록 발생은 묘유궁에서 발생하는데, 이 궁은 형노선에 부질선이므로 형노의 질액문제라고 할 수 있고, 결과인 천기화기는 대한 명천선에 있으므로 교통사고로 볼 수 있으며, 또 상문백호가 있으니 교통사고로 죽는

---

79) 사망의 상관궁은 형노·재복선이다. 실전자미두수를 참고하라!

다고도 할 수 있다.
그러나 록기의 궤적이 그렇다고 그것만으로 사람을 치여 죽인다는 것은 무리가 있다. 일단 다른 사람을 치여 죽이려면 대한의 형노선상에서 이미 그러한 상이 있어야 한다.

③ 명궁대한으로는 정미대한의 형노선이 이미 태양·천량에 영양으로 강렬한 별리성계가 형성되어 있어서, 형노에 해당하는 사람이 죽었지만 무신대한의 형노선의 천부 대 정살에 창곡성계로는 섣불리 형노가 죽는다고 말하기 어렵다.
그래서 이 대한의 록기가 노복의 질액 발생에 천기화기로 명천선으로 가더라도, 노복이 교통사고로 죽는다는 추론을 쉽게 할 수는 없다.

④ 36세 정사년은 무파상성계이나 이 사궁을 해석함에 있어 명궁대한에서처럼 그렇게 흉하게 해석할 수 없다. 그것은 이 성계가 대한 내궁이 아니고 대한 사화에 의해 인동도 되지 않았기 때문이다.
유년이 좌한 궁선이 대한 자전선에 해당되고 선천의 부질선이니 전택의 문서·전택의 부모의 문제에서의 무파상의 변화가 있기 쉬운 해다.

⑤ 정사년의 정간 태음화록은 대한의 천기화기를 인동시키는데, 이 궁선은 일차적으로 유년 자전선이고 선천 부관선이니 이 해에 발생하는 문제는 전택의 문서 또는 전택에서의 부처문제가

발생된다.

⑥ 그리고 결과인 거문화기는 유년 형노선이자 대한 재복선에 있는데, 이 궁선이 명천선이고 신궁선이며 거화타의 종신액사의 구조이므로, 충분히 노복을 차에 치어 죽이게 할 수 있는 암시도 있다고 할 수 있다. 그러나 이 궁선이 대한상에서 록기의 견인이 있는 것도 아닌 정태적인 상황이기 때문에, 이 궁선에 유년 거문화기가 가 있다고 치명적이게 볼 수는 없다.

⑦ 거문화기와 천기화기로 인해 대한 부모궁의 자탐의 화권이 이차결과가 되어서 부모나 노복과의 문제가 발생할 수 있다. 노복과의 문제란 자탐의 도화범주성계에 화권·화과의 문제이므로, 이성으로부터 배신이나 박탈의 문제지 노복을 치여 죽이는 문제가 아니다.
부모문제도 자미의 황제성이 외궁에서 화권·화과가 되어 있으므로 불리할 소지가 있으나, 암이 걸려서 수술한다는 암시는 찾을 수 없다. 암이 걸리려면 질병성과 함께 응축·응결·덩어리의 의미가 있는 록존이 움직여야 한다.

⑧ 명궁대한법의 정미대한을 보면 정간 태음화록이 천형·천월·병의 질병성을 발생시키고, 결과가 몸을 의미하는 신궁에 거문화기로 갔다가, 해궁의 천상을 형기협인시키면서 록존을 인동시키며, 이 궁선이 부모를 의미하는 부질선에 해당되므로, 부모가 암이 걸리는 부분은 어렵지 않게 추론할 수 있다.

그러나 명무대한법의 무신대한이라면 대한 발생에서 자미탐랑이 발생하였으나, 록존이 없고 질병성도 없다. 결과인 천기화기는 대한 명궁에 있어 역시 록존을 움직이거나 하지 않으므로, 아버지가 암이 걸려서 죽는다는 단서를 찾기 어렵다.

⑨ 이것으로 보아도 명궁무대한법으로는 교통사고로 사람을 죽이는 것과, 아버지가 암에 걸려 사망한 것의 메커니즘이 분명치 않아 실제 발현된 현상과 거리가 있음을 알 수 있다.

(3) 정묘년 장모사망과 관재

> ✽ 정묘년 46세 11월 11일 장모 사망.
> 이 해 7~9월까지 관재로 벌금 냄.

◆ **명궁대한법으로 분석**

① 명궁대한법으로 46세는 무신대한(46~55세)에 해당한다.
　무신대한은 부관선이니 직업적인 문제가 부처와 관련된 문제로 변동이 있기 쉬운 십년인데, 대한명궁에 천기태음이 좌하고, 천형·고신에 상문·백호·천월·병의 질병성이 있어, 태음이 주하는 여성육친에게 불리하다. 대한의 삼방에서 보는 고신·과수는 나이든 어른에게 불리한 성계이므로 더욱 그러하다.

② 또 태음이 좌하면서 삼방에서 경양을 보고 있으므로, 일월·양타 인리산재격에 해당하여 육친에게 불리한 암시가 있으며, 천기와 천량을 보고 경양을 보니, 조유형극만견고의 육친불리의 격국도 형성이 되어 있다.

③ 무간 탐랑화록발생이 대한 부모궁에서 발생했으니, 윗사람의 문제가 발생이며, 문제궁위는 수명을 관장하는 복덕궁 술궁의 거화타에 신궁으로 종신액사의 조합이 되고, 결과는 대한 명궁에 기월의 천기화기가 된다.
　부모가 발생이며 결과가 부처의 천이이므로, 부처의 부모에게 상문·백호·천형의 형극사가 있을 수 있다.

④ 정묘년은 대한의 발생궁선에 있으며 부질에 형노선이다.
형제궁은 어머니궁인데 부질선과 중첩되니, 부모는 부모인데 어머니에 해당하는 부모의 암시가 있다.
이 궁선은 대한의 외궁에 해당하고, 화과·화권 공히 외궁에서는 좋은 것이 아니며, 이 궁선이 부질선이니 부모를 잃거나 하는 일이 있을 수 있다. 게다가 대한에 의해 화록으로 인동되어 있으니 더욱 그렇다 할 수 있다.

⑤ 정묘유년의 정간 태음화록 발생이 유년의 형노선이자 선천의 부관선[80]에서 기월의 천기화기에 천형·상문·백호를 인동시킨다. 이것으로 장모가 돌아가시는 상황이 발생하며, 이 궁선이 관록궁선에 천형이 있으므로 관재도 있었던 것이다.

⑥ 정간 유년 거문화기 역시 유년 부질선에 가 있고, 이 거문화기와 천기화기는 대한 부모궁인 유궁을 이차결과화시켜, 부모궁의 권과 록을 인동시켜 최종 문제가 부모라는 것을 나타내고 있다.
즉 발생에서 부처의 어머니의 상망문제의 결론은 대한 부모궁이니, 이 해에 장모가 돌아가시게 된다. 관재는 관록성인 자미가 화권을 대동하면서 외궁에 있으니, 관록에 불리하여 관재에 벌금으로 마무리하는 일이 있게 되었던 것이다.

---

[80] 이 궁선의 중첩이 부처의 어머니를 의미함.

◆ 명궁무대한법으로 분석

① 명궁무대한법으로 보면 46~55세는 기유대한에 해당한다.
기유대한의 사화를 보면 기간 무곡화록이 사궁에 있어 선천의 무파에 무곡화기를 발동시키는데, 이 궁선이 부모를 의미하는 부질선이고 결절을 주하는 무곡화기와 록존을 보므로 이 인동으로 말미암아, 부모의 상망을 가늠할 수 있다.
결과인 문곡화기는 대한 부관선에 떨어져서 부처의 집안에 상망사라는 것을 알 수 있다.

② 이차결과는 대한 명궁인 유궁 자탐의 자미화권이 되는 형노선이다. 형노선은 어머니 궁선이므로 이로서 장모가 돌아가실 수 있는 록기의 메커니즘은 형성이 되어 있다.

③ 정묘년은 대한 천이궁이며 선천의 형노선이니 어머니에 관한 변동이 있기 쉬운 선이다.

④ 정간 태음화록 발생은 인신궁에서 발생하는데, 역시 대한 형노선·선천 부관선에서 발동이 되고,[81] 이차발생은 대한의 부질선인 진술궁이 되니 역시 부모의 천이에 몸의 문제이며, 결과는 거문화기로 역시 부모의 몸에 관한 문제가 된다.

⑤ 특수 이차결과는 해궁의 천상궁을 형기협인 시키므로, 대한에

---

[81] 장모를 의미한다.

서 인동이 되었던 사해궁의 무파상의 파조파가다노록의 폭패 성계를 인동시켜, 충분히 부모의 상망을 가늠해 볼 수 있는 여지가 있다.

⑥ 그러나 임상을 해보면 대한에서 이런 식으로 록기가 움직이면서 부모의 상망을 암시하고 있다면, 46세 정묘년이 아니라 48세 기사년이나 유년에서 다시 기간 무곡화록이 사궁의 부모궁을 인동시킬 때여야 한다. 그러면서 이차결과궁인 묘유궁선을 탐랑화기로 결과시킬 때 기유대한에서 암시되었던 상망사가 발생하게 되며, 이렇게 정묘유년 같을 상황이라면 상망이 일어나지 않는다.

⑦ 이것으로 보아도 명궁무대한법은 장모의 사망사가 명확하지 않아 역시 현실과 부합하지 않는다.

3. 자시를 어떻게 볼까?

　명리를 공부했던 사람이 자미두수에 입문하거나 할 때 꼭 질문하는 부분이 자시부분이다.
　'야자시와 조자시를 나눠 봐야 하지 않느냐!'는 것이다.
　필자는 기본적으로 명리에서도 야자시 개념을 채용하지 않고, 동경 135° 기준으로 밤 11시 30분만 넘으면 다음날 자시로 보는 방식을 채용하고 있으며, 자미에서도 마찬가지다.[82]

　그런데 자미고전인 『전서』나 『전집』에서는 오히려 이런 개념보다는, 야자시 조자시 개념을 채용한 듯한 구절이 있어 중주파나 혜심제주같은 여류명가들은 이 개념대로 명반작성시 야자시 조자시를 채용하고 있다.
　먼저 『전집』과 『전서』에 나온 자시의 관점을 보자.

---

[82] 동경 127° 기준으로는 밤 11시.

(1) 고전에 인용된 자시

① 『전집全集』

> 子有十刻 上五刻屬昨夜 下五刻屬今夜 子如今夜子 則下五刻

✪ 자시에는 십각이 있는데 앞의 오각은 전날 밤에 속하고 뒤의 오각은 오늘밤에 속한다. 자시가 만약 오늘 밤의 자시가 되려면 뒤의 오각이 되야 하는 것이다.

이두주 여기서의 자시에 관한 이론은 자미두수에서 조자시 야자시를 적용하는 두수가들에게 이론적인 근거가 되어주는 구절이다.

② 『전서全書』

> 如人生子亥二時 最難定準 要仔細推詳

✪ 예를 들어 어떤 사람이 해시나 자시에 태어났다면 정확하게 정하기 가장 어려우니 자세하게 살펴볼 필요가 있다.

> 如子時有十刻 上五刻屬昨夜亥時 下五刻屬 今日子時

✪ 예를 들어 자시에는 십각이 있는데, 상 5각은 전날 밤 해시에 속하고, 하 5각은 금일 자시에 속한다. (1330p)

(2) 혜심제주의 설

대만의 여류명가 혜심제주는 그의 책 자미두수입문[83])에서 아래와 같이 보고 있다.

전일자시	당일자시	축시	인시	묘시	진시	사시	오시	미시	신시	유시	술시	해시	당일자시	다음날자시
11~12	12~1	1~3	3~5	5~7	7~9	9~11	11~1	1~3	3~5	5~7	7~9	9~11	11~12	12~1

이 표를 보면 하루 12시간 중에서 오전 12~1시에 태어나거나, 밤 11시~12시에 태어난 사람은 당일자시로 봐야 한다는 것이다.
즉 예를 들어 1일 오전 0-1시에 태어난 사람이나 1일 오후 11~12시에 태어난 사람이나 모두 1일 자시로 봐야한다는 것이다.

(3) 중주파의 설

중주파에서도 두 가지 관점이 존재한다.
홍콩에서 1950년대 활동했던 중주파 육빈조陸斌兆선생이 쓴 『자미두수강의』[84])에서는, 분명히 밤 11시에서 다음날 1시를 다음

---

[83]) 『자미두수입문』 (자미두수신전의 개정판), 박익문고

[84]) 『자미두수강의紫微斗數講義』, 육빈조, 박익문고

날 자시로 보는 관점을 견지하고 있다.

 그러나 이 강의록을 보주補註한 중주파 왕정지선생은, 밤 11시에서 12시까지를 당일의 야자시, 12시에서 1시까지를 익일의 조자시로 보고 있으며, 같은 자시지만 하루의 차이가 난다고 하면서 왕정지선생은 스승으로부터 이 견해를 채용하고 있다고 말하고 있다. 왕정지선생의 이러한 관점은 『중주파자미두수강의中州派紫微斗數講義』에서도 다시 한번 강조하고 있다.

 그러나 대만의 저명한 두수학자 혜경慧耕은 『두수변증』[85] 에서 이러한 야자시·조자시를 나누는 관점에 대해 아래와 같이 통렬하게 논박하며 명례 분석을 통해서 나누는 것이 그릇됨을 증명하고 있다.

 "이런 식의 방법은 결과적으로 하루 24시간은 13개 시가 되지 12개의 시가 아니다. 그것은 자시를 반으로 나누어 조자시와 야자시로 각기 한 시간씩을 배당하기 때문에 서로 다른 시간이 되니, 어찌 13개 시가 되지 않겠는가! (중략) 우리가 알듯이 지지는 자축인묘진사오미신유술해로 12개의 시를 대표하며, 하루가 시작하는 첫 시간이 자시로 자시의 범위는 23시에서 다음날 1시까지다.
 그래서 그 전날 11시부터 하루가 시작이 되는 것이다. 대개 금일 11시에서 12시 사이에 출생한 사람은 당연히 다음 날 자시로 보는 것이 합리적이

---

[85] 『두수변증斗數辨證』, 용음문화 刊

다.

　자시는 자시로 하나의 완전한 시간단위다. 이것은 마치 한 사람이 샴쌍둥이가 아닌 바에야 수술로 반으로 나눌 필요가 없듯이 조자시와 야자시로 나눌 필요가 없는 것이다. 그렇지 않으면 하루사이에 조자시와 야자시가 있게 되어 두 가지의 황당한 문제가 생긴다.

　하나는 하루가 13개 시간이 있게 된다는 것이고, 하나는 같은 하루에 조자시와 야자시가 연관이 없게 된다는 것이다. 조자시와 야자시를 나누는 것은 시간의 연속성을 위반하는 것이다. (중략) 가령 두 사람이 있다할 때 똑같이 1981년 3월 4일에 출생했는데 한 사람은 0시 30분생이고(4일 조자시) 한 사람은 당일 밤 11시 반생(4일 야자시)이라면 모두 3월 4일 자시생이 되어 명반이 같게 된다.

　이는 조자시와 야자시 사이에 축시부터 해시까지 11개 시간만큼 떨어져 있는데도 쌍둥이형제처럼 똑같은 명운을 부여해야 한다는 것이 실은 황당한 것이다."

　혜경은 이렇게 이야기하면서 실례를 통해서 자시를 구분함이 그릇됨을 설파한다. 혜경의 해석 뒤에 이두의 해석을 덧붙인다.

　이 사람은 2월 28일 밤 11시 39분에 태어나 자시다. 단 28일 자시로 봐야할까? 아니면 29일 자시로 봐야할까?

　우리는 두 가지 명반을 비교해서 어느 쪽이 그 사람의 명운의 궤적에 부합하는지 살펴보겠다. 증명할 사실이 많을 필요가 없다. 가장 중요한 한 가지 큰 일, 즉 이 사람이 감옥에 갔던 것이다. 이는 사람마다 모두 당하는게 아니므로 큰 일이라고 할 수 있다.

1982년 수표를 막지 못해 감옥에 갔다.

실례1	남명 1951년 2월 28일 자시		
輩天天破孤天左貪廉 廉月福碎辰馬輔狼貞 截　　△△陷陷 空	天天天台天八天天巨 廚壽才輔貴座喜鉞門 　　　　　　　　○ 　　　　　　　　祿	旬年鳳龍天 空解閣池相 　　　　X	解天大三天陀天天 神傷耗台巫羅梁同 　　　　　陷陷○
將歲喪　　癸 軍驛門【福德】病巳	小息貫 93~　　甲 耗神索【田宅】衰午	青華官 83~92　乙 龍蓋符【官祿】旺未	力劫小 73~82　丙 士煞耗【奴僕】冠申
天文太 空曲陰 ◎X 科	성명 : ○○○, 陰男 陽曆　1951年 4月 4日 0:59 陰曆　辛卯年 2月 28日 子時 命局 : 木三局, 松栢木 命主 : 文曲, 身主 : 天同		紅天天祿火右七武 艶官虛存星弼殺曲 ○陷陷X○
奏攀晦　　壬 書鞍氣【父母】死辰			博災歲 63~72　丁 士煞破【遷移】帶酉
天天 哭府 △			天天鈴擎文太 使刑星羊昌陽 　　◎◎陷陷 　　　　　忌權
飛將太 3~12　辛 廉星歲【身 命】墓卯			官天龍 53~62　戊 府煞德【疾厄】浴戌
封天天 詰姚魁	寡破紫 宿軍微 　　◎◎	恩陰紅天 光煞鸞機 　　　◎	地地 劫空 ○陷
喜亡病 13~22　庚 神神符【兄弟】絶寅	病月弔 23~32　辛 符煞客【夫妻】胎丑	大咸天 33~42　庚 耗池德【子女】養子	伏指白 43~52　己 兵背虎【財帛】生亥

◆ **혜경해석**

① 두 장의 명반(29일로 본 명반은 249쪽에 있다)은 생일이 하루 차이 외에 나머지 년월시가 완전히 같다. 단 십사정성과 은광·천귀·삼태·팔좌 등의 4성이 있는 궁이 다르다.

그래서 해석함에 있어 어느 쪽이 정확한지 판단할 수 있다. 주성을 주요근거로 삼고 그 나머지 성의 위치는 같기 때문에 해석상 단지 부차적인 것으로 본다.

② 임술년은 32세로 신축대한의 최후의 일년이다.
본명도 신묘년생이기 때문에 문창쌍화기가 술궁에 있게 되는데, 동궁한 성에 기본적으로 경양·천형과 영성 등의 흉성이 있으며, 임술년의 명궁은 지망地網에 들어가고 유타流陀가 술궁에 들어가 흉신·악살이 잡다하게 한 곳에 있어 이미 화가 생길 기세다.

③ 단지 유년사화의 영향을 보면 이런 살성들이 격발할지를 알 수 있는데, 이것은 주성의 배치와 관계된 것으로 둘다 공통적인 현상이다.[86]

④ 개별차이란 28일 자시의 명반은 술궁의 삼방사정의 성이 태양·태음과 거문 등의 주성이고, 그 중 거문쌍화록·태양쌍화권이 되며, 임술년에도 여전히 이와 같아서 길화도 없고 흉화도 없이 평온한 상이라 큰 화가 닥친다고 할 수 없다.

⑤ 더욱 그 재백궁과 복덕궁이 모두 깨지지 않았으므로 돈회전이

---

[86] 29일 자시 명반도 술궁에 천형·영성·문창화기·경양이 있고, 유타가 술궁에 들어가, 이것으로만 보면 28일 야자시 명반의 술궁의 상황과 같다는 말이다.

잘 안된다고 말할 수 있지만, 수표가 부도가 나서 감옥에 간다고 말할 수 없다.

⑥ 만약 신축운의 재백궁은 무곡이 좌하고 있는데, 임술년의 화기로 인해 재무곤란과 관련이 있을 수 있다는 것도 도리가 없는 것은 아니나, 본명과 유년의 재백궁을 더해서 고찰해보면 재적인 곤란의 정형이 현저하지는 않다.
그래서 임술년에 대운재백궁의 화기의 영향만으로 감옥에 간다는 증거가 될 수 없다.

◆ 이두해석
① 대한이 자파상대한으로 비교적 깨끗하다.
　대한 재백궁의 무곡칠살에 화성은 무곡칠살화성봉武曲七殺火星逢 인재피겁因財被劫의 악격이 형성되었지만, 화기의 인동이 없으므로 이것으로 감옥에 간다고 말할 수 없다.

② 다만 록존이 있는 궁에 화성이 있고, 양타가 협하므로 양타협살의 흉격이 형성되어 있어 돈을 날리는 일은 있을 수 있는 구조이지, 이 조합으로 감옥에 간다고 할 수는 없다.

③ 대한 명궁 자파의 공공성은 대궁 천상이 재음협인을 보고 있어, 공공성에 의해 견제당하고 구속당한다고 보기보다는, 오히려 공공성에 의한 길한 변화가 있다고 보는 것이 맞다.

자파입장에서 보필을 쌍비호접으로 보고 록마도 또한 쌍비호접으로 보아 매우 길한 대운이라 할 수 있다.

④ 대한의 사화를 보면 신축의 신간 거문화록이 오궁에 있어 선천의 거문화록을 재차 발생시키면서 원래 재음협인된 천상을 다시 발동시켜 자파상 성계의 위신불충위자불효의 암시가 길한 사업상의 길한 변동과 혁신[87]으로 나타나 하등의 관재를 논할 상황이 못 된다.

⑤ 물론 자미도 관록의 성이고 관부도 관재를 주하는 잡성이기는 하지만, 이렇게 정성의 성계가 강왕한 상황에서는 관록적인 길함을 법적으로 보호받는 의미가 있다.

⑥ 대한 문창화기는 술궁에 있는데, 이 궁은 대한 자전선이면서 선천의 문창화기가 천형·경양·영성·태양화권과 동궁하고 있어 문창화기는 문창화기대로 발현된다.

⑦ 이 술궁이 자전선에 부질선이고, 일월이 계약의 의미가 있는데 창곡·주서도 계약의 의미가 있으니, 이는 이 해에 사무실을 변동하기 십상인 것으로 나타나며, 문창화기는 그 와중에서 계약의 번복이 있을 수 있는 것으로 나타난다.

---

[87] 자전선과 부관선은 사업·형노와 명천은 변동.

⑧ 임술년의 임간 천량화록은 대한 부질선에 형노선을 움직여서 문서적인 변동이 발생하고, 이차발생이 오궁의 거문쌍화록과 더불어 관록의 천이궁인 미궁의 천상을 이차발생시켜 재음협 인된 천상을 유년에서 재차 인동시키므로, 관록의 천이상에서 천상 문서의 길한 갱신이 이차 발생이다.

⑨ 이렇게 이미 사업상 관록상 문서적인 길상함이 발생이 된 상태에서 무곡화기 결과는 대한 재백궁에 떨어진다.
대만학자들은 이렇게 유년무곡화기라도 록존과 같이 있으면, 양타협기의 흉상으로 아주 흉하게 본다. 반면 필자는 이 유궁에 대한의 화기의 인동이 있거나, 선천화기가 있어 대한에 의해 인동이 되어 있는 상태라면, 이 무곡화기는 그야말로 위에서 말한 인재피겁의 상황으로 추론하고, 유년화기만 있다면 그 부분은 크게 의미부여를 하지 않는다.

⑩ 단지 유년 무곡화기만으로는 이 궁이 대한재백궁이고 천이궁이니 발생에서 암시한 상황[88]으로 보지, 이 무곡화기 자체를 엄청나게 흉하게 해석하지 않는다.

⑪ 사무실을 옮긴다고 한 것은, 유년이 자전선에 부질선에 일월·창곡·주서의 계약과 관련된 성계로 구성이 되어 있기 때문이다.

---

[88] 즉 관록의 천이상에서 문서상의 길한 갱신을 하기 위한 무곡화기의 돈을 움직임.

문창화기는 선천의 화기인데다, 여기에 대한의 문창화기가 다시 붙게 되므로, 이 대한의 문창화기는 겉으로는 가기假忌지만 선천화기를 인동시키므로, 외궁이라도 문창화기가 의미하는 흉상이 있다.

그래서 사무실을 옮기는 과정에서 계약의 번복이나 착오가 있을 수 있다는 것이다. 그러므로 록기법으로 해석해도 이 임술년은 감옥에 갈만한 상황이 전혀 아님을 알 수 있다.

실례2	남명 1951년 2월 29일 자시		
輩天天破孤八天左天 廉月福碎辰座馬輔同 截 △△◎ 空	天天天台天天天武 廚壽才輔喜鉞府曲 ○○	旬年鳳龍天太太 空解閣池貴陰陽 △△ 權	解天大天陀貪 神傷巫耗羅狼 陷△
將歲喪 癸 軍驛門【福德】病巳	小息貫 93~ 甲 耗神索【田宅】衰午	青華官 83~92 乙 龍蓋符【官祿】旺未	力劫小 73~82 丙 士煞耗【奴僕】冠申
天文破 空曲軍 ◎○ 科 奏攀晦 壬 書鞍氣【父母】死辰 天哭 飛將太 3~12 辛 廉星歲【身 命】墓卯	성명 : ○○○, 陰男 陽曆 1951年 4月 5日 0:59 陰曆 辛卯年 2月 29日 子時 命局 : 木三局, 松栢木 命主 : 文曲, 身主 : 天同		紅天天三祿火右巨天 艷官虛台存星弼門機 ○陷陷○○ 祿 博災歲 63~72 丁 士煞破【遷移】帶酉 天天鈴擎文天紫 使刑星羊昌相微 ◎◎陷×× 忌 官天龍 53~62 戊 府煞德【疾厄】浴戌
封天天廉 詰姚魁貞 ◎	寡恩 宿光	陰紅七 煞鸞殺 ○	地地天 劫空梁 ○陷陷
喜亡病 13~22 庚 神神符【兄弟】絶寅	病月弔 23~32 辛 符煞客【夫妻】胎丑	大咸天 33~42 庚 耗池德【子女】養子	伏指白 43~52 己 兵背虎【財帛】生亥

◆ 혜경해석

① 29일 자시의 명반을 보면 술궁의 삼방사정에 자미·천상·천부·무곡과 염정 등의 성이 있으며, 술궁에 문창쌍화기가 동하려고 하면서 뒤집을 기세다.

② 임술년의 무곡화기는 술궁의 살기성과 만나 제성과 연맹하면서 포악해지는데 아래 세 가지 이유에서 그렇다.

- ❶ 임술년의 유타流陀가 술궁에 들어가, 임술년의 명궁과 재백궁의 성과 섞이면서 영창타무鈴昌陀武의 흉격이 이뤄진다. 재백궁의 무곡화기가 앞장서서 핍박함은 말할 나위가 없다.
- ❷ 이 해의 명궁과 사업궁에 천상·경양과 염정의 삼성이 회합하는데, 천상은 인印을 주하고 경양은 형刑을 주하며 염정은 수囚를 주하여, 인·형·수가 동궁하거나 삼방에서 공조하면 형수협인刑囚夾印이라고 해서, 소송·투옥·벌금 등이 있게 된다.
- ❸ 축궁에는 본 생년과 대한의 문창쌍화기가 있는데다, 여기에 임술년의 화기가 오궁에서 충조하므로, 삼기가 모두 술궁의 지망의 그물에 걸려 하나도 빠져나가지 못한 것이 불에 기름을 끼얹는 것 같아서 흉이 작렬하게 된다.

③ 이 삼종의 조합은 흉하지 않은 것이 하나도 없으니, 족히 임술년에 수표법 위반으로 감옥에 간 것을 설명 할 수 있다. 그러므로 29일 자시의 명반이 비교적 사실과 부합한다 하겠다.

이론과 실제로 증명했듯이 자시는 조자시·야자시로 구분하지 않아야 한다. 0시 전은 금일, 0시후는 다음날에 속한다는 것은 이치상 근거가 없으니 마땅히 버려야 할 것이다.

◆ **이두해석**

① 29일 자시 명반의 신축대한은 정성이 없지만 대한의 삼방사정은 감히 길한 구조라고 단언할 수 있다. 이 역시 대한의 삼방사정의 구조만으로는 감옥에 갈 수 없다.

② 28일 야자시처럼 대한 재백궁도 양타협살羊陀夾煞의 흉격이 이뤄져서, 이 대한 중에 돈을 날릴 수 있는 여지는 있을 수 있으나, 쌍록이 좌하고 있는 길상함이 더욱 크다.

③ 28일 자시 명반처럼 대한 명궁으로 록마가 들어오고, 태양화권이 들어와 록과 권의 기세가 만만치 않아, 관재와 연결될 것 같지 않다.

④ 그러나 사화의 인동을 보면 생각이 달라진다. 역시 29일 자시 명반의 신축대한 신간 거문화록 발생은 대한 재백궁 유궁에 떨어진다. 28일 야자시에서 신축대한 발생이 거문화록으로 자전선에 붙는 것과 다르다.

29일의 명반은 이 거문화록이 선천의 거문화록을 인동시켜, 재의 천이적인 측면에 길상함이 여실하지만, 이 거문화록으로 인해 술궁의 천상이 재음협인되는 것 또한 살펴야 할 부분이다.

⑤ 천상은 『자미두수입문』에서도 언급했지만 항상 거문과 천량의 협을 받고 있으며, 거문궁의 향배에 따라 재음협인도 되고

형기협인도 되어 천상궁이 극과 극으로 반응한다.

⑥ 그런데 이렇게 거문화록에 의해 술궁의 천상이 재음협인되어 인동되는 것까지는 좋았는데, 이 궁에 선천의 문창화기가 자미의 관록의 성과 문서를 주하는 천상과 함께 경양·천형·영성·관부와 동궁하고 있어 인동되고 있는 것이 문제다.

⑦ 28일 야자시와 비교해보면, 28일은 신축대한의 신간 거문화록이 자오궁에서 발생해서 관록의 천이궁인 천상을 재음협인해서 길하게 발생된다.
반면 29일 자시는 똑같이 거문화록으로 길상함으로 출발했지만, 특수이차발생되는 천상이 문창화기와 동궁하므로 문창화기로 인한 문서문제로 인한 흉상을 이미 잉태하고 있는 것이다. 이 궁에 있는 천형·경양·관부는 당연히 관재를 강하게 암시하고 있음은 말할 필요가 없다.

⑧ 29일 명반의 대한 신간 문창화기는 다시 술궁에 들어가 있게 되어, 이 술궁의 선천 문창화기 할아버지는 아버지인 대한에 의해 수염을 뽑히고 있고, 손주인 유년의 문창화기에 의해 재차 수염을 뽑히고 있는 형국이 되었기 때문에, 집안이 뒤집어지는 것과 같아 감옥을 가는 극단적인 상황이 일어난다 해도 놀랄 일이 아니다.

⑨ 관재가 심해지면 감옥을 가게 되는 경우가 생기는데, 감옥에

간다는 것은 몸이 유폐되는 것이다. 그러므로 관재의 상관궁과 상관성[89]이 동하면서, 신궁이 인동되면 반드시 감옥을 가게 된다.

⑩ 자전선은 자기의 거주처, 천이궁은 이동, 신궁은 몸, 화기와 살성은 장애를 의미하므로, 거주지의 이동에 몸이 장애가 생기게 되어 감옥에 가는 일이 생기게 된다.

⑪ 위의 29일 자시는 발생에서 이미 묘유궁의 명·신궁을 동해 이미 신궁身宮이 움직이고 있으면서, 특수이차발생으로 자전에 질액궁의 자파상 문창화기와 살성으로 인해 자파상의 위신불충위자불효爲臣不忠爲子不孝의 반역불충의 악격이 형성되어 법망에 의해 포박을 받을 수 밖에 없다.

⑫ 임술유년의 사화를 보면 어김없이 이 상황이 인동됨을 알 수 있는데, 임간 천량화록은 대한의 부관선 선천 재복선에 동량·천마의 변동성계를 발동시켜 관록상의 재적인 변동이 일차발생이다. 이 일차발생으로 무슨 관재를 추론하거나 할 수는 없다.

그러나 이 천량화록이 일차발생되므로 인해, 유궁의 선천과 대한의 거문화록과 더불어 대한에 의해 특수이차발생·대한 결과

---

[89] 『실전자미두수』의 상관궁과 상관성을 참조하면 된다. 감옥을 가는 메커니즘도 설명되어 있다.

로 인해, 이미 인동된 술궁을 재차 발동시켜 술궁의 흉격과 흉상이 유감없이 이 해에 폭발하게 된다.

⑬ 결과인 무곡화기는 자오궁의 자전선에 떨어지는데, 이 자전선은 유년이 좌한 대한 자전선의 문창쌍화기와 호응하여 자전선의 궁적 의미를 붕괴시킬 뿐만 아니라,[90] 술궁에 형성된 악격에 불을 붙이는 격이 되어 재적인 관재로 인해 감옥을 가게 되었던 것이다.

이미 술궁의 상황은 대한에 의해 감옥을 갈 수 있는 필요충분조건이 형성되어 있는데, 임술 유년에 와서 이차발생으로 재차 술궁을 인동시키므로, 대한의 암시가 이 해에 폭발했던 것이다.

⑭ 자시를 나누는 부분은 혜경이 말한 것처럼 시간의 연속성에 부합되지 않고, 이렇게 명례분석을 통해서 실증되었듯이 현상과 매치되지 않는다.

그러므로 자시는 11시 30분(135°기준시)만 넘으면 무조건 다음날 자시로 보는 것이 합당하다.

---

[90] 거주지의 장애로 나타난다.

4. 경도와 균시차 보정

사주나 자미두수는 시간의 학문이다.
태어난 시간에 의해 운명이 결정된다고 하는 관점에서 출발하는 것이기 때문에, 시간에 대해 민감할 수밖에 없다.
그래서 『자미두수입문』이나 『왕초보자미두수』에서 시간에 주의해야 한다고 장황하게 이야기했다. 윤달·썸머타임·표준시 등등…. 특히 자미두수는 시를 알지 못하면 명반자체를 작성할 수 없기 때문에 더욱 시에 민감해야 한다.

그런데 시를 결정하는데 있어 위의 몇 가지, 즉 윤달·서머타임·표준시 등등 외에도 고려해야 할 사항이 하나가 더 있다. 그것은 균시차의 문제다. 이 균시차는 치열하게 연구하는 연구자들 외에는 좀 무심한 게 사실이다.
위의 책에서 이야기한 것이지만, 사주학에서 쓰는 자시·축시 등의 시간 개념은 자연시각을 기준한 것이다.
옛사람이 시간을 측정하기 위해 만든 해시계를 보면, 태양이 움직이며 만들어진 그림자를 이용하여 시간을 측정하였는데, 옛 사주학자나 자미두수학자들도 모두 이런 방식으로 시간을 측정했을 것이고, 그래야 인체생리와 맞는 시간을 얻을 수 있는 것이다.

(1) 균시차의 정의

균시차의 사전적인 정의는 이렇다.

"균시차는 해시계로 읽은 시간(시태양시視太陽時)과 기계적 시계로 읽은 시간(평균태양시)의 차이다. 시태양시는 최대 16분 33초 평균태양시보다 빠르며(11월 3일 경)·최대 14분 6초 느리다(2월 12일 경). 이 차이는 지축의 경사와 지구 공전궤도의 이심률 때문에, 천구의 적도에 투영한 태양의 일 운동이 일정하지 않아 생긴다. (위키 백과)

또 다음검색의 브리태니커 백과사전에 관련 검색을 하면 아래와 같은 내용이 나온다.

"시태양시視太陽時는 태양을 직접 관측하거나 해시계를 사용하여 측정한다. 대부분의 시계들이 따르고 있는 평균태양시는 1년 동안 계절에 관계없이 운동속도가 일정하고 동일한 겉보기속도로 움직이는 태양을 가정하여 측정된다.

평균태양시와 시태양시 사이의 차이를 균시차라고 한다. 이것을 보통 '보정(correction)'이라고 하며 16분 이상은 차이가 나지 않는데, 한 종류의 태양시로부터 다른 태양시를 결정하기 위해 더하거나 뺀다.

실제의 태양과 평균태양시를 측정하는 가상의 '평균태양' 사이에는 16분의 차이가 나게 되는데, 그 이유는 진태양眞太陽의 움직임이 천구상에서 배경이 되는 별에 대해 빨라지거나 늦어지기 때문이다.

여기에는 2가지 이유가 있다.

첫째 이유로 지구의 공전궤도의 모양은 정확한 원이 아니기 때문에, 지구가 공전궤도를 따라 움직일 때 계절에 따라 약간씩 다른 속도로 움직인다.

둘째 이유로 지구의 공전궤도면이 지구의 적도면에 대하여 약간 기울어져 있기 때문에 1년 동안 태양의 위치가 매일 서쪽으로 약간씩 이동하고, 이 때문에 태양시를 측정하는 데 사용되는 태양의 적경변화율이 변한다. (다음 사전)

여기서 시태양시視太陽時니 평균태양시니 하는 용어를 다시 말하면 이렇다.

진태양시[91]에서 하루는 태양이 남중해서 그 다음날 남중까지의 시간을 말한다.

한 지점의 정오는 수직으로 꽂아놓은 막대의 그림자가 가장 작아질 때이다. 그러나 시계의 정오와 막대 그림자의 정오가 일치하는 날은 1년 중 4일에 불과하다.

즉 지구가 타원괘도를 그리면서 공전하기 때문에 그림자의 길이가 날마다 다르고, 공전속도도 일정한 속도가 아니라 태양 근일점에서 가장 빠르며, 태양 원일점에서 가장 느려지는 등 일정하지 않다. 실제로 하루의 길이는 정확히 24시간이 아니다.

이렇게 들쑥날쑥한 태양일을 24시간으로 평균적으로 통일한 것이 바로 평균태양시며, 현재 우리가 쓰고 있는 하루나 달력은 모

---

91) 위의 사전에서는 시태양시視太陽時라고 했다.

두 이 평균태양시를 기준으로 한다.

그러나 사주학에서 적용해야 하는 시간은 시태양시視太陽時, 즉 진태양시다. 실제 태양의 움직임을 기준으로 한 시를 적용해야 하는게 사주나 자미두수라는 것이다.

만약 우리가 해시계를 사용하던 시대에서 사주를 공부한다면 균시차 문제를 고려하지 않아도 된다. 해시계는 진태양시를 측정하는 시계이기 때문에 해시계가 알려주는 시간대로 사주에 적용하면 된다.

그러나 오늘날 쓰고 있는 시간, 즉 시계가 알려주는 시간은 이 진태양시가 아니라 위에서 말한 평균태양시이다. 그러므로 사주나 자미두수에서 적용하는, 즉 인체생리에 맞는 시간조건에 부합하려면, 평균태양시가 진태양시와 얼마나 차이가 있는가를 계산해서 그 차이만큼 빼거나 더한 시간을 적용해야 하는 것이다. 이렇게 하는 것이 위 백과사전에서 말한 '보정補正(correction)'인 것이다.

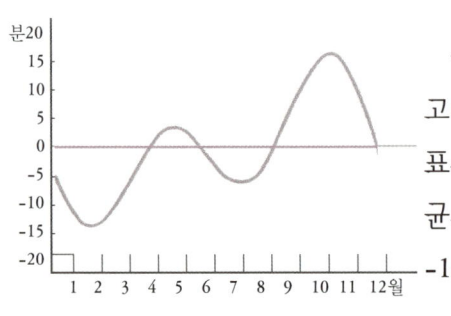

균시차는 9~12월은 해가 빠르고(+ 표시), 1~3월은 해가 느린(- 표시)관계로, 이 두 기간의 최대 균시차는 각각 +16분 33초 및 -14분 6초에 이른다.

이 균시차를 이해하기 쉬운 사진이 어느 블로그에 올려져 있어서 인용해 본다.

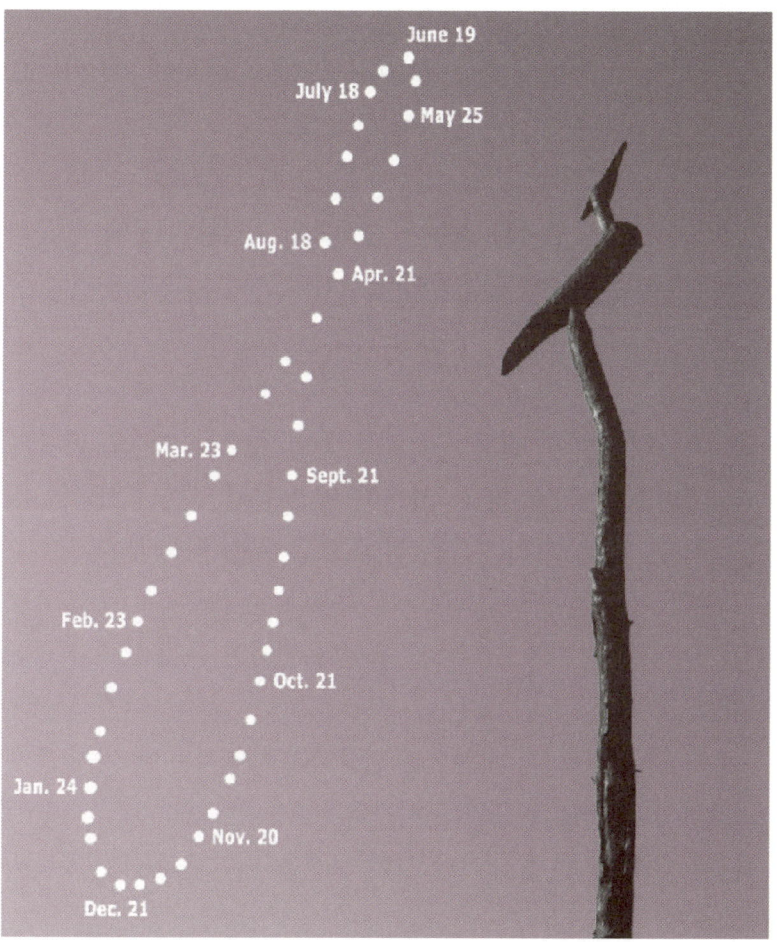

사진출처 : http://blog. naver. com/fallen_life/20042306477)

이 사진은 2006년 8월 18일부터 2007년 8월 11일까지 일년 동안 매일 오후 1시에 같은 자리에서 태양의 위치를 촬영한 것이라고 하는데, 똑같은 1시에 찍은 태양이지만 태양의 높이가 다르다.
　높이가 다르다는 것은, 평균태양시의 1시라는 시간이 실제 진태양시와 얼마간의 차이를 보인다는 것이다.
　그림속의 하얀 점이 태양이며 이 태양은 일년동안 8자형의 모습으로, 높낮이에 변화가 있음을 알 수 있다.

　태양의 지축의 경사와 지구 공전궤도의 이심률 때문에, 천구의 적도에 투영한 태양의 일운동이 일정하지 않아 위의 사진처럼 같은 1시라도 태양의 위치가 차이가 나는 것이다.

　좀 복잡해지는 것 같으니까 예를 들어 설명해 보기로 한다.
　2007년 10월 29일 새벽 5시 40분에 서울서 태어난 사람이 있다고 하자. 당연히 이 시간은 현재 쓰고 있는 평균태양시다.
　그런데 이 시간을 보험회사 서류작성에 쓴다면 아무 문제가 없지만, 이 시간을 가지고 사주를 뽑아야 한다면 문제가 좀 복잡해진다.
　이 시간을 사주학적 시간으로 환산하기 위해서는 두 가지 문제를 고려해야 한다. 경도와 균시차다.
　이 두 가지를 현재 태어난 시에 보정을 해야 정확한 사주학적 시간을 알 수 있다.

(2) 경도보정 經度補正

현재의 시간은 영국의 그리니치 천문대 표준시[92]를 사용하는데, 영국의 그리니치 천문대를 경도 0으로 두고 동서로 15° 마다 1시간 씩 차이를 두고 있으며, 현재 우리나라는 동경 135°를 기선으로 잡은 시간을 쓴다.

표준시라는 개념은 인간이 편의상 일정 구역 내의 시간을 통일하여 혼란을 방지하기 위해 사용하는 것이지, 해당 지역의 자오선과 정확히 일치하여 정해지는 것이 아니다. 우리나라는 동경 135°를 기선으로 잡은 시간을 쓰고 있지만, 실제로 우리나라의 경도의 위치는 동경124°11' ~ 동경131°52' 사이에 위치하고 있다.[93]

이렇게 우리나라의 위치가 현재 쓰고 있는 135° 동경기선과는 차이가 나기 때문에, 진태양시와 평균태양시와의 시차를 따지기 전에, 먼저 해당지역의 정확한 경도와 135°와의 차이만큼 시간을 조정(보정)해야 정확한 평균태양시를 구할 수 있다.

이렇게 경도보정을 해서 평균태양시를 구한 다음, 진태양시와 평균태양시의 차이인 균시차를 평균태양시에 보정해서 정확한 사주학적 시간을 찾아야 하는 것이다.

여기에 만약 썸머타임이라도 실시된 시기라면 썸머타임까지도

---

[92] GMT; Greenwich Mean Time

[93] 우리나라의 극동極東은 동경 131° 52'(경상북도 울릉군 독도 동단), 극서極西는 동경 124° 11'(평안북도 용천군 마안면 서단)가 된다.

고려해서 시간을 보정해야하기 때문에 보통 복잡한 거시 아니다.
먼저 우리나라 표준시의 기준점인 동경 135°에 대해 이야기해 보자.

표준시는 경도 15°마다 1시간씩 차이가 나므로,[94] 동경 135°는 그리니치보다 9시간 빠르게 된다.[95] 그런데 한국표준시의 기준선인 동경 135°는 한국의 영토가 아닌 일본의 영토를 지난다. 흔히 동경이라고 하니까 일본의 수도인 동경東京(도쿄)을 기준으로 한 것으로 알기 쉬운데, 실상 동경이라는 말은 동경東經·서경西經의 경선을 지칭하는 말이다.

동경 135°선은 예전에 지진이 났던 일본의 효고현 고베 서쪽 아카시라는 소도시를 지나는 선이다. 일본 도쿄는 동경 139.75도선에 위치해 있다.

일본도 이 동경 135°를 기준하고 한국도 이 135°를 기준해서 쓰므로, 지금 서울서 시계가 오전 12시를 가리키고 있다면 일본사람의 시계도 오전 12시를 가리키고 있게 된다.

그러나 같은 12시지만 일본에서의 12시와 한국에서의 12시는 대략 30분(4분 ×7.5도=30분)의 시간차이가 있게 되는 것이다.

---

[94] 24시간은 1440분(60분×24)이니, 그것을 360°로 나누면 1°당 4분의 시차가 있는 것이다. 따라서 경도 15° 마다 1시간씩의 시차가 있게 된다.

[95] 런던이 새벽 3시라면 서울은 낮 12시이다.

이 차이 때문에 평균태양시로 현재 12시라고 하면 일본도 역시 12시가 되지만, 경도상 한국의 정중앙(127.5° 위치)에서 살고 있다면 정확한 평균태양시는 12시에서 30분을 뺀 11시 30분이 되는 것이다.96)

그러나 이것은 우리나라 정 중앙에 위치한 도시를 기준으로 한 이야기로, 각 지역마다 경도가 조금씩 다르기 때문에 정확한 평균태양시를 구하려면 각 지역의 경도와 135°기준의 경도와의 경도차이를 시간으로 계산해서 보정해야한다.

위에서 말했듯이 우리나라는 동경 131° 52'에서 동경 124° 11' 사이에 위치해 있기 때문에, 동경 135° 기준에서 최소 3.48도(13.92분)에서 최대 10.89도(43.56분)의 차이가 있게 되는 것이다.

그러므로 정확한 경도보정을 하려면 각 도시의 경도를 알고, 그 경도와 기준점으로 삼는 135°와의 차이를 시간으로 환산해서 정확한 평균태양시를 구해야 하는 것이다.

아래는 우리나라의 주요도시의 경도 보정값을 표시한 표다.

이 경도 보정표를 보고 자기가 태어난 지역이 이 표에 있는 도시라면 그대로 적용하면 되겠지만, 그렇지 않다면 이 지역의 동쪽이라면 경도보정할 시간이 줄어들고 서쪽이라면 경도보정할 시간이 늘어나므로 적절하게 가감해야 된다.

---

96) 경도가 서쪽으로 옮겨갈수록 시차는 늘어나게 된다. 즉 135° 기준으로 오후 1시라면 120°기준에서는 오전 12시가 되고, 105° 기준에서는 오전 11시가 된다는 것이다.

지역별 경도 보정표 (단위 : 분)							
강릉	+25	부산	+24	익산	+32
개성	+34	서울	+32	인천	+34
군산	+33	신의주	+42	전주	+31
광주	+33	안동	+25	제주	+34
대구	+26	여수	+29	제천	+27
대전	+30	울릉도	+17	청진	+21
독도	+13	울산	+22	춘천	+29
목포	+35	원산	+31	평양	+37
백두산	+28	원주	+28	함흥	+30

여기에 예시한 우리나라의 도시는 동경 135°보다 경도가 서쪽에 있으므로, 모두 +의 경도보정치를 나타내고 있다. 즉 시계의 시간에서 각 수치만큼 빼면 경도 보정한 시각이 되는 것이다.

다시 원점으로 돌아가서

양력 2007년 10월 29일 새벽 5시 20분에 서울서 태어난 사람이 있다 할 때 경도보정을 통해 이 사람의 평균태양시를 구하면, 위의 경도 보정표에 의하면 서울(127°)의 경도 보정값이 +32분이므로, 이 사람의 평균태양시는 5시 20분에서 32분만큼 뺀 4시 48분이 경도 보정한 평균태양시이다.[97]

---

[97] 여기서 표에는 +32분으로 되어 있는데, 왜 32분을 더하는 게 아니라 빼느냐고 질문을 하는 사람이 있는데, 빼는 이유는 위의 '+'표시가 동경 135° 보다 '+~'만큼 시간이 이르다는 표시이기 때문이다. 즉 동경 135° 보다 32분 이르기 때문에 빼는 것이다.

그러므로 경도 보정한 평균태양시 4시 48분이 이 사람의 태어난 시가 되고, 이 시간을 사주학적 시간으로 계산한다면 인시(새벽 3시~5시)가 되는 것이다. 묘시(새벽 5시~7시)가 인시(새벽 3시~5시)로 되는 순간이다.

현재 사주학을 공부하는 사람들은 대부분 여기까지의 지식을 적용해 쓰고 있다.
즉 동경 135° 기준으로 표준시의 기점을 삼되[98] 시간의 경계를 아예 135° 기준으로 치환해 묘시를 5~7시가 아니라 5시 반에서 7시 반으로 잡고, 조금 더 신중한 사람은 좀더 세분해서 본다. 예를 들어 서울은 32분의 차이가 있으므로 묘시는 5시 32분부터 7시 31분까지로 본다. 앞서의 경우도 5시 20분에 태어났으므로, 인시(3시 32분~ 5시 31분)에 해당한다고 판단해서 본다.

---

[98] 1961년 8월 10일부터 지금까지

TIP

위의 경도 보정표는 대표적인 도시만 나와 부러서 시골에서 태어나 불먼 경도보정은 어째야 쓰까이?

걱정일랑 허덜덜 마시라!

다행히 요즘은 정보화 시대라 좀 쉽다.

알맵이라는 프로그램이 있다.

http://www.almap.co.kr/Download/Product/Almap.aspx

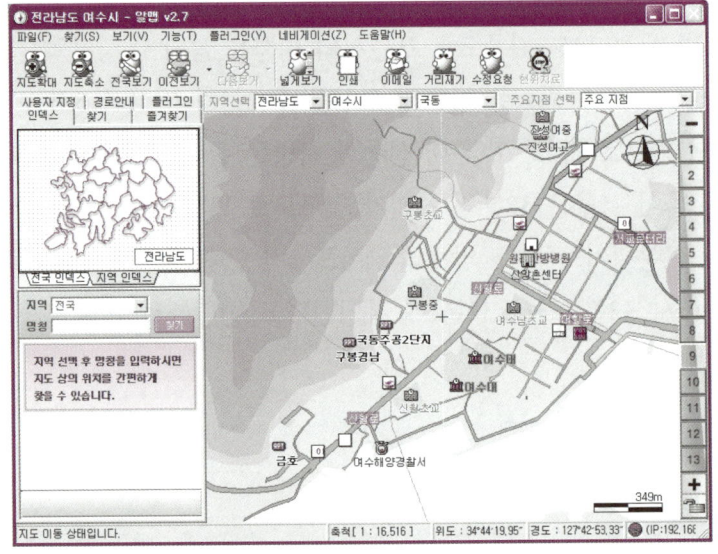

요기로 들어가서

"알맵 2.7 공개용 (전국 상세지도 Online지원)" 프로그램을 깔면 된다. (무료다! → 서민한텐 이게 중요한거다)

가령 내가 사는 전남 여수시 국동을 알맵지도에서 찾아보면 아래와 같이 검색이 된다.

이 알맵지도 오른쪽 아래를 보면 위도, 경도가 얌전히 표시되어 있지? 여수시 국동은 127° 42분 되시겠다!! 흠흠…!

1°는 4분이고 1° = 60′이니 15′에 1분 되겠다.

30′면 2분, 45′면 3분이니, 42′는 대략 3분(모자라지만 45′에 가까우니 42′를 3분으로 잡고, 127°라는 걸로 135~127 하면 8도 차이가 나며, 4×8하니까 32분인데 여기에 42′만큼, 즉 3분만큼 빼면 29분이 된다는 말씀!
고로 만약 여기서 1980년에 오전 9시 26분에 태어났다면 위에서 잔소리 했던 것처럼 29분을 빼야제…!!

그럼 경도보정을 한시간은 8시 58분이 되부렀네!
그래서 이건 사시가 아니라 진시가 되버린거여!

(3) 균시차보정

월\일	1	4	8	12	15	18	22	25	29
1	-3	-5	-7	-8	-9	-10	-11	-12	-13
2	-14	-14	-14	-14	-14	-14	-14	-13	-13
3	-13	-12	-11	-10	-9	-8	-7	-6	-5
4	-4	-3	-2	-1	0	+1	+2	+3	+3
5	+3	+3	+3	+3	+3	+3	+3	+2	+2
6	+2	+2	+1	+1	0	-1	-2	-3	-3
7	-4	-4	-5	-5	-6	-6	-6	-6	-6
8	-6	-6	-5	-5	-4	-4	-3	-2	-1
9	0	+2	+3	+4	+5	+7	+8	+9	+10
10	+11	+12	+13	+13	+14	+14	+15	+16	+16
11	+16	+16	+16	+15	+15	+14	+14	+13	+12
12	+11	+10	+8	+6	+5	+4	+2	0	-2

균시차 보정표(단위:분) 단 2월은 28일 기준. 출처 : 하나포스 자료실(pds. hanafos.com)

여기에 균시차까지 고려한다면 어떻게 될까?

위에서 5시 20분을 경도보정 한 결과 127°의 서울위치에서의 평균태양시는 4시 48분이라는 것을 알았다. 문제는 사주학적 시간 즉 자연시(진태양시·시태양시)를 알려면 평균태양시와 진태양시와의 시차인 균시차를 알아서 평균태양시에 보정해줘야 진정한 사주학적 시간을 알 수 있게 된다는 것이다.

즉 위의 균시차 보정표에 보면 10월 29일의 균시차는 +16분으로 되어 있으므로, 이 사람의 진정한 진태양시는 경도 보정한 평균태양시 4시 48분에 균시차 16분을 더한 5시 4분이 진정한 사주학적 시간이라는 것이다

그렇다면 이 사람의 사주학적 시는 다시 묘시(5~7시)가 되는 것이다.

앞의 예를 정리하면, 10월 29일 5시 20분에 태어났으므로 묘시(5~7시)에 해당하는데, 여기에서 서울이라는 지역의 경도보정을 하면 4시 48분(5시 20분-32분)이라서 인시로 바뀐다. 그런데 여기에 이날의 균시차인 16분을 추가로 더하면 5시 4분(4시 48분 +16분)이 되어 다시 묘시(5~7시)가 됨을 알 수 있다.

이렇게 경도 보정한 시간만 가지고 시를 따지면 묘시가 인시로 바뀌었는데, 여기에 균시차까지 고려해서 따져보면 다시 묘시가 되어 시간이 달라지게 되므로, 균시차까지 고려하느냐의 여부는 엄청난 차이를 가져오는 것이다.

운명의 추론에서 한시간의 차이는 엄청나다. 또 그 차이나는 시점이 날의 경계였거나 해의 경계였다면, 한시간에서 그치지 않고 날이 바뀔 수도 있고, 해가 바뀔 수도 있는 것이다.

물론 위의 예는 균시차가 +인 경우이고, 균시차가 -인 1~3월인 경우는 시계의 시간에 경도보정치와 균시차까지 빼야하기 때문에 시간차가 더 벌어진다. 이는 뒤에서 예문을 들어 자세히 설명한다.

(4) 진태양시를 아는 방법

① 양력 2009년 12월 15일 오후 1시 29분에 수원에서 태어난 딸이 '미시일까? 오시일까?'
② 양력 2009년 1월 15일 오후 1시 29분에 수원에서 태어난 딸이 '미시일까? 오시일까?'
③ 양력 2009년 6월 15일 오후 1시 29분에 수원에서 태어난 딸이 '미시일까? 오시일까?'
④ 양력 2009년 9월 15일 오후 1시 29분에 수원에서 태어난 딸이 '미시일까? 오시일까?'

위의 네 가지 실제 예를 들어서 경도보정과 균시차보정에 대한 설명을 마무리하고자 한다.

◆ **제일 첫 방법은 앞서 살핀대로 평균시에서 경도와 균시차를 보정하는 방법이다.**

①앞의 지역별 경도보정표에서 +32의 숫자를 얻어서 1시 29분에서 빼주되, 균시차 보정표에서 +5를 얻어서 더해준다. 1시 29분 -32분+5분=1시 2분=사주학적 시간, 즉 미시(오후 1시~3시)이다.99)

---

99) 여기서 주의할 점은 경도보정표의 시간은 빼주고, 균시차 보정표의 시간은 더해준다는 점이다. 즉 경도보정표는 동경 135°보다 얼마나 더 서쪽으로 위치하냐는 문제이므로 무조건 빼주면 되는 것이고, 균시차 보정표는 남중하는 시간이 빠르냐(+) 늦냐(-) 하는 문제이기 때문에 +는 더해

② 여기의 예는 모두 같은 지역이므로 경도보정치가 같다. +32의 숫자를 얻어서 1시 29분에서 빼주되, 균시차 보정표에서 1월 15일의 보정치 -9를 얻어서 더해준다. 1시 29분-32분-9분=12시 48분=사주학적 시간, 오시(11시~오후1시)이다.

③ 역시 +32의 숫자를 얻어서 1시 29분에서 빼주되, 균시차 보정표에서 6월 15일의 보정치 0을 얻어서 더해준다. 1시 29분-32분+0분=12시 57분=사주학적 시간, 오시(11시~오후1시)이다.

④ 역시 +32의 숫자를 얻어서 1시 29분에서 빼주되, 균시차 보정표에서 9월 15일의 보정치 +5를 얻어서 더해준다. 1시 29분-32분+5분=오후1시 2분=사주학적 시간, 미시(오후 1시~오후3시)이다.

  이상의 계산에서 같은 지역 같은 시각에 태어났다 하더라도 몇 월달에 태어났냐에 따라 사주학적 시간이 달라짐을 알 수 있다. 이는 태양이 빨리 뜨냐 늦게 뜨냐에 따른 것으로, 대개 1~3월에 태어난 사람은 시간이 빨라지고 9~12월에 태어난 사람은 늦어지게 된다.

주고 -는 빼주는 것이다.

◆ **한국천문연구원의 도움을 받는다.**

한국천문연구원 사이트의

http://www.kasi.re.kr/knowledge/solun_riset.aspx

일출일몰시각계산으로 가서

찾고자 하는 달과 날짜와 지역을 선택하고 남중하는 시각을 찾는다. 남중하는 시각과 12시와의 차이를 태어난 시간(시계상의 시간)에서 빼면 경도와 균시차가 보정된 진태양시를 얻을 수 있다. '시각'에서 원하는 년월일을 치고, '지역선택'에서 원하는 지역을 클릭한 다음에 밑에서 '보기'를 클릭하면 아래와 같이 남중시간이 나온다. '위치입력'은 좀더 자세히 볼 때 외에는 특별히 입력할 필요가 없다.

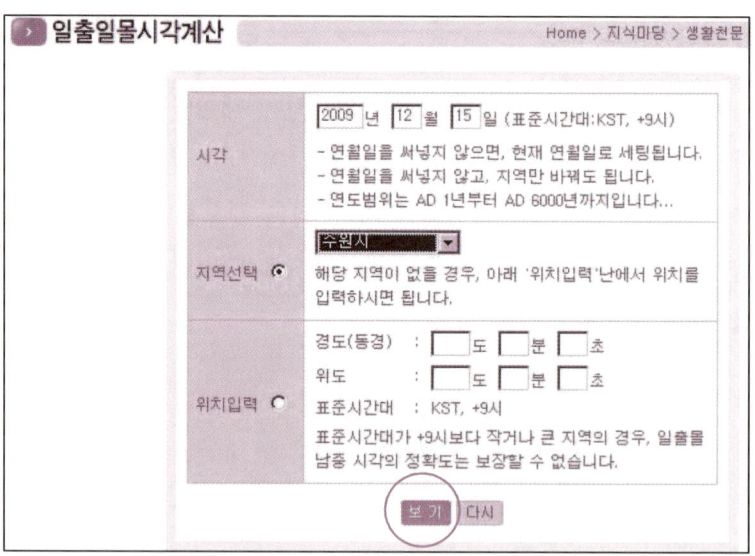

날 짜	2009년 12월 15일
지 역	수원시
위 치	동경 127도 1분 58초 / 북위 37도 16분 1초

해뜨는시각(일출)	07시 38분 23초
한낮의시각(남중)	12시 26분 49초
해지는시각(일몰)	17시 15분 16초
낮의 길이	9시간 36분 52초

① 2009년 12월 15일 수원의 남중시각은 맨 밑에 보이듯이 12시 26분 49초로 나온다.[100] 즉 수원지역에서 태양이 남중하는 때는 평균태양시로 12시 26분 49초인데, 그 때가 바로 진태양시로 12시가 되는 것이다.

이것을 보면 평균태양시와 진태양시 사이에 26분 49초의 차이가 남을 알 수 있다. 그러므로 이 차이가 나는 26분 49초를 가지고 정확한 진태양시를 알 수 있다.

즉 12월 1일의 평균태양시에서 26분 49초를 빼면 진태양시를 얻을 수 있는 것이다. 1시 29분에서 26분 49초를 빼면 1시 2분 11초가 되고, 이것이 바로 이 사람이 태어난 진태양시가 되는 것이다. 물론 1시부터 3시까지가 미시이므로, 이 사람은 미시생이 된다.[101]

---

[100] 이 정보는 이미 수원지역의 경도에 해당일자의 균시차까지 고려해서 나온 정보다. 이 사이트를 이용하면 굳이 번거롭게 경도를 보정하거나 균시차를 찾아서 더하고 빼는 수고로움을 하지 않아도 된다.

[101] 거꾸로 오시(11~1시)에 26분 49초를 더해서 시계의 시간으로 11시 26분 49초~ 1시 26분 48초 사이에 태어난

  사람은 오시생, 1시 26분 49초~ 3시 26분 48초 사이에 태어난 사람은

간단하게 정리하면 위의 사이트로 가서 남중시간을 안 다음, 12시와 몇 분 차이 나는가를 보고, 그 차이나는 시만큼 시계상의 시간에서 빼주면 진태양시를 얻을 수 있는 것이다.
이 원리는 간단하다. 균시차가 5분이라는 뜻은 남중시각이 5분 빠르다는 뜻이기 때문이다.
다시 말해서 앞서 표준시에서 빼주는 위 21분은 '경도보정치(32분)에서 균시차(5분)를 뺀 값'이다.[102]

② 같은 방법으로 2009년 1월 15일의 남중 시각은 12시 41분 26초다. 태양이 시계시간 보다 41분 26초 늦으므로, 오후 1시 29분에서 그만큼을 빼준다. 즉 1시 29분-41분 26초=12시 47분 34초=사주학적 시간, 오시(11시~오후1시)이다.

③ 2009년 6월 15일의 남중 시각은 12시 32분 31초다. 태양이 32분 31초 늦으므로, 오후 1시 29분에서 그만큼을 빼준다. 즉 1시 29분-32분 31초=12시 56분 29초=사주학적 시간, 오시(11시~오후 1시)이다.

미시생 등으로 보는 방법도 있다.
[102] 참고로 이를 수식으로 나타내면
ⓐ 표준시-(경도보정치-균시차) = 진태양시
ⓑ 표준시-경도 보정치 + 균시차 = 진태양시
ⓒ 평균태양시 + 균시차 = 진태양시
ⓓ 균시차 = 진태양시-평균태양시

④ 2009년 9월 15일의 남중 시각은 12시 27분 27초다. 태양이 27분 27초 늦으므로, 오후 1시 29분에서 그만큼을 빼준다. 즉 1시 29분-27분 27초=1시 1분 33초=사주학적 시간, 미시(오후 1~3시)이다.

앞서 수동으로 할 때 보다 몇 초씩 차이가 나는 것은, 앞서는 초를 염두에 두지 않았고, 천문연구원에서는 남중시각을 초까지 계산했기 때문이다.

◆ **전문가용 자미두수 프로그램을 활용한다.**

대유학당에서 시판하는 전문가용 자미두수 프로그램에서는 이미 경도와 균시차를 보정한 값을 사용할 수 있다. 즉 기본화면에서 '균시차 적용함'을 선택하면 균시차가 적용된 사주와 명반이 뜬다.

5. 정확한 시를 정하는 법

자미두수는 정확한 시를 잡는 게 매우 중요하다.
임상을 하다보면 자기가 태어난 시를 몇시 몇분까지 정확하게 알고 있는 사람들도 있지만 많은 경우에 애매하게 알고 있는 경우도 많다. 정확하게 알고 있어도 시의 경계에 있거나 균시차의 문제로 시를 잡기가 애매한 경우도 많다.

홍콩학자 연생緣生의 말에 의하면 그의 이십몇년의 경험에 의하면 일반적으로 명주가 제공하는 출생시는 대개 40%정도 쓸만하고 나머지 60%의 시는 안 맞는다 할 정도다. 연생의 말이 필자의 경험에 비춰보면 과장된 면이 있지만 애매한 경우가 많은 것은 사실이다.

그래서『자미두수전집』의「기례가결총괄起例歌訣總括」에도「맞지 않으면 세 가지 시간을 사용해서 판단해야 한다. 틀린 시를 믿어서는 안된다.(不準但用三時斷 時有差遲不可憑)」라고 했다.
즉『자미두수전집』의 말은 가령 오후 4시쯤이라고 해서 신시로 잡아서 명반을 작성해서 판단했는데, 손님이 안맞는다고 하면 그 앞시인 미시와 뒷시인 유시의 명반까지 뽑아보고 판단하라는 말이다.

옛날에는 특히 시계가 없어 이런 일이 비일비재했기 때문에 이런 방법을 쓴 것이다. 시가 정확하지 않은 경우의 대부분은 해 뜰 때, 개밥 줄 때, 닭이 울 때, 새참 먹을 때와 같이 농촌에서 일하고 밥 먹고 자고 일어나는 일상을 기준으로 가늠한 시로만 알고 있는 경우다.

이럴 때는 『자미두수전집』에서 말한 대로 앞뒤로 세 시간을 명반을 뽑아서 검증한다.

그러나 실제임상에서는 세 장씩 뽑아서 검증하는 경우는 흔하지 않고 두 장의 명반만 뽑아보면 검증할 수 있는 경우가 많다.

가령 해질녘이라면 유시 아니면 술시에 해당하므로 신시나 해시의 명반까지 살필 필요가 없이 유시와 술시 명반만 뽑아서 검증하면 되는 경우가 많다.

또 이런 경우도 있다.

10~12시 사이에 낳았다는 식으로 말하는 분들도 많다. 이 경우는 이미 시에서 사시와 오시가 다 포함되어있기 때문에 이런 경우도 사시와 오시 두 시간의 명반을 뽑아서 검증해봐야 한다.

이렇게 두 장이든 세 장이든 명반을 놓고 올바른 시간을 가리려면 술사의 관점에 따라 여러 가지 방법을 사용해 시를 가릴 것이다.

아래에서 인용한 문기명선생이나 진설도 선생처럼 특정한 정보를 가지고 대입해보면서 시를 가리는 것이 가장 일반적인 방법이나, 필자는 흔히 그 명조의 성격과 운의 상황 등으로 시를 가리고 있다. 아래 예를 들어본다.

(1) 명반으로 시를 검증한 예

◆ 남명 1958년 3월 0일 술시

　이 명조는 학회회원의 매형으로 궁금한 것이 있어 상담을 하는데 시가 정확치 않다는 것이다.
　이 때는 썸머타임이 있었던 때로 언제부터 썸머타임을 시작했는지에 대한 기록이 없기 때문에, 술시라고 부모님이 그러셨다지만 시를 검증해봐야 한다.
　그래서 이 명조자의 정보를 가지고 유시·술시·해시의 명반을 가지고 현재 이 명조자에게 벌어진 상황을 가지고 검증해 보기로 했다.

◆ 명조자의 상황

① 현재 산부인과 의사며 삼형제인데 다 의사다.
② 아버지는 큰 사업을 하셨다.
③ 2~3년 전에 부동산이 한참 올랐을 때 부동산을 몇 개 샀는데, 금융위기가 온 뒤로 부동산 경기가 하강하자 팔리지 않아 경제적인 압박을 많이 받는다고 한다.
④ 올해 관심사는 투자한 부동산이 안팔려서 고민인 것에 있다.
⑤ 성격은 카리스마는 없어도 의사협회에서 간부를 맡고 있다.
이러한 정보를 바탕으로 시를 가려보자!

◆ 유시일 때의 명반

실례	남명 1958년 3월 ○일 유시		
天大紅祿巨 才耗鸞存門 ◎△ 博亡龍　　　　丁 士神德【夫妻】冠巳	天擎左天廉 廚羊輔相貞 △○○△ 力將白　　　　戊 士星虎【兄弟】旺午	寡天天 宿鉞梁 ○○ 青攀天　6~15　己 龍鞍德【 命 】衰未	天天恩天地右七 哭貴光馬劫弼殺 ○○△◎ 　　　　　　科 小歲弔　16~25　庚 耗驛客【父母】病申
紅旬天天陀貪 艶空月虛羅狼 ◎◎ 　　　祿 官月歲　96~　丙 府煞破【子女】帶辰	성명 : ○○○, 陽男 陽曆　1958年　5月　○日　18/59 陰曆　戊戌年　3月　○日　酉時 命局：火六局，天上火 命主：武曲／身主：文昌		天 同 △ 將息病　26~35　辛 軍神符【福德】死酉
天天台天太 福官輔姚陰 　　　　陷 　　　　權 伏咸小　86~95　乙 兵池耗【財帛】浴卯			解陰火武 神煞星曲 ◎◎ 奏華太　36~45　壬 書蓋歲【田宅】墓戌
天龍三天地天紫 使池台巫空府微 　陷◎◎ 大指官　76~85　甲 耗背符【疾厄】生寅	破天文文天 碎魁曲昌機 ○○○陷 　　　　忌 病天貫　66~75　乙 符煞索【身遷移】養丑	截蜚天年鳳八鈴破 空廉傷解閣座星軍 　　　　　　　陷◎ 喜災喪　56~65　甲 神煞門【奴僕】胎子	孤天天封天天太 辰壽空詰喜刑陽 　　　　　　陷 飛劫晦　46~55　癸 廉煞氣【官祿】絶亥

① 유시라면 명궁이 미궁 천량이고, 신궁은 축궁 천기화기다. 명궁은 천량은 본래 고극성이다. 이렇게 정성의 본질이 고극의 성질을 띠고 있을 때는 고극과 관련된 잡성[103]은 다른 잡성보다 정성의 고극적 성향을 더욱 강화시키는 작용을 한다.

---

103) 여기서는 과수·고신을 본다.

② 관록궁 태양이 함지에 있으면서 절지에 있고, 고신·천공이 있는데다가 화령이 협하고 있어 이 또한 천량의 고극한 성질을 증가시키며, 대궁의 천기 역시 고독성인데 여기에 화기가 붙으니 천량의 고극성을 더해주는 면이 있다.

③ 비록 괴월·창곡이 있다하나 이러한 성은 조력과 문예적인 성향을 더해줄 뿐 이렇게 고극성과 조합된 천량의 서늘함을 해소하기 부족하다. 고로 성격적으로 고독을 좋아하며 침잠하고 대인관계가 좋지 못하다. 그러므로 의사협회에서 간부로 있으면서도 조직에서 적응할만한 성격이 못된다. 그러므로 성격방면에서는 어긋난다 할 수 있다.

④ '이 명이 의사가 될 수 있나?'를 물었을 때, 천희·천형·병부의 의료성계를 보아 의사가 못되는 것은 아니다. 그러나 관록궁의 태양이 함지에서 천형·고신·천공·절·겁살·회기·비렴 등의 불길한 잡성과 화령의 협을 받고 있다.
그러므로 직업방면에서 고립과 경쟁에 밀리는 암시가 있어, 의사가 되기에는 원명 구조뿐만 아니라 관록궁이 좋지 않아 보여 의사가 될 수 없는 구조로 보인다. 그래서 직업방면으로도 사실과 부합하지 않는다고 본다.

⑤ 그 다음 운을 살펴보면 46~55세 계해대한으로, 태양 대 거문의 거일운인데 태양이 함지이자 절지에 좌하고, 천형·고신·천수에 화령이 협하고 있어 좋지 않은 운인데, 이 대한이 좌한

선천궁이 관록궁이고 대궁은 부처궁이니 사업문제와 부처문제가 일어나기 쉽다.

⑥ 그런데 고독성인 고신에 분리성인 화령이 협하고, 소송과 형극을 의미하는 천형이 관재성인 태양과 동궁하고 있으니, 이 대한에 혼인의 변화가 있기 쉽다.
더구나 대한 복덕궁에 창곡의 문서성이 관삭과 있으면서, 천기 화기의 계획착오의 성이 있으니 이혼의 생각을 하게 된다.
원국의 천량이 고극의 경향이 있는데 운에서 이러한 운을 보니, 이 운에는 이혼 등으로 육친을 형극 하는 일이 있게 되는 것이다.

⑦ 대한의 삼방은 좋아 보이나 복덕궁은 위에서 언급했듯이 천기 화기에 창곡으로 좋지 못하다.
대한이 부관선에 좌하고 있는데 복덕궁이 좋지 않으니, 사업상의 투자·혼인감정부분 모두 불안할 여지가 있다.

⑧ 이렇게 대한을 분석하고 난뒤 대한 사화를 보면, 계간 파군화록 발생은 자궁에서 형노에 부질선을 움직이는데, 정파상이 화령을 보면 자충수 조합이니 문서상의 자충수가 발생이다.

⑨ 이차발생은 신궁 칠살·우필화과로 대한자전에 부질이니, 전택의 문서상에서 화살위패가 이차발생이고, 결과가 탐랑화기로 선천 자전선에 대한 형노니 록기의 궤적으로도 이혼의 상관궁

선을 달리고 있음을 알 수 있다.[104]

⑩ 기축년은 대한 복덕궁이자 선천의 천이궁이므로 이 해에는 정신적으로 변화를 주려고 하는 유년이다.
천기화기와 창곡·파쇄는 문서상의 파괴와 불리한 계획을 주한다.

⑪ 기축의 기간 무곡화록은 유년 자전선에서 대한 탐랑화기를 발생시켜 전택의 문서가 일차발생이고, 대한 파군화록과 더불어 유년 부처궁 해궁 태양·천형·천희·고신이 이차발생이므로, 이 유년에 발생하는 집안 문제는 부처와의 이혼문제다.[105]

⑫ 그리고 결과는 문곡화기로 대한 복덕궁이자 선천 천이궁의 천기화기궁이니, 역시 사랑의 여로에서 문서상의 변화가 결론이다.

⑬ 이상으로 보건데 운에서도 부동산투자착오의 문제가 제일 원인이 아님을 알 수 있으며, 혼인과 가정적인 문제가 일차적인 문제라는 것을 알 수 있다.
그러므로 유시는 본명조의 현상황과 부합하지 않으므로 이 시

---

104) 결혼·이혼은 부관·자전·부질선이 상관궁이고, 상관성은 홍란·천희·화과이다.

105) 거일은 계약의 의미가 있고, 홍란·천희는 혼인과 희경에 관계된 것이다.

는 아니라고 판단한다.

◆ **해시일 때의 명반**

실례	남명 1958년 3월 ○일 해시			
大台紅祿天 耗輔鸞存同 ◎◎ 博亡龍　　5~14　丁 士神德【命】絶巳	天恩擎左天武 廚光羊輔府曲 △○○○ 力將白　15~24　戊 士星虎【父母】胎午	寡天太太 宿鉞陰陽 ○△△ 權 青攀天　25~34　己 龍鞍德【福德】養未	天天右貪 哭馬弼狼 ○△△ 科祿 小歲吊　35~44　庚 耗驛客【田宅】生申	5 정확한　시를　정하는　법
紅旬天天陀破 艷空月虛羅軍 ◎○ 官月歲　　　丙 府煞破【兄弟】墓辰	성명 : ○○○, 陽男 陽曆　1958年 5月　○日 22:59 陰曆　戊戌年 3月　○日 亥時 命局 : 土五局, 沙中土 命主 : 武曲, 身主 : 文昌		巨天 門機 ◎◎ 忌 將息病　45~54　辛 軍神符【官祿】浴酉	
天天天天文 福官才姚曲 ○ 伏咸小　　　乙 兵池耗【身夫妻】死卯			解天天陰地天紫 神傷貴煞劫相微 △×× 奏華太　55~64　壬 書蓋歲【奴僕】帶戌	
龍三天鈴廉 池台巫星貞 ◎◎ 大指官　95~　甲 耗背符【子女】病寅	破天封天 碎壽誥魁 ○ 病天貫　85~94　乙 符煞索【財帛】衰丑	截蜚天年鳳八地火七 空廉使解閣座空星殺 △△△ 喜災喪　75~84　甲 神煞門【疾厄】旺子	孤天天文天 辰空喜刑昌梁 ○陷 飛劫晦　65~74　癸 廉煞氣【遷移】冠亥	

① 해시가 되면 명궁이 사궁 천동이 된다.

　천동이 사궁에 있는데, 록존이 차성안궁한 보필협된 일월의 태음화권을 보아, 성격은 사교적이고 대중적인 조직의 간부가 될 만한 성격이다.

② 복덕궁의 일월이 태음화권이 되면서 좌귀향귀되고, 쌍비호접으로 창곡을 보며 보필까지 협이 되었으니 매우 좋아 보인다. 원래 천동은 투지가 약한 별이나 동궁한 록존으로 양타의 견제를 받고 있고, 대궁에서 원칙적인 천량이 규율을 주하는 천형과 동궁하면서 천동을 대공하고, 복덕궁에서는 화권이 있어 천동의 우유부단함을 감소시켜 뜻한 바를 성취시킬 수 있는 힘을 주므로, 산부인과 의사 같은 전문직을 가질 만한 그릇에 해당된다.

더구나 명궁에서 의료성인 홍란·천희·천형·병부를 다 보고 있으니 얼마든지 의료계로 나설 수 있는 여지가 있다.

③ 그러나 신궁은 묘궁 부처궁에 있으면서 정성이 없고, 문곡만 단수하는데 여기에 천요가 있으며 영타가 협하고, 대궁에서 기거의 천기화기를 보니 신궁이 무력한 면이 있고, 부처간에 문제가 발생할 소지가 있다.

인생에 후반기에 저력을 잃을 뿐만 아니라 부부간에 외도(동궁한 천요·함지)의 암시가 있다 하겠다.

④ 부모궁적인 측면은 이에 비해 좋지 않다.
원래 천동은 자수성가의 별인데 록존이 동궁하므로 그러한 경향을 더욱 심화시키며, 명궁에서 양타협·천이궁에서 겁공협을 보아 더욱 자수성가의 경향을 증가시킨다.

부모궁은 무부로 매우 좋은 바가 있으나, 천부가 싫어하는 겁공을 보아 공고가 되고, 여기에 경양·화령까지 보아 무부입장에서는 오살을 보고 있으며, 봉부간상의 원칙에 의해 천상을 봐도 천상이 기거의 천기화기에 의해 형기협인 되어 부모의 직업적인 측면이 딱히 아름다워 보이지 않는다.

⑤ 전택궁에서 탐랑화록이 화령을 보고 천마를 보아 폭발의 암시를 배제하지 못하지만, 탐랑은 원래 횡발 횡파의 암시가 있는 성이므로, 부모궁이 이런 식의 상황에서는 폭발후 폭패하기 쉬워 폭패한 다음 무력해지기 쉽다.
그러므로 부모적인 상황은 명조의 내력과 약간의 편차가 있기는 하나, 이 명이 장남이 아니라 형제 셋 중에서 막내라 하므로 딱히 일치하지 않아도 이해할 수 있다.

⑥ 형제궁은 파군이 좌하고 천월의 질병성이 동궁하고 삼방에서 탐랑화록에 우필화과를 보므로, 형제가 의사라는 부분도 수긍이 갈 수 있는 대목이다.

⑦ 현재 운을 살펴보자.
현재대운은 신유대한으로 기거에 천기화기가 좌한 대운이다. 대운이 선천 관록궁선에 와 있으므로 사업이나 부처 문제가 있을 소지가 많은 대한이다.
대운명궁에 계획착오의 천기화기성이 거문과 동궁하고 목욕지에 좌하면서, 대궁에서 천요·함지의 도화성을 보며, 재백궁에서 홍란·대모의 도화성을 보아 부처나 사업측면 중 일차적으로 부처와 도화로 인한 감정문제가 발생할 확률이 높은 대한이다.

⑧ 무슨 문제가 있을 수 있는가는 대한 사화로 보는데, 대한 신간 거문화록 발생이 대한 본궁이자 선천의 부관선에 앉아 있고 여기에 선천의 천기화기가 있으니, 이미 발생에서 선천 천기화기의 계획착오의 흉상을 인동시킨다.

당연히 그 흉상은 천기화기가 좌한 부관선적인 측면으로 말미암는데, 이 궁선에는 이미 목욕·천요·함지의 도화성이 빽빽하게 포진되어 있기 때문에 도화문제로 부부간에 초선종악(기거의 징험)이 발생이다.

⑨ 문제궁위는 축궁으로 대한 부관에 재복선의 일월 조합이다.

역시 부처와 문제가 문제라는 것을 알 수 있고 인자궁은 선천 명궁이자 재복선에 해당하는 사궁 천동이니 나의 감정이 원인이다.106)

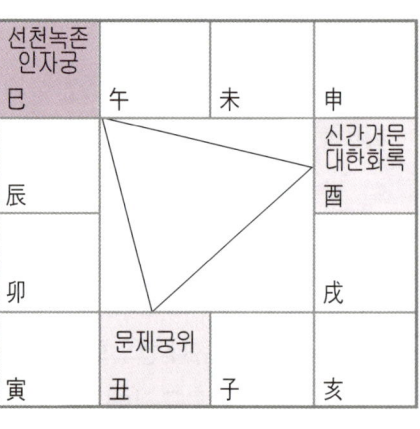

49쪽에 자세한 설명이 되어 있다.

⑩ 결과인 문창화기는 나의 정신적인 변화(복덕의 천이궁)를 의

---

106) 이것으로 본 명이 바람피우는 것을 알 수 있다.

미하는 해궁에 떨어지는데, 이 사해궁선에는 혼인과 희경을 의미하는 홍란·천희가 있어 이혼 문제임을 알 수 있다. 또 해당 궁에 형극을 의미하는 천량과 관재를 의미하는 천형이 동궁하고 있으므로 이혼관재가 분명하다.

⑪ 이차결과도 대한 부질선의 자파상의 반역조합이니 문서적인 면에서 뒤집어지는 일이 최종결과가 된다.

술궁은 자미천상의 천상이 문서를 주하고 주서도 문서를 주하며, 궁도 부모궁으로 문서를 주하니 문서적인 변화가 결과인 것이다.

巳	午	未	申
辰			천기 선천화기 酉
卯			이차결과 戌
寅	丑	子	문창 대한화기 亥

56쪽에 자세한 설명이 되어 있다.

⑫ 기축년은 대한에서 암시된 문제궁위선이고, 이 궁은 부관에 재복이다. 부처와 정신적인 문제가 있기 쉬운 유년이며, 이 궁에 관삭·파쇄에 화령이 협하고 있으므로 부처와 정신적으로 분리하기 쉬운 유년이다.

기축년의 기간 무곡화록은 대한 자전에 부질선에서 발동이 되고, 문제궁은 미궁 부처의 복덕궁선의 일월이 된다. 일월은 계약·만남이며 보필협은 삼자개입이고 괴월은 이성을 만날 기회가 된다.

⑬ 기축년의 기간 문곡화기는 유년복덕궁107) 대한 문곡화과와 천요·함지궁에 있어 정신적으로 이성을 몰래 만나는108) 일이 기축유년의 일차결과고, 이차결과는 유년부처궁의 문창화기와 더불어 미궁 보필협된 일월 쌍화권이 되므로 역시 새로운 이성을 만나는 것이 최종 결과가 된다.

그래서 기축년은 이 명조가 바람이 날 운이다. 이 바람은 결국 신묘년에는 이혼으로 결론이 날 것이다.

⑭ 운을 분석해보면 해시 명반은 성격·직업부분은 유사한 면이 있으나, 대운과 유년의 분석에서 보았듯이 부동산 문제보다는 외도로 인한 가정불화가 핵심문제가 된다.

그러므로 해시도 이 명조자의 진면목과는 거리가 멀어서 명조의 실질적인 시는 아니라고 판단한다.

---

107) 대한의 천이궁이자 선천 부처궁이다.

108) 영성·타라가 문곡을 협하므로 몰래 만남.

3부/ 진가의 분별

◆ 술시명반

실례	남명 1958년 3월 ○일 술시			
大紅祿巨 耗鸞存門 ◎△ 博亡龍　　　丁 士神德【兄弟】冠巳	天擎左天廉 廚羊輔相貞 △○○△ 力將白　6~15　戊 士星虎【命】旺午	寡恩天天 宿光鉞梁 ○○ 青攀天 16~25 己 龍鞍德【父母】衰未	天天右七 哭馬弼殺 ○△◎ 科 小歲弔 26~35 庚 耗驛客【福德】病申	
紅旬天天天台陀貪 艶空月才虛輔羅狼 ◎◎ 祿 官月歲　　　丙 府煞破【夫妻】帶辰	성명 : ○○○, 陽男 陽曆　1958年 5月 ○日 20:59 陰曆　戊戌年 3月 ○日 戌時 命局 : 火六局, 天上火 命主 : 破軍, 身主 : 文昌		天地天 貴劫同 △△ 將息病 36~45 辛 軍神符【田宅】死酉	5 정확한 시를 정하는 법
天天天太 福官姚陰 陷 權 伏咸小 96~　乙 兵池耗【子女】浴卯			解陰武 神煞曲 ◎ 奏華太 46~55 壬 書蓋歲【官祿】墓戌	
龍三天文天紫 池台巫曲府微 △○○ 大指官 86~95 甲 耗背符【身財帛】生寅	破天地鈴天天 碎使空星魁機 陷陷○陷 忌 病天貫 76~85 乙 符煞索【疾厄】養丑	截蜚天年封鳳八文破 空廉壽解誥閣座昌軍 ○○ 喜災喪 66~75 甲 神煞門【遷移】胎子	孤天天天天火太 辰傷空喜刑星陽 △陷 飛劫晦 56~65 癸 廉煞氣【奴僕】絶亥	

① 이제 마지막 술시 명반을 살펴보자. 술시라면 명궁이 오궁으로 염정천상에 경양이 왕지에서 좌하고 있다.

　염정이 삼방에서 창곡을 보면 고인이 예의와 음악을 좋아한다 했으며, 염정은 차도화 천상은 신의를 주하며 경양은 강개한 성향이 있다.

② 신궁의 자부는 생지에 있어 사람으로 인해 귀하게 될 암시가 있고 보필을 보아 리더쉽이 있다. 명·신궁에서 보는 삼태·팔좌는 사회적인 활동이 광범위할 암시가 있다.
명·신궁의 성의 구조로 보면 의사협회에서 협회를 위하여 일하기에 적합한 성계의 구조로 되어 있음을 알 수 있다.

③ 명궁의 염정·천상·경양은 형수협인격이 형성되어 있는데 이 격국이 형성되면 고인이 '형장에서 곤장을 맞는다'해서 대표적인 관재성계다.
그러나 오궁에 경양이 있어 형수협인이 되기 위해서는 병년생과 무년생이라야 하는데, 병년생인 경우는 경양에 염정화기까지 되어 진정한 흉격의 형수협인이 되지만, 무년생이라면 화기를 보지 않고 관록궁에서 탐랑화록을 보아 관재에 희생 되는 것이 아니라 오히려 형권을 쥐거나 해서 위권하기 쉽다.[109]

④ 명궁에 이러한 격이 형성되어 있는데다가 신궁이 자미·천부로 경양의 흉을 제화하고 있어, 경양은 오히려 이로운 기기器機의 암시가 있어 화살위권의 암시가 있다.
즉 이로운 기기로 위권하는 명이 된다.
백호와 장성은 그러한 성향을 더해주며 복덕궁에서 십이운의

---

[109] 이러한 측면 때문에 종의명은 『자미수필』에서 '형장유사刑杖惟司'를 관재가 있다고 해석하지 않고, 형명관刑名官이 되어 위엄으로 법을 운용하는 것으로 풀이하면서, 깨끗하게 법을 집행하는 엄격한 삶이 된다고 해석하고 있다.

병과 천월의 의료성을 보고 관록궁에서도 질병성인 천월을 보아 의료계통으로 위권할 수 있는 가능성이 많은 구조다.

⑤ 형제궁은 거문이 있는데 피를 주하는 홍란·천희가 있고 의료성인 천형과 병부를 보며 록존이 동궁하고 있어 형제가 의사일 수 있는 조건을 갖추고 있다.

⑥ 부모궁은 천량으로 보필의 협을 받고 있고 좌귀향귀의 격국이 형성되어 부모의 조력과 도움이 있으며, 전택궁 천동은 대궁에서 태음화권에 록존을 보아 안정되어 있으나 부모궁·전택궁에서 공히 천기화기에 영성을 보아 가계에 간이 좋지 않을 수 있는 유전적인경향이 있다.

⑦ 이제 운을 살펴보자.
임술대한(46~55세)은 묘왕지의 무곡대한으로 재를 주하며, 대궁에서 탐랑화록을 보아 사업적인 측면에서 발재할 수 있는 대한이다. 그러나 양타를 보아 무곡의 재적인 성향이 타격을 받고, 복덕궁 파군이 문창의 문서성과 동궁하면서 화령의 협을, 받아 투자상의 문제를 야기할 수 있는 암시가 있다.

⑧ 대한사화를 보면 임간 천량화록이 전택의 문서를 주하는 미궁에서 일차발생이 되는데, 축궁에 창곡협된 천기화기의 계획착오의 성계가 있으니, 이것으로 전택의 문서적인 측면에서 계획 착오적인 계약이 발생이며, 문제궁은 재백의 천이선에서의 형

수협인격이 된다.
이 재백의 천이는 돈을 움직이는 것이고, 천상은 문서·문창도 문서·경양은 위권출중하려는 기도심이며, 염정은 관록의 성이니 사회분위기에 따른 문서적 재투자가 문제가 된다.

⑨ 임간 무곡화기 결과는 재성이 좌한 대한 명궁에 진기로 떨어져서 이 투자적인 문서는 금전회전의 곤란을 초래하게 된다.
대궁에 선천 탐랑화록이 있어 망하지는 않으나 금전융통이 되지 않아 고초를 겪을 암시가 다분하다.
대한의 록기를 추적해본 결과 부동산 투자에 착오로 인해 금전적인 곤란을 겪을 암시가 다분함을 알 수 있다.

⑩ 기축유년은 대한의 발생선이자 선천 천기화기궁선이다.
유년이 좌한 궁선이 자전선에 부질이니 부동산 문서문제가 있기 쉬운 유년이다.
그리고 창곡협에 천기화기가 대한 천량화록에 의해 인동되었으니 부동산 문서계약에서 계획착오가 한해의 이슈가 된다.

⑪ 기축년의 기간 무곡화록 발생은 유년자전선에서 무곡화기의 재적인 곤란이 발생이며, 결과인 문곡화기는 유년문서궁이자 관록의 재백이니 사회에서 재의 문서의 화살위권이 일차결과이고[110] 이차결과는 무곡화기와 더불어 대한재복·유년형노선

---

110) 이것은 부동산을 팔려고 하는 강렬한 기도심을 나타냄.

의 염정천상의 좌보화과가 이차결과가 된다.
즉 부동산을 팔려고 하는 것이 최종 결과다.[111]
유년의 구조로 보면 부동산 투자 잘못으로 인한 재적인 곤란과 부동산을 팔려고 하는 강렬한 의지가 보인다.

⑫ 이상 여러 가지의 상황으로 보면 유·술·해시 중 술시의 상황이 이 명조의 상황과 가장 부합하므로 이 명조의 진정한 시는 술시로 판단할 수 있다.

⑬ 이렇게 술시로 결정하고 추명해주면서 올해의 건강이 어떨 것 같으냐고 물어서 필자는 간에 문제가 있거나 혈관질환이 있기 쉽다고 추론했다.
간에 문제가 있는 것은 천기가 목성으로 간담을 주하며, 질병인 것은 질액궁에 좌하고 병부와 있기 때문이고, 염증을 말한 것은 영성이 있기 때문이다.
그리고 대한의 결과에서 탐랑 목성이 천월 질병성이 같이 있기 때문에 더욱 간담의 질병을 의심해 볼 수 있다.
유년의 록기가 진술궁의 탐랑에 천월을 발생시키며, 결과가 유년부질선에 신궁선이 되니, 올해 질병이 발생할 가능성이 충분하므로 간담에 문제가 있을 것으로 본 것이다.

⑭ 이상의 상담을 마치고 회원이 매형에게 문의한 결과, 올해 간

---

111) 천상문서·문창문서·화과계약·형수협인은 강렬한 매매의 의지이다.

에 문제가 생겨서 늦게 발견했으면 큰일 날 뻔한 건강상의 문제가 있었다는 사실을 문자로 알려왔다.

아래는 문기명 선생과 진설도 선생의 시 잡는 방법과 시를 잡을 때 참고할 수 있는 방법을 소개한다.

(2) 시가 틀릴 때 아는 방법[112]

앞 뒤로 세 시진을 뽑아 볼 것. 또한 상대의 얼굴 신체를 보고 판단하며 또 성격으로 판단한다.

① 정확한 시간 추리법 → 경험상 대부분 맞다.
② 자오묘유시는 머리에 한 개의 작은 가마 혹은 정 중앙 혹 약간 좌측
③ 진술축미시는 두 개의 얕은 가마
④ 인신사해시는 한 개의 큰 가마에 반드시 오른쪽으로 치우쳐 있다.
⑤ 명궁에 창곡이 있으면 점이 있다.
    - 인묘진시 → 청색점
    - 사오미시 → 홍색점
    - 신유술시 → 백색점
    - 해자축시 → 흑색점
⑥ 명궁의 생년박사성으로 보는 법
    박사·역사 → 상체는 길고 하체는 짧다.
    청룡·장군 → 머리는 둥글고 뺨은 작다.
    소모·대모 → 혀·코가 약간 기우려졌다.
    병부·장군 → 허리가 높고 성격이 웅장함.

---

112) 문기명 선생의 『자미신탐紫微新貪』(리원서보사유한공사 刊)에서 발췌한 내용이다.

관부·주서 → 흉성을 만나면 기운이 없다.

(3) 명반을 결정할 때 참고할 특징[113]

① 몽고반점 → 화령에 천동·거문·천량·천상이 배합될 때
② 화성 → 화성은 明, 영성은 暗, 화성은 주로 커피 홍색의 반점
③ 영성 → 주로 어두운 색 혹 청남색의 반점
　- 명궁·신궁 혹 천이궁에 화령이 좌하거나 화령이 동궁하거나 대궁이나 협에 있을 때 다 그렇다.
　- 현상으로는 단정하든지 추하든지 간에 얼굴에 특징이 있는데, 덧니라든지 괴이하게 생겼다든지 머리가 자동적으로 말려지거나 색이 엷거나 머리색이 다른 사람과 다르거나 한다.
　- 대머리이거나 아주 뚱뚱하거나 아주 말랐거나 아주 크거나 아주 작거나 성격이 괴상하다.
　- 동작이 아주 빠르거나 목소리가 거칠다.
　- 성격이 급한 자는 목소리가 빠르고, 성격이 완만한 사람은 목소리도 느린데, 일체 돌출적인 특징이 있다.
④ 경양 → 꼭 눈이 짝짝이인 것은 아니고 오히려 흉터가 있기 쉽다.
⑤ 타라 → 치아가 가지런하지 않고 항상 잇몸에서 피가 난다든

---

113) 진설도 선생의 『자미신탐紫微新貪』에서 인용하였다.

지 한다.

⑥ 창곡 → 반점·사마귀
⑦ 타라에 거문 혹 천상 → 특이한 사마귀
⑧ 보필·창곡에 양타 → 특이한 사마귀
⑨ 화령 → 말이 빠르고 성격이 급하며 목소리가 거칠다. 함지의 태음도 역시 그렇다.
⑩ 천괴 → 눈이 튀어나왔다.
⑪ 천월 → 아래턱이 주걱턱이다.
⑫ 염정 → 눈이 가늘고 경박하다.114)
⑬ 천동 → 몸이 부드럽고 풍만하며 아름다운 느낌이 있다.
⑭ 무곡 → 급하고 빠르다.
⑮ 칠살 → 눈빛이 예리하다.
⑯ 화과 → 반점·민감
⑰ 화기 → 말을 천천히 늦게 하고 비관적이며 저조하고 냉정하다.
⑱ 천기 → 손가락·발가락에 문제가 있으며 반응이 빠르다.
⑲ 태양 → 인궁에서 미궁까지는 다른 사람의 주목을 받는다.
⑳ 태음 → 흡인력이 있으며 자연스럽게 흡인력으로 다른 사람의 주의를 끈다.
㉑ 기량·기거·양양·파군은 모두 별리別離나 요절을 주한다.
㉒ 거동조합은 살을 안보더라도 이미 골육이 문제가 있거나 떨어

---

114) 명궁에 염정이 있어도 신궁의 상황이나 다른 조건에 따라 다르다. 염정이 화령을 보면 눈이 오히려 부리부리하여 무서운 느낌이 난다.

지거나 이복형제가 있거나 한다.
㉓ 천량·천수·파군·자미·천부가 부처궁이나 형제궁에 있으면서 살이 많이 있으면 나이차이가 많다.
- 8년 이상나기도 한다.
- 천량·파군·천수면 더욱 그렇다.

㉔ 천기 → 기기器機
㉕ 천동 → 악세사리를 좋아한다.
㉖ 천량 → 고기孤忌
㉗ 파군 → 옛 물건을 버리기 좋아한다.
㉘ 살파랑 → 다수가 겸직을 하며 물욕이 깊다.
㉙ 화령·탐랑이 육친궁에 있으면 돌연히 하나가 많아진다.115)
㉚ 탐랑 → 체육
㉛ 염정 → 풍아
㉜ 파군형제궁 → 주로 장형이나 장녀가 사고가 있어 자신이 장자가 된다.
㉝ 부모궁에서 해신은 역량이 크다.
- 정성이 탐랑이면 부모 중 한쪽이 이혼하거나 재취해 들어온다.
- 천요가 있으면 더욱 심하다.

㉞ 명궁에 화령이 있으면 생리사별하며 소통상에 문제가 있고 각자 못된 생각을 품고 있다.

---

115) 원문에는 "火鈴貪守人位 突然多一個"라고 되어 있는데, 여기서 守人位라고 한 것은 아마 형제·부처·자녀·노복·부모궁을 말하는 것이 아닌가 싶다.

- 살이 중하면 사별할 수 있다.
- 화성은 양명하므로 농아
- 영성은 어두우므로 정신지체·자폐

㉟ 육길성이 육친궁에서 단수하면 이 궁에 문제가 있다.
- 부모궁 → 일찍 상을 당하거나 조력이 없거나 부담을 받거나 두 부모가 있다. 혹은 한쪽이 일찍 돌아가신다.
- 두 부모라고 해서 꼭 배다른 형제가 있는 것은 아니나 배다른 형제가 있으면 반드시 두부모가 있다.

㊱ 형제궁에 살기가 중하면 형제와 생리사별하거나 독자나 무남독녀이기 쉽다.

㊲ 칠살 → 성격이 안으로는 머뭇거리지만 겉으로는 결단력이 있는 듯이 보인다. 외부에는 좋게 하지만 자기에 대해선 엄격하다.

제 4부

옵션 학설

1. 십유가十喻歌

이 「십유가」는 성이 아니라 궁의 문제를 다룬 구결로, 『자미두수전집』에만 실려 있다.

궁이 위치하는 바에 따라 길흉화복의 경중의 차이가 있음을 구결로 정리한 것으로 기초적이지만 간과하기 쉬운 내용이다.

먼저 원문을 소개하고 번역한 다음 필자의 해석을 곁들이겠다.

吉凶最要細分明	길흉은 아주 자세하게 가려 보아야 하니
本對合鄰有重輕	본궁·대궁·삼합궁·협궁에 따라 경중이 있도다.
四面楚歌終必敗	사면초가가 되면 종내는 패하게 되고
千祥雲集自然亨	상서로운 기운이 많이 운집하는 경우라면 자연히 형통하다.
自强才是好人家	스스로 강해야 좋은 집안이며
鄰舍惟添錦上花	이웃집도 그러하면 금상첨화로다.
若到逢遠眞境地	만약 멀리 가서 경치 좋은 곳을 만났다면
春風只可感相差	봄바람을 단지 느끼기만 하는 것과 진배없으며
兩鄰相侮豈爲災	양 옆에서 서로 깔본다고 어찌 재앙이 되겠는가마는
自伐才敎太可哀	스스로 자신을 베어버린다면 그 때는 크게 애석하다고 말할 수 있을 것이다.
易躱當頭一棍棒	머리위로 내려치는 곤봉은 쉽게 피할 수 있겠지만
難防左右襲兵來	좌우 병사들이 습격해 오는 것은 막을 도리가 없도다.

(1) 십유가의 해석

本對合鄰有重輕 본대합린유중경	첫 문장에서 '본대합린本對合鄰'이라는 말이 나오는데 본궁(本)·대궁(對)·삼합궁(合)·협궁(鄰)을 지칭한 것이다. 　길흉이란 어느 궁을 놓고 본다면 결국 "본대합린本對合鄰"의 범주를 벗어나지 못하기 때문에 이상과 같은 궁을 살피는 요령을 아는 것이 길흉을 파악하는 선결 조건이 된다.
四面楚歌終必敗 사면초가종필패 千祥雲集自然亨 천상운집자연형	"사면초가종필패四面楚歌終必敗"는 "본대합린本對合鄰"의 궁에 총체적으로 살기형성煞忌刑星이 침범하고 있는 것을 말하는 것이다. 　본궁·대궁·삼방·협궁에서 살기형성을 다 보고 있다면 말그대로 사면초가라 할 수 있으니 패하지 않을 도리가 없는 것이다. 　"천상운집자연형千祥雲集自然亨"은 위의 사면초가의 상황과 반대되는 상황, 즉 '본대합린本對合鄰'에서 길성길화가 운집해 있는 상황을 말한 것이다. 　이렇게 되면 '자연스레 형통하게' 된다는 것이다. 어렵지 않게 수긍할 수 있는 대목이다.
自強才是好人家 자강재시호인가 鄰舍惟添錦上花 린사유첨금상화	"자강재시호인가自強才是好人家"의 자강自強은 "본대합린本對合鄰"에서 본本이 강한 상황을 말하는 것이다. 　본궁이 강한 상황이라면 좋은 집안과 같다고 한 것이다.

	즉 본궁이 강하면 좋은 집안에 태어난 사람과 같아서 역경에 처하더라도 유력한 집안 식구들에 의해 잘 극복할 수 있듯이 본궁이 좋으면 명조의 생존 조건자체가 매우 유력해짐을 말하는 것이다. "린사유첨금상화鄰舍惟添錦上花"의 "린사鄰舍"는 이웃집이라는 말로 "본대합린本對合鄰"의 "린隣" 즉 협궁의 상황을 일컫는다. 본궁도 좋은데 협궁까지 좋으면 금상첨화가 된다는 것이다. 유력하고 좋은 가문에 이웃까지 좋다면 세상살이에 별반 어려움이 없을 것임을 쉬이 짐작해 볼 수 있다.
若到逢遠眞境地 약도봉원진경지 春風只可感相差 춘풍지가감상차 兩鄰相侮豈爲災 양린상모기위재 自伐才敎太可哀 자벌재교태가애 易躱當頭一棍棒 이타당두일곤봉 難防左右襲兵來 난방좌우습병래	이 세 문장은 같이 해석해야 이해가 빠를 것 같다. 첫 문장 중 "약도봉원진경지若到逢遠眞境地"와 끝 문장 중 "이타당두일곤봉易躱當頭一棍棒"은 공히 "본대합린本對合鄰" 중의 "대對"즉 대궁을 말한 것이다. 전자는 대궁이 좋은 경우, 후자는 대궁이 나쁜 경우를 말한다. 첫 문장은 "만약 먼 곳의 경치 좋은 곳을 만났다면"의 뜻이니 대궁이 좋은 경우를 말한 것이고, 뒷 문장은 "머리위로 내려치는 곤봉은 쉽게 피할 수 있겠지만"의 뜻으로 대궁에서 살기형성이 좌하면서 본궁을 곤봉으로 머리를 내리치듯 정면으로 치고 있는 것을 말한 것이다.

그러나 이 두 경우 모두 뒷 문장들이 "봄바람을 단지 느끼기만 하는 것과 진배" 없고 "쉽게 피할 수" 있다고 했는데 이것으로 보면 대궁은 좋든지 나쁘든지 간에, 길흉에 대한 반응이 본궁만큼 직접적이지 않음을 알 수 있다.
좋아도 봄바람을 느끼기만 하는 것과 같고 나빠도 쉬이 피할 여지는 있는 것이기 때문이다.

중요한 것은 "자벌自伐" 즉 자기가 자신의 배를 가르거나 하는 자해自害적 상황이라면 "태가애太可哀" 아주 애석하게 된다고 할 수 있다는 것이다.
이 "자벌自伐"은 위에서 언급한 "자강自强"과는 정확히 반대적 상황을 말한다.
즉 본궁에 살기형성이 좌한 상황으로 이미 저항력을 상실한 상황이기 때문에 이 경우는 앞의 곤봉이든 옆의 적병이든 막을 도리가 없어진다.
만약 본궁이 강해 '자강自强'의 상황이라면 "양린상모기위재兩鄰相侮豈爲災"처럼 양 옆궁이 좋지 않은 것이 어찌 재앙이 되랴고 했지만, 본궁이 약해 '자벌自伐'의 상황이면 양 옆궁에서 서로 모욕하던(相侮) 살성들은 졸지에 좌우에서 밀어닥치는 복병(左右襲兵)과 같아서 본궁은 도저히 견뎌낼 재간이 없을 뿐더러 아군의 군영에 적의 깃발이 무수히 휘날리는 것을 목전에서 보게 되는 것이다.

2. 두수 삼강三强 이론

여기서 소개하고자 하는 두수삼강이론은 대만학자 채상기蔡上機의 『자미두수명운보전紫微斗數命運寶典』에 나온 내용이다.[116]

자미두수를 보는 방법에 하나의 힌트와 재료가 되는 이론이므로 알아두면 도움이 된다.

먼저 채상기의 글을 인용하고 난 뒤에 이 삼강이론의 기원이 전서에 있음을 밝히고 필자의 실례를 통해서 삼강이론이 임상에서 어떻게 응용이 되는가를 명반 분석을 통해서 보여주겠다.

> 두수에 소위 '삼강이론'이라는 것이 있다. 즉 「강궁强宮이론」·「강성强星이론」·「강반强盤이론」이 그것이다.
>
> 각인의 명반마다 모두 고정적으로 명·처·재·자·록 등의 십이궁과 성, 각 운반運盤이 있다. 그러나 각 사람마다 동태적으로 발전하고 인人·사事·물物적으로 구하는 바가 각기 다르기 때문에 그 명반 중의 각궁과 성, 각 운반의 중요성도 사람마다 다르게 된다.
>
> 그래서 두수 중에 삼강이론(강궁·강성·강반)이 있는 것이다.
>
> 강궁이란 중요한 궁위, 당사자에게 중대하고 직접적으로 영향을 주는 궁위이고 강성이라 함은 중요한성으로 당사자에게 중대하고도 직접적으로

---

[116] 채상기의 『자미두수명운보전』 익군서점

영향을 주는 성이며 강반이란 중요한 운반運盤으로 당사자에게 중대하고도 직접적으로 영향을 주는 운반이다.

(1) 강궁이론 强宮理論

남녀노소와 성별·연령과 각 사람이 종사하는 직업이 서로 다르기 때문에 그 당사자에게 중대한 영향을 주거나 가장 직접적인 궁(강궁) 또한 서로 다르게 된다.

① 남명은 대부분 사업에 무게중심을 두기 때문에 관록궁이 강궁이 된다.
② 여명은 혼인이 중요하기 때문에 부처궁이 강궁이 되고, 어린이는 부모의 돌봄에 의지하기 때문에 부모궁이 강궁이 된다.
③ 나이든 사람은 대부분 편안히 복을 누리는 복과 수명이 중요하므로 복덕궁이 강궁이 된다.

④ 운전사·비행기 조정사·스튜디어스·선원·외무원 등 항상 밖에서 생활하는 사람들은 천이궁의 길흉이 당사자에게 가장 직접적이 된다.
천이궁이 길하다면 밖에서 순조롭고, 천이궁이 흉악하면 밖에서 불리하고 흉험한 일이나 재난을 당하기 때문에 천이궁이 강궁이 된다.

⑤ 장사하는 사람·투자하는 사람·투기하는 사람 등은 금전유동성이 가장 크기 때문에 재백궁의 길흉의 영향이 당사자에게 가장 직접적이 된다.
월급쟁이는 고정적인 월급을 받아 수입이 고정돼 있기 때문에 재백궁의 길흉작용의 영향은 크지 않고, 오히려 직업이 중요하므로 관록궁이 길해야 승진이나 월급이 올라가게 된다.

⑥ 가정주부는 경제적인 일에 종사하지 않고 가정 혼인생활이 중심이 되므로, 부처궁의 길흉의 영향이 당사자에게는 가장 직접적이 된다.

⑦ 몸이 약해 병이 많거나 몸에 병이 있는 사람은 신체건강이 가장 중요하기 때문에, 질액궁의 길흉이 당사자에게는 가장 직접적이게 된다.

⑧ 기타의 경우에도 영향을 주는 중대한 궁위나 직접적인 궁이 강궁이 된다. 또 각 사람마다 강궁은 영구하게 고정 불변하는 것이 아니라 각 사람의 상황에 따라 강궁을 가려서 정해야 한다.

(2) 강성이론 强星理論

각 사람의 직업의 발전적인 동향과 각자 하는 행업이 서로 다르기 때문에 그 당사자에게 중대하고도 직접적으로 영향을 주는 성(강성)도 사람마다 다르다.

① 장사하는 사람·투자자·창업하는 사람은 돈 버는 것이 목표이므로 재성이 당사자에게는 가장 중요하다.
재성이 모여 있으면 돈을 벌 수 있고, 재성이 모여 있지 않으면 모으지 못하므로 재성이 강성이 된다.

② 투기하는 사람·주식을 하는 사람·선물하는 사람·도박성의 직업을 가지고 있는 사람에게는, 투기편재의 성이 당사자에게 가장 중요하므로 투기·편재성이 모여 있으면 횡발할 수 있다. 고로 투기편재성의 성이 강성이 된다.

③ 군경에 있거나 권력자거나 승진을 바라는 사람이거나 권세를 쟁탈해야 하는 사람은, 권귀한 자리를 구하는게 목표가 되므로 권귀의 성이 당사자에게는 가장 중요해 권귀의 성이 강성이 된다.

④ 학교를 가려고하거나 고시를 준비하거나 학자나 명예를 구하는 사람이면 과명科名·문갑文甲의 성이 가장 중요해서 그러한 성이 강성이 된다.

⑤ 체약다병한 사람이나 어린이나 노인은 복과 수명·음덕과 안태함이 당사자에게 가장 중요하므로, 복수福壽·음길蔭吉한 성이

가장 중요해 그러한 성이 강성이 된다.

⑥ 기타의 경우에도 영향을 주는 중대한 궁위나 직접적인 궁이 강궁이 된다. 또 각 사람마다 강궁은 영구적으로 고정 불변하는 것이 아니라 각 사람의 상황에 따라 강궁을 가려서 정해야 한다.

(3) 강반이론 强盤理論

  삼강이론으로 보면 강반의 변화는 비교적 적다.
  두수의 각반은 단지 본명반·대한반·소한반·유년반·유월반·유일반·유시반으로 고정된 각반이 있을 뿐이기 때문이다.
  각 사람이 어떤 일을 하느냐에 따라 발생하는 일이 다르므로 그 당사자에게 중대하거나 가장 직접적인 영향을 주는 운반(강반)도 역시 사람마다 다르다.

① 장년의 사업·장년의 투자·장년의 기획발전·장년의 질병 등의 일들은, 해당사물의 시간 범위가 모두 년에서 년이지 월이나 일이 아니기 때문에, 해당사물의 시간년한의 대한운반의 길흉이 당사자에게 가장 중요하게 되므로 대한운반이 강반이 된다.

② 단기적인 사업·단기적인 투자·단기 기획발전·단기 질병·선거·고시 등의 일에는 해당사물의 시간범위가 모두 년에서 월

사이에 있으므로, 해당 사물의 시간적인 유년운반의 길흉이 당사자에게는 가장 직접적인 것이므로 유년·소한의 운반이 강반이 된다.

③ 매일의 사업·매일의 투자·단기기획발전과 유행병 등의 일은 해당 사물의 시간범위가 모두 월과 일 사이에 발생하는 것이므로, 해당 사물의 시간의 유운반의 길흉은 당사자에게 가장 중요하므로 유월운반이 강반이 된다.

④ 해당사물이 발생하는 시간범위가 일에서 시 사이라면 해당사물의 시간의 유일운반의 길흉은 당사자에게 가장 중요하므로 유일운반이 강반이 된다.

⑤ 해당사물의 시간범위가 시에서 분사이의 일이라면 해당사물의 시간의 유시운반의 길흉은 당사자에게 가장 중요하므로 유일운반이 강반이 된다.

(4) 삼강이론三强理論의 기원과 실례

채상기의 위 이론은 『자미두수전서』에서 비롯되었다.

- 남명에서 재백궁·관록궁·복덕궁·천이궁·전택궁은 강궁强宮이 되고, 자녀궁·노복궁·형제궁·부모궁은 약궁弱宮이 된다.[117]
- 여명에서 부처궁·자식궁·재백궁·전택궁·복덕궁은 강궁强宮이 되고, 나머지 궁은 모두 약궁弱宮이 된다.

『자미두수전서』의 이 구절은 위에서 채상기가 말한 강궁이론의 모체가 된다. 즉 남명과 여명의 성의 차이가 존재하고 역할의 차이가 있기 때문에 간명할 때 강하게 논해야 할 궁과 약하게 논해야 할 궁을 구분해야 함을 말해주고 있는 것이다.

두 번째로 채상기가 이야기한 강성이론도 역시 『전서』로부터 비롯되었다. 물론 『자미두수전서』에서 언급된 부분은 아주 엄밀한 의미에서는 채상기가 언급한 강성이론과 차이가 있다.

채상기가 언급한 강성이론의 요점은 직업에 따라, 노소병약의 차이에 따라 중점을 두고 우선적으로 보아야할 성을 강성이라고 해서 이 성들을 비중 있게 봐야한다는 이론이다. 『전서』에서 말하는 것은 특정한 성[118]의 특정한 쓰임과 역할이 있는데, 그 성의 역할과 쓰임에 부합되지 않은 궁에 그 성들이 배치되어 있으면 약

---

[117] 『전서』 85p의 「십이궁의 강약을 정하는 법」 인용.

[118] 예를들어 자미·천부·태양·태음·천량 등

궁, 즉 다시 말해서 약한 성이 된다는 것이다.

　아래 『자미두수전서』에 산재해 있는 구절들을 인용해 본다.

　여기서 '강궁이다 약궁이다' 함은, 해당별이 그 궁에 들어가면 강성이 되거나 약성이 된다는 말이므로, 강궁·약궁이라는 단어에 걸리지 말아야 한다.

❂ 자미가 만일 질액궁·형제궁·노복궁·부모궁의 네 함궁陷宮에 떨어지면 그 사람이 고생해서 일한다 해도 이룬 것이 없게 된다. 이런 경우에는 비록 좌보·우필의 보좌성의 도움이 있어도 복이 되지 못한다.[119]

❂ 노복궁에 있으면 약궁이며 신궁身宮에 태양에 있고 길성을 보면 귀인 문하의 객이 된다. 그렇지 않으면 시장에서 심부름하러 돌아다니는 하인이 된다.[120]

❂ 전택·재백궁은 묘왕지가 되고 노복궁·부모궁·질액궁에서는 함약궁이 되며 형제궁은 평상이 된다.[121]

❂ 만약 함지에 거하면 약궁의 자리에 떨어지는 것이라고 부르며 상·하현을 막론하고 거문을 만나지 않는 것이 좋다.[122]

❂ 노복·질액·부모궁에 있으면 풍요롭게 되지 못한다고 논한다.

---

119) 『전서』 131p 「별에 대한 문답」 「자미」편
120) 『전서』 175p 「별에 대한 문답」 「태양」편
121) 『전서』 250p 「별에 대한 문답」 「천부」편
122) 『전서』 258p 「별에 대한 문답」 「태음」편

❂ 명궁 혹 대궁에 천량이 있으면 주로 수명이 길어서 극히 길한 별이 된다.[123]

이러한 강궁·약궁 개념의 근원은 오성술에 있다. 『성학대성』 상권 「괄창이십자례括蒼二十字例」에 보면 칠강궁과 오약궁을 구분하고 있다. ① 명궁 ② 재백궁 ③ 전택궁 ④ 복덕궁 ⑤ 관록궁 ⑥ 남녀궁 ⑦ 부처궁을 칠강궁七强宮으로 보고, ① 형제궁 ② 노복궁 ③ 천이궁 ④ 질액궁 ⑤ 상모궁을 오약궁五弱宮으로 보고 있다.

이미 자미두수의 원류가 되는 오성술에서도 이러한 강궁·약궁 등을 따지는 「강궁이론」 등이 존재했던 것을 상기하면, 오늘날 후인들도 통변상 이러한 관점을 적절하게 응용해야 할 것이다.

현대 학자 중에서 자운선생도 이러한 강궁·강성·강반 등의 이론을 적절하게 통변에 응용하고 있는데, 채상기가 위에서 말한 강궁이론과 같은 것인데 "중점궁위重點宮位"라고 칭한다.

예를 들어 실물失物에 대해 통변을 할 때, 자운선생은 중요하게 봐야할 궁, 즉 강궁개념과 같은 중점궁위를 두 가지로 본다.

즉 집안에서 물건을 잃어버렸다면 전택궁을 중점궁위로 보고, 집밖에서 잃었다면 복덕궁을 중점궁위로 본다.

이러한 강궁이론과 강성이론은 운에서 응용함에 있어 매우 징험함이 있다.

---

[123] 『전서』 327p와 329p 「별에 대한 문답」「천량」편

실례1 여명 1960년 12월 ○일 자시			
破太 碎陽 ○ 祿 小劫小 86~95 辛 耗煞耗【官祿】絶巳	解天天天台天三破 神福傷虛哭輔貴台軍 截 空 青災歲 76~85 壬 龍煞破【奴僕】墓午	大陀天天 耗羅鉞機 ◎○陷 力天龍 66~75 癸 士煞德【遷移】死未	蜚天八天祿天紫 廉使座刑存府微 ◎△○ 博指白 56~65 甲 士背虎【疾厄】病申
旬龍陰文武 空池煞曲曲 ◎◎ 權 將華官 96~ 庚 軍蓋符【田宅】胎辰	성명 : ○○○, 陽女 陽曆 1961年 2月 ○日 0:59 陰曆 庚子年 12月 ○日 子時 命局 : 火六局, 霹靂火 命主 : 巨門, 身主 : 火星		天擎太 喜羊陰 陷○ 科 官咸天 46~55 乙 府池德【財帛】衰酉
紅左天 鸞輔同 陷◎ 忌 奏息貫 己 書神索【福德】養卯			紅寡年鳳鈴文貪 艷宿解閣星昌狼 ◎陷◎ 伏月弔 36~45 丙 兵煞客【子女】旺戌
天天孤封天火七 月廚辰誥馬星殺 ◎◎◎ 飛歲喪 戊 廉驛門【父母】生寅	天天天天天 壽才空魁梁 ○○ 喜攀晦 6~15 己 神鞍氣【身 命】浴丑	恩天天廉 光姚相貞 ◎△ 病將太 16~25 戊 符星歲【兄弟】帶子	天天地地右巨 官巫劫空弼門 ○陷X○ 大亡病 26~35 丁 耗神符【夫妻】冠亥

◆ 명반 본석

① 위 명의 을유대한(46~55세)을 보면 태음화과에 경양이 좌하고 있으며, 선천 재백궁대한이다.
대한 형제궁을 보면 자미·천부의 남두주성과 북두주성이 좌하고 있으며, 여기에 재를 주하는 록존까지 주하고 있다.

② 무자년을 보면 선천 형노선에 좌하고 혈육을 주하는 염정과

문서와 약속을 주하는 천상이 좌하고 있는데, 이는 가까운 사람과 문서나 약속과 관련된 일이 발생할 수 있음을 암시한다.

③ 대한의 태음화기는 유궁에 있고, 유년 무간 천기화기는 미궁에 있어, 신궁申宮의 대한 형제궁의 자미천부를 쌍화기로 협하고 있다.

④ 이 해에 가까운 사람들을 도와주고 싶은 마음에 지인들을 투자고수에게 연결시켜서 높은 이자를 받게 해주게 했으나, 지인들이 투자한지 얼마 되지 않아 투자고수가 잠적해 버렸다. 그 지인들이 돈을 날리게 된 상황 때문에 매우 힘들어 했던 일이 발생했다.

◆ 강성이론에 대입
① 이것을 강성이론에 대입해보면 자미·천부와 같은 대 귀인성·황제성들이 형제의 자리에 있어 약해졌는데(약궁), 이는 마치 이 대한에 내가 만나는 대인관계(형제궁)는 내가 그들을 황제 떠받들듯이 해야함을 표시한다.
이렇게 형노선에 자미가 들어가면 흔히 고인들이 '노기주奴欺主'라고 해서 노복이 주인을 속인다고 해서 주객전도의 일이 발생한다고 하였다.

② 위 명도 순수하게 지인들을 돕고 싶은 마음에 다리를 놓아주었지만, 결과적으로 그 지인들이 돈을 날리게 되어 도의적인

책임감 때문에 많이 힘들어 했던 것이다.
현상적으로는 노복(지인들) 때문에 내가 힘든 상황이 전개 되었던 것이다.

③ 이런 명례에서처럼 대한 명궁의 성이 약한데 이렇게 형노선이나 이런 궁에 자미·천부같은 강왕한 성이 좌하고, 이 궁이 사화에 의해 인동이 되면 '노기주奴欺主'로 인한 주객전도의 일이 발생한다.

실례2	남명 1963년 7월 ○일 사시		
旬蜚天破孤 天天文天 空廉福碎辰 馬鉞昌同 △◎◎	天天天地天武 官才喜空府曲 ◎◎◎	年封鳳龍天太太 解誥閣池姚陰陽 △△ 科	紅天大貪 艶傷耗狼 △ 忌
喜歲喪　　　丁 神驛門【福德】冠巳	飛息貫 92~　戊 廉神索【田宅】帶午	奏華官 82~91　己 書蓋符【官祿】浴未	將劫小 72~81　庚 軍煞耗【奴僕】生申
天天地右破 壽空劫弼軍 陷◎◎ 祿	성명 : ○○○, 陰男 陽曆　1963年 9月 ○日 10:59 陰曆　癸卯年 7月 ○日 巳時 命局 : 水二局, 大溪水 命主 : 文曲, 身主 : 天同		天恩文巨天 虛光曲門機 ◎◎◎ 權
病攀晦　　　丙 符鞍氣【父母】旺辰			小災歲 62~71　辛 耗煞破【遷移】養酉
天三天鈴天 哭台刑星魁 ◎◎			天左天紫 使輔相微 ◎××
大將太　2~11　乙 耗星歲 【命】襄卯			靑天龍 52~61　壬 龍煞德【疾厄】胎戌
解陰天火廉 神煞巫星貞 ◎◎	截寡天擎 空宿貴羊	紅祿七 鸞存殺 ◎◎	天天台八陀天 月廚輔座羅梁 陷陷
伏亡病 12~21　甲 兵神符【兄弟】病寅	官月弔 22~31　乙 府煞客【身夫妻】死丑	博咸天 32~41　甲 士池德【子女】墓子	力指白 42~51　癸 士背虎【財帛】絶亥

◆ 명반 분석

① 위 명의 계해대한을 보면 천량타라가 좌한 운이다.
　대한의 삼방사정에서 천형·영성의 살성이 들어오고, 대한 천이궁은 겁공이 협하고 있다.

② 대한 형제궁을 보면 자미천상이 좌하고 있는데, 자미가 보필을 보아 백관조공이 되고 대궁에 파군화록까지 보아 자못 성세

가 있는데, 계해대한의 계간 파군화록까지 붙어서 대한 형제궁의 자미천상은 아주 강왕한 상태다.

내가 아닌 내형제궁에 자미가 강왕하게 자리하고 있으니 내가 황제를 시봉하는 형상이라 이 대운에 믿었던 동료들로부터 무수하게 배신을 당하고 있다.

◆ 강성이론에 대입

① 대한 명궁의 성이 약한데 이렇게 형노선이나 이런 궁에 자미·천부같은 강왕한 성이 좌하고, 이 궁이 사화에 의해 인동이 되면 '노기주奴欺主'로 인한 주객전도의 일이 발생한 실례라 할 수 있다.

3. 입명십이궁立命十二宮

이 부분은 대만학자 진계전이 쓴 『자미현기』에서 발췌한 것이다. 이 이론의 핵심은 명궁이 12개 궁에 있을 때 특수한 의미와 성질을 가지고 있다는 것으로, 원래 자미두수전신인 『십팔비성』에서 나온 이론이다.

진계전이 임상에 경험을 더해서 십팔비성에 나온 내용보다 더욱 풍부하게 다듬어서 쓴 글로 일독할 가치가 있다.

(1) 자오묘유

주색을 좋아하고 교재하고 노는 것을 좋아하며 표탕飄蕩124)을 면하기 어렵다. 일생 감정적으로 비교적 복잡하고, 다시 성정을 배합해서 만약 탐랑·천요·홍란·염정 등 등의 도화성이 좌명한다면 표탕도화의 사패四敗적 정형

巳	午	未	申
辰			酉
卯			戌
寅	丑	子	亥

---

124) 회오리 바람처럼 일정하지 않고, 쓸어버리거나 흩어지는 것을 말하는데, 홍수로 재산을 잃거나, 정처없이 떠돌아 다님을 뜻한다.

이 더욱 분명하게 된다.

(2) 진술축미

사묘四墓·사고四庫의 지로 개성이 보수적이고 고독하며 조종을 떠난다. 다시 태양·태음·살파랑 등과 배합되면 더욱 그렇다.[125] 거문이나 파군이 좌명하면 비교적 고독하다.

파군은 자녀성인데 이 성이 좌명하면 자녀를 극하며, 거문성도 자녀에게 불리하기 때문에 고독한 것으로 나타나는 것이다.

(3) 인신사해

사생四生·사마四馬의 지로 비교적 고생스럽다.

사마는 분주하게 내달리기 때문에 동적이다.

사마는 재성이 되므로 비교적 고생스러우며 스스로 고뇌를 만든다. 다시 천마·천기 등 동적인 것을 좋아하는 성을 만나면 이러한 특성이 더욱 분명해진다.

---

[125] 축미궁에서는 일월이 교회함.

천부·천상과 같이 비교적 온중한 성이 좌한다면 평형을 유지하기 때문에 고생이 덜하다. 용지龍池도 비교적 온중한 성이다.

다시 살파랑·태음·태양의 성이 이런 궁에 있으면 비교적 고생스러운데, 일월은 쉬지 않고 움직이기 때문에 더욱 그 응험력이 증가한다.

또 인신사해는 『역경易經』에 의하면 쌍雙에 속하는 궁이다.

- 寅 : 인마궁人馬宮
- 申 : 음양궁陰陽宮
- 巳 : 쌍리궁雙鯉宮126)
- 亥 : 쌍어궁雙漁宮

巳	午	未	申
辰			酉
卯			戌
寅	丑	子	亥

이 네 개 궁위에 또 주성이 좌하면 이 사람은 일생 사업변환이 아주 크거나 동시에 두 가지 이상의 사업을 진행하게 된다.

(4) 묘유궁의 특성

묘유卯酉는 해와 달이 뜨는 곳으로 여기에 명궁이 있으면,127) 비교적 파동이 있고 일생 밖에서 분파하며 고향을 떠난다. 하는 일도 외무와 외부에서 일하는 경우가 많다. 혹 여행업 등 동적인

---

126) 일반적으로는 '쌍녀궁雙女宮'으로 쓴다.

127) 태양과 달은 솟아올라 활발히 움직이는 성질이 있다.

일을 한다.

다시 앉아있는 성의 성질을 배합해서[128] 보면 응험이 더욱 분명해진다.

묘유궁에 태양·태음 혹 천동·태음 등의 동적인 성이 있으면 일생 파동의 정황이 더욱 확실해진다. 또 자오묘유는 사패의 지로 교유交遊를 좋아하기 때문에 비교적 동탕하다.

묘유의 지는 자오의 지에 비해 정황이 더욱 심하다.

그것은 묘유궁에 있으면 천라지망을 충파해야 하기 때문에 그 충격력이 더욱 커진다.[129] 다시 일월 혹 동월을 보면 동탕의 정도가 더욱 커진다.

(5) 진술궁의 특성

진술궁은 천라지망이라서 비교적 유리遊離하고 자기자리를 지키지 않기 쉬운데, 밖에서 표탕하는 특성이 축미궁좌명의 사람보다 더욱 심하다.

진술궁 천라지망의 사람은 마음으로 누적된 근심인 라망羅網을 깨고 나오려고 하므로 밖에서 유리표탕하는 정도가 더욱 심해진다.

---

[128] 천상(복무성)·천기(막료적인 일)

[129] 이 말의 의미가 분명치 않다. 아마 묘다음에 진의 천라지망궁이기 때문에 이런 표현을 한 게 아닌가 싶다.

자파가 축미궁에 있을 때와 자미파군이 진술궁에서 대궁으로 있을 때 "자미가 진술궁에서 파군을 만나면 신하는 불충하고 자식은 불효한다."는 구절이 있다.

그것은 자미·천상의 사람은 수령의 명으로 일할 때 계획적이다. 고로 상사에 대해 더욱 반항적인 심리가 있게 되며, 자기가 머리가 되려고 생각하기 때문에, 직장 생활할 때 항상 상사나 사장에 대해 불만을 가진다. 여기에 진술궁의 천라지망이 더해지니까 항상 억지로 굽히는 느낌이 있어 원한의 심리로 더욱 상사에게 불만을 갖기 쉽다.

부자간에도 마찬가지로 자식 되는 사람은 부친과 세대차이가 난다고 느낀다.

자미천상은 본래 황제성이기 때문에 타인의 간섭에 반항하는 것이다. 자식인 경우도 더욱 효도를 다하지 못하며 일할 때 아랫사람이 상사에 대해 반항적인 심리를 갖게 된다.

일반적으로 자미가 이런 궁에 입명하면 "신하는 불충하고 자식은 불효한다(爲臣不忠 爲子不孝)"의 응험도가 아주 높다. 그 형제와도 화목하지 못한다.

4. 십이궁생기결 十二宮生忌訣

『자미두수전서』에 보면 12지지별로 꺼리는 생기결이 있다. 아래 전문을 수록하였다.

『자미두수전서』 뒷부분에 수록된 명례를 보면 이 생기결로 운의 길흉을 판단하는 예가 매우 많은데, 왕정지 선생에 의하면 이 내용은 자미두수라는 비급의 술수를 일반인들이 파악하지 못하게 일부러 왜곡한 몇 가지 사례 중의 한가지라고 한다.

가장 결정적인 왜곡은 대운을 명궁에서 시작하지 않고 형제궁이나 부모궁부터 시작하게 하는 것이며, 그 다음이 생기결이라고 한다.

실지로 이 생기결은 임상에서 혼란만 가중시키는 이론이다.
생기결을 따르다보면 성과 사화를 무시해야 하는 오류를 범하게 되며, 삼방사정의 의미나 해당운의 십이사항궁 또한 의미부여를 할 수 없게 되므로, 자미두수의 근본체계를 뒤흔들게 된다. 필자도 초기에는 이 이론에 어떤 현기가 있을 것이라고 생각하고 연구해 보았으나, 결국 이 이론을 따르다 보면 오리무중에 빠지게 된다는 것을 알게 되었다.

『자미두수전서』의 편집자들이 부록으로 덧붙인 명반의 해석에서 이 생기를 써서 해석한 것 또한 일부러 그렇게 해석해서 후학들에게 혼란을 초래하게 한 것이 아닌가 싶은 생각이 들 수도 있지만, 내가 보기에는 일부러 그랬다기 보다는 책에 그렇게 쓰여져 있기 때문에 그런 식의 해석방식을 따른 것이 아닌가 싶다.

子丑生人莫遇寅
★子生寅忌寅申限

❂ 자·축년생은 인을 만나서는 안된다.
☆ 자년생은 인을 꺼리고 인·신의 운을 꺼린다.

伏牛沈馬運須傾
★丑人忌午午忌丑

❂ 엎드린 소와 가라앉은 말의 운에는 반드시 기울어진다.
☆ 축년생은 오를 꺼리고 오는 축을 꺼린다.

虎兔埋蛇猪遇險
★寅卯人忌巳亥限

❂ 호랑이와 토끼는 뱀과 돼지가 묻혀 있는 곳에서 험한 일을 만난다.
☆ 인·묘년생은 사·해의 운을 꺼린다.

龍蛇切忌[130]本方臨

---

130) 원문은 '切記'로 되어 있으나, 문맥상 '切忌'가 옳다고 보고 역자 임의대로 원문을 수정하고 해석하였다.

辰巳寅忌[131]辰巳限

✪ 용과 뱀은 절대로 본방향에 임해서는 안된다.

☆ 진·사년생은 진·사의 운을 꺼린다.

猴人見火本傷休
★ 申生人忌火鈴星

✪ 원숭이띠 사람이 화령을 보면 상함이 있고 그만두게 된다.

☆ 신申년생은 화령을 꺼린다.

羊行酉地禍來侵
★ 未人忌酉限怕暮

✪ 양이 유의 지지로 행하면 화禍가 침범해 온다.

☆ 미년생은 유의 운을 꺼리며, 모暮를 꺼린다.

> **이두주** 여기서 '모暮'란 저물 때·해질 무렵을 이야기하는데, 『자미두수전서』를 참고해 볼 때 유시나 해시 등 해가 지는 시간을 말하는 것으로 보인다.

猪犬愁遇擎羊神
★ 戌亥生人忌羊地

✪ 돼지와 개는 경양을 만나는 것을 근심한다.

☆ 술·해년생은 경양이 있는 궁을 꺼린다.

---

131) 원문은 '記'로 되어 있으나, 문맥상 '忌'가 옳다고 보고 역자 임의대로 원문을 수정하고 해석하였다.

> 雞見羊陀神目生
> ★ 酉生人忌陀羅裡

✪ 닭이 양타를 보면 신목神目이 살아난다.

☆ 유년생은 타라 속에 있는 것을 꺼린다.

이두주 여기서 '神目生'의 정확한 뜻은 불분명하다.

> 猪犬生人莫遇陀 龍蛇限莫見天羅 須敎整頓衣冠其 不久令人匪露歌

✪ 돼지나 개띠는 타라를 만나서는 안되며, 용이나 뱀띠는 운에서 천라를 보면 안된다. 이렇게 되면 그 의관을 정돈하라. 오래지 않아 다른 사람들이 장송가를 부르리라!

5. 명주命主·신주身主·궁주宮主

　명주와 신주와 궁주는 원래 자미두수의 원류가 되는 술수인 칠정사여산에서 나왔다. 그러나『자미두수전서』에는 명주와 신주만 나와 있고 궁주는 없으며, 명주·신주 또한 배치법만 나와 있을 뿐 자세한 응용법이 없다.
　오늘날의 학자들도 대부분 명주·신주는 배치는 하되, 퇴화된 꼬리뼈 취급을 하고 있으나, 몇몇 학자들은 명주와 신주를 중요하게 생각하며 추명하는 학자들도 있다.

　필자는 아직 명주와 신주를 간명에 쓰고 있지 않고 있지만, 칠정사여산에서 중요하게 본 개념이기 때문에 무시하지는 않는다. 명주와 신주를 응용하는 학자 중에 그래도 필자가 보기에 합리적인 견해를 제시한 대만학자「양정굉」의 이론을 아래에 소개해 볼까 한다.

　먼저 명주와 신주를 찾는 법을『자미두수전서』77p에서 필자의 해석과 함께 인용하고, 양정굉선생이 쓴 용어를 설명한 후 4개의 예를 들겠다.

(1) 명주를 배치하는 법

> 貪狼子宮 巨門亥丑宮 祿存寅戌宮 文曲卯酉宮 破軍午宮 廉貞申辰宮 武曲未巳宮
>
> ★ 午宮安命 尋破軍星在何宮 卯命主星也 子宮安命 尋貪狼星卽命主也

❂ 명궁이 자궁에 있으면 탐랑이 명주命主가 되고, 해궁과 축궁이 명궁이면 거문이 명주가 되며, 인궁과 술궁이 명궁이면 녹존이 명주가 되고, 묘궁과 유궁이 명궁이면 문곡이 명주가 된다. 명궁이 오궁이면 파군이 명주가 되고, 신궁申宮과 진궁이 명궁이면 염정이 명주가 되며, 명궁이 미궁과 사궁이면 무곡이 명주가 된다.

☆ 가령 오궁이 명궁이면 파군이 어디 있는가를 찾는데, (묘궁에 파군이 있다면) 묘궁의 파군이 명주성命主星이 되고, 자궁이 명궁이면 탐랑을 찾아 탐랑을 명주성命主星으로 삼는다.

이두주 이 명주와 아래에 나온 신주는 자미두수의 사각지대라고 할 수 있다. 『전집』과 『전서』에 모두 게재되어 있으면서도 그 사용법에 대해서는 설명을 하지 않고 있기 때문이다. 무언가 어떤 비밀이 있을 것이라고 말들은 하면서 누구하나 속 시원하게 설명하는 학자들이 없다.

역자는 명주와 신주가 칠정사여산에서 비롯된 것으로 본다. 칠정사여산에는 명주·신주 뿐만 아니라 각 십이사항궁의 궁주가 있다. 궁주의 응용법을 예로 들어보면, 가령 재백궁이 묘궁에 있다면 칠정사여에서는 묘·술궁을 오행 火의 궁으로 보고 재백궁의 궁주宮主를 화성으로 삼는데, 이 화성이 어느 궁에 있는가를 찾아서 그 화성이 있는 궁에서 화성이 묘왕지에 있는가

함지에 있는가·공망에 떨어지지 않았는가? 등을 살펴서 재물에 관한 사안을 논하고 있다.

명주와 신주도 이런 식으로 논하고 있다. 그러므로 이러한 칠정사여산에 대하여 알지 못하고 자미두수 내에서만 명주와 신주를 이해하려고 한다면 곤란한 부분이 있다. 지면관계상 자세한 언급은 피하겠으나 명주와 신주는 중요한 현기가 숨어 있을 것으로 보이므로 깊이 있는 연구가 필요한 부분이라고 본다.

『전서』의 명주배치법은 『전집』과는 그 배치법이 다르게 나와 있다. 『전집』의 원문을 해석해보면 다음과 같다.

"자년생이면 탐랑이 명주성이 되고, 축·해년생은 거문이, 인·술년생은 녹존이, 묘·유년생은 문곡이, 사·미년생은 무곡이, 진·신년생은 염정이, 오년은 파군이 명주성이 된다."

『전서』에는 자기가 태어난 생년지지 기준으로 명주를 정하는 것을, 명궁기준으로 배치한다고 고쳐놓았다. 중주파도 『전집』에서 이야기하는 것처럼 명주·신주 모두 생년지지를 기준으로 사용하고 있다.

(2) 신주를 배치하는 법

> 子午人火鈴星 丑未人天相星 寅申人天梁星 辰戌人文昌星 巳亥人天機星 卯酉人天同星

✪ 태어난 해가 자년과 오년이면 화성과 영성이 신주身主가 되고, 축년생과 미년생은 천상(天相)이 신주가 되며, 인·신년생은 천량이 신주가 되고, 진·술년생은 문창이 신주가 되며, 사·해년생은 천기가 신주가 되고 묘·유년생은 천동이 신주가 된다.

이두주 이 신주의 효용성이 어떠하냐에 앞서 배치법부터 『전서』와 『전집』간에 시각차이가 있다. 『전집』에는 '子午生人鈴火宿'이라고 했고, 『전서』는 위에서처럼 '子午人火鈴星'이라고 되어 있다. 이것에 대해 같은 중주파계열의 책에도 두 가지로 나와 있다. 〈육빈조〉의 『자미두수강의』에서는 자년생은 신주가 영성·오년생은 신주가 화성이라고 되어 있어 『전집』을 따르고 있고, 〈왕정지〉 선생의 『안성법과 추단실례』에서는 자년과 오년 모두 화성이라고 표시되어 있다. 역자는 자오년생 모두 화성으로 보고 있다.

(3) 양정굉 선생의 용어 설명

① 명주命主·신주身主

명주는 명궁을 주재하며 명 중에 이미 정해진 것이다. 신주란 신궁을 주재하며 신체를 관장한다(체격도 포함). 명주는 선천을 주재하고 신주는 후천을 주재한다.

② 궁주宮主

각궁을 주재하는 것으로 각궁의 지반이 국토라면 지반에 거하는 각성은 그 나라의 국민이 된다. 궁주란 국왕으로 일개 국왕의 좋고 나쁨이 전체 나라의 흥쇠에 영향을 주듯이 명주를 황제에 비유한다면 각 궁의 궁주는 제후를 대표한다.132)

각개 주재의 길흉은 그 주재한 부분의 길흉에 영향을 준다.

예를 들어 명주가 거문인데 거문에 길화가 있으면 전체 명격이 높아지며, 명궁에 있으면 가장 강하고, 신궁에 있으면 그 다음이며 삼방사정에 있으면 또 그 다음이다.

만약 명주가 기타 궁에 들어가면 그 궁은 반드시 특수한 작용이 있다. 신주도 궁주의 작용과 같은 이치로 본다.

운에서 명신주 및 궁주의 궁으로 가면 그 주재한 부분은 두 배의 역량이 있게 된다.

이 때 각 주재主宰가 각 주재한 부분에 들어가면 역량이 가장 강하게 되고 삼방사정에 들어가면 그 다음으로 작용을 드러낸다. 삼방사정에 들어가지 않으면 작용이 드러나지 않는다.

---

132) 여기서 궁주를 찾는 법은 명주와 같다. 예를 들어 자궁이면 궁주가 탐랑이 되고, 축궁이면 거문, 인궁이면 궁주가 록존이 되는 식이다.

실례1	남명 1959년 7월 6일 유시[133]		
旬天天恩天陀巨 空虛貴光馬羅門 △陷△	天祿火天廉 使存星相貞 ○○○△	天天鈴擎天 哭姚星羊梁 ○○○ 科	天地天七 廚劫鉞殺 ○○○
力歲歲 66~75 己 士驛破【身遷移】絶巳	博息龍 56~65 庚 士神德【疾厄】墓午	官華白 46~55 辛 府蓋虎【財帛】死未	伏劫天 36~45 壬 兵煞德【子女】病申
紅天天大紅右貪 艶傷壽耗鸞弼狼 ○○ 權	성명 : ○○○, 陰男 陽曆 1959年 8月 9日 18:59 陰曆 己亥年 7月 6日 酉時 命局 : 火六局, 山頭火 命主 : 巨門 身主 : 天機		截天破天 空官碎同 △
靑攀小 76~85 戊 龍鞍耗【奴僕】胎辰			大災弔 26~35 癸 耗煞客【夫妻】衰酉
台龍三天太 輔池台刑陰 陷			寡天天左武 宿才喜輔曲 ○○ 祿
小將官 86~95 丁 耗星符【官祿】養卯			病天病 16~25 甲 符煞符【兄弟】旺戌
解天孤陰天地天紫 神福辰煞巫空府微 陷○○	蜚文文天 廉曲昌機 ○○陷 忌	天天破 空魁軍 ○○	天年封鳳八太 月解諾閣座陽 陷
將亡貫 96~ 丙 軍神索【田宅】生寅	奏月喪 丁 書煞門【福德】浴丑	飛咸晦 丙 廉池氣【父母】帶子	喜指太 6~15 乙 神背歲【命】冠亥

◆ 명주 – 거문

① 거문이 신궁身宮에 있고 천이궁에 있기 때문에 그 성향이 드러나며 영향력이 크다.

신궁은 일개인의 신체를 보는데 거문이 타라와 동궁하므로 반드시 이 조합과 관련된 병이 있다. 거문에 타라가 더해지면 기

---

133) 『두수기밀斗數機密』(양정굉 편저, 왕가출판)에서 4개의 예제를 인용하였다.

관지에 관한 질환이 되기 때문에 이 명은 기관지가 반드시 좋지 않게 되는 것이다.

② 천이궁에 살이 동궁하므로 명 중에 어릴 때(6~15세) 교통사고가 있게 된다. 단 은광·천귀가 도와주므로 크게 다치지는 않는다.

③ 거문은 시비·구설을 주하므로 일생 시비가 많은데 천이궁에 있으므로 밖에 나가서 시비구설이 없으면 신체가 부조화하게 된다.

④ 거문이 입을 대표하므로 길화·흉화에 대해 영향력이 아주 크다. 길화면 말과 관련된 행업에 종사하여 두각을 나타낸다. 이 명반이 유궁으로 운이 행하면 궁간이 계간으로 거문화권이 대한의 재백궁에 있으므로 반드시 말로 득재하는 일이 있게 된다.

⑤ 이 대한은 말로 돈을 벌뿐만 아니라, 삼방에서 신주身主인 천기·부처궁의 궁주인 문곡이 있고, 또 대한이 원명반의 부처궁이 되므로 반드시 아내와 같이 일을 하게 된다.(최소한 옆에서 도와주게 된다)

◆ 신주身主 - 천기
① 천기가 신궁의 삼방에 있으므로 그 성향이 드러난다.

신주가 복덕궁에 들어가 있는데 천기는 본래 부동浮動의 성인데 신주가 천기가 되어 있으므로 더욱 그 부동성이 가강된다. 그래서 반드시 하루 종일 조용히 있지 못하고 이것저것 생각하고 아주 민감하며, 다시 문곡화기가 동궁하고 있으므로 특별히 감정이 중하여 번뇌가 끊이지 않는다. 단 이 때문에 본명의 상상력과 창조력은 격발된다.

② 신주는 신체를 주관하는데 신주가 복덕궁에 들어가 있다. 복덕궁은 일개인의 복분과 일개인의 정신을 대표하고 일개인의 뇌신경을 대표한다.
천기는 신경계통을 대표하므로 이것으로 뇌신경쇠약의 현상이 있다고 판단할 수 있다. 여기에 화기가 동궁하므로 이 현상은 더욱 분명하게 드러난다.
다시 천기는 기동機動의 성이고 신주가 또 삼합 천이궁에 있고 신궁이므로 정서적으로 불안한 것이 신체적인 불안까지 대동하며 좌불안석케 해서 어떻게 해야 좋을지 모르게 된다.

③ 신주는 후천적인 운세를 대표하고 신궁을 주재한다.
신궁은 일개인의 노년 운을 보기 때문에 이 명은 만년에 정신을 종교에 기탁한다.[134]

---

[134] 복덕궁은 일개인의 정신이 의지하는 것을 살핀다. 천기는 종교와 관련 있는 성이다.

◆ **부처궁주**夫妻宮主 **- 문곡**

① 문곡이 부처궁의 삼방사정에 있으므로 그 성향이 드러난다. 문곡은 도화를 띠고 있는데 화기가 되어 있으면 도화감정상에 분란을 대표하며, 복덕궁에 있으면 이 현상이 더욱 분명해진다. 이로 말미암아 정신상의 막대한 상처와 타격이 있다.
다시 본명의 부처궁을 보면 천동이 유궁에 있는데 유는 도화지며 천동은 정신적으로 치우친 도화다.

② 또 삼합에서 창곡이 있으므로 이 사람의 배우자는 혼전에 필히 이성연이 특히 중하며, 문곡화기는 그 사업궁에 있으므로 그 일터나 일과 관계된 곳에서 도화가 특히 많게 된다.
단 천동은 정신적인 면에 속하기 때문에 실질적인 관계는 발생하지 않는다. 여기에 살성이 충조하고 있기 때문에 약간 수렴할 수 있는 면이 있다고 계산한다.

③ 금년 을축년은 부처궁의 궁주인 문곡화기궁으로 행하기 때문에 감정상의 문제가 있다.
단 본궁과 유년 부처궁의 궁주가 거문이 되는데 이 명의 대운에 의해 거문화권이 되어 있고, 또 유년 부처궁은 태양이 해궁에 있어 본인이 인내할 수 있거나 봉흉화길 할 수 있다.[135]

---

[135] 유년부처궁주도 거문으로 거문은 시비·구설을 대표하기 때문에, 금년은 감정상에 구설시비가 있으나 화권이 있기 때문에 저항능력이 있게 된다.

◆ **행운行運에서의 예**

① 작년 갑자년(1984)은 파군운인데, 파군은 질액궁의 궁주다.[136] 파군이 본명 질액궁의 대궁에 있기 때문에 그 성향이 드러난다.

② 대운도 계간 파군화록·유년도 갑간 파군화권이기 때문에 행운의 파군은 그 성질이 드러나게 된다.[137] 고로 이 해는 반드시 신체소모가 많고[138] 특별히 수고롭다.

③ 또 유년궁의 궁주는 탐랑[139]으로 유년 명궁의 삼방에 있으므로 그 성향이 드러난다. 대운궁간의 계간 탐랑화기가 유년사업궁에 있으므로 이 해는 사업이 반드시 여의치 못하게 된다.

④ 금년 을축년은 천기운인데 천기는 신주가 되고, 유년 궁주는 거문으로 공교롭게도 본명의 궁주까지 되고, 또 유년사업궁에 있으므로 이 해는 본명의 영향이 아주 크다.
더하여 축궁은 대운의 사업궁이 되기 때문에 이 해는 환골탈태하는 해라 할 수 있다.

---

[136] 오궁이 질액궁인데 오궁의 궁주는 파군이기 때문이다.

[137] 사화의 견인이 있으면 성질이 드러나고, 사화의 견인이 없으면 그 성질이 숨겨지게 된다.

[138] 파군은 모성耗星이기 때문이다.

[139] 자궁이므로 궁주는 탐랑이 된다.

⑤ 신주와 명주가 서로 중첩되므로 이 해는 반드시 말로 하는 사업의 사정이 있게 된다.140) 유년 명궁의 천기는 창곡과 복덕궁에서 동궁하고 있으므로 말로 하는 문예·문화 등의 문文의 직업과 연관이 있다.

실례2	남명 1955년 10월 2일 유시			
旬天天 空馬府 △△	天天天火太天 月廚刑星陰同 ◎陷陷 忌	截天鈴貪武 空傷星狼曲 ○○○	孤天陰天紅地天巨太 辰空煞巫鸞劫鉞門陽 紅天 ○○○X 艷福	
伏歲弔 95~ 辛 兵驛客【田宅】冠巳	大息病 85~94 壬 耗神符【官祿】帶午	病華太 75~84 癸 符蓋歲【奴僕】浴未	喜劫晦 65~74 甲 神煞氣【身遷移】生申	
解天寡擎 神官宿羊 ◎	성명 : ○○○, 陰男 陽曆 1955年 11月 15日 18:59 陰曆 乙未年 10月 2日 酉時 命局 : 土五局, 城頭土 命主 : 祿存, 身主 : 天相		天天天 使才相 陷	
官攀天 庚 府鞍德【福德】旺辰			飛災喪 55~64 乙 廉煞門【疾厄】養酉	
蜚天年台鳳祿破廉 廉壽解輔閣存軍貞 ○○X			天天天 姚梁機 ○○ 權祿	
博將白 己 士星虎【父母】衰卯			奏天貫 45~54 丙 書煞索【財帛】胎戌	
三天地陀 台喜空羅 陷陷	破天天恩文文右左 碎虛貴光曲昌弼輔 ◎◎◎◎	大八天 耗座魁 ○	天封龍七紫 哭誥池殺微 △○ 科	
力亡龍 5~14 戊 士神德【命】病寅	青月歲 15~24 己 龍煞破【兄弟】死丑	小咸小 25~34 戊 耗池耗【夫妻】墓子	將指官 35~44 丁 軍背符【子女】絶亥	

---

140) 명주는 거문으로 사업궁에 있고 또 궁주가 된다.

◆ 命主 – 록존

① 부모궁에 록존이 들어가 본명궁의 삼방사정이 아니기에 작용이 숨어 있다. 부모궁에 들어갔으므로 이 명주와 부모궁과는 특별한 의의가 존재한다.

록존은 재를 대표하고 파군은 모耗를 대표하기 때문에 부모는 돈을 깨먹는다고 해석할 수 있다. 고로 이 명이 금전상 곤란함이 있을 때 부모의 도움을 얻을 수 있다. 이것이 의미의 하나다.

② 또 록존은 파군과 동궁하고 있고 록은 명주가 되므로 명 중에 이미 정해진 것이다. 고로 이 명은 재래재거하고 재고가 비교적 약하다. 이것이 두 번째다.

③ 명주는 부모궁에 거해서 파모하게 되므로, 그 부모는 반드시 이재능력이 좋지 않고 똑같이 재래재거한다. 이것이 궁주가 부모궁에 있을 때의 세 번째 의미가 된다.

◆ 신주身主 – 천상

① 신궁의 삼방사정에 들어가지 않았으므로 그 작용이 숨겨져 있다. 질액궁에 들어가 있으므로 이 명은 천상과 관계된 질병에 걸리기 쉽다. 천상의 대표질병은 방광·요도다.[141]

---

[141] 천상은 음수陰水다.

◆ **노복궁의 궁주 - 무곡武曲**

① 노복궁 본궁에 들어갔으므로 그 성질이 드러나며 역량이 특별히 크다. 무곡은 재성인데 만약 화기가 되면 친구에게 금전상의 부담을 받기 쉽다.

② 무곡화기는 임대한일 때 그렇게 된다. 본궁이나 재백궁이 좋지 않을 때는 반드시 친구와 금전상의 부담을 받는 일이 발생하게 된다. 본명은 82년 임술년 친구에게 부담을 받았다.[142]

이두주 록기법으로는 간단하게 해석할 수 있다.
무자대한의 천이궁에 태음화기의 투자착오의 성이 있고 태음의 삼방에서 타라·지공·천형·화성 등의 살성을 본다. 무슨 일 때문인가는 사화로 보는데 무간 탐랑화록이 미궁 형노·부질선에 있어 형제나 친구와 문서문제 보증문제 등이 발생이며 그 결과 천기화기는 임술년 유년 명궁이자 부관에 재복선이다. 대한 내궁에 이미 천기화기로 진기가 들어와 있으니 노복으로 인한 재적인 손해는 불을 보듯 뻔한 일이다.
임술년이 되면 임간 천량화록이 대한의 천기화기를 발동시키고 결과는 무곡화기로 대한 발생선에 있어 이 해에 노복으로 인한 재적인 파재가 있었던 것이다.

---

[142] 82년의 대운은 무간으로 유년 명궁이 선천 재백궁으로 천기화기가 되고, 유년은 임년으로 노복궁에 화기가 되어서 이런 일이 발생한 것이다.

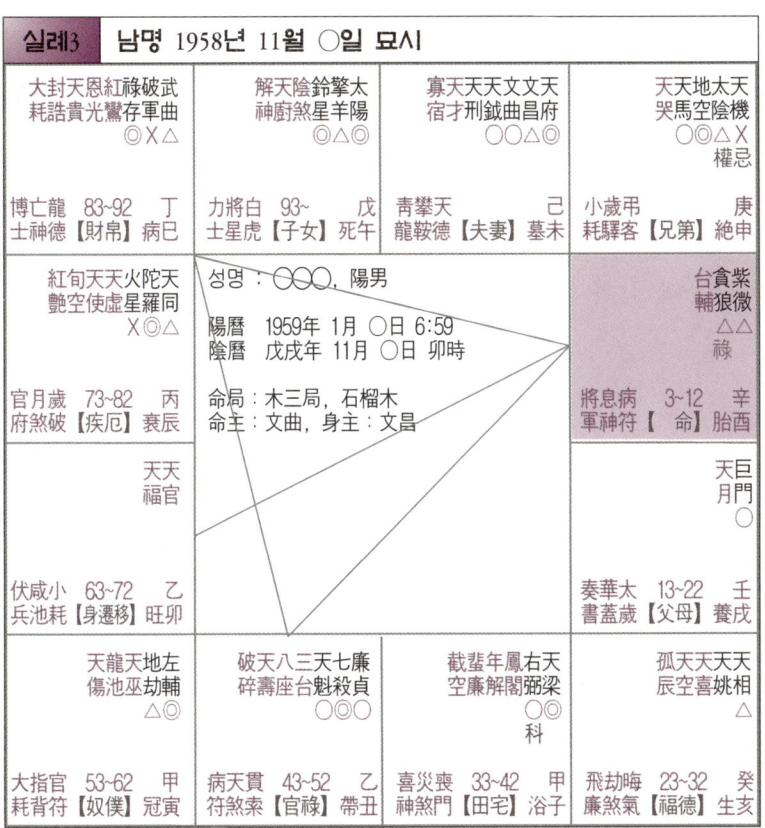

◆ 명주·신주 - 문곡

① 모두 부처궁에 들어가 있으니 배우자가 본인에 대한 영향이 아주 크다.

② 창곡이 부처궁에 들어가고 또 명신주가 되므로, 그 배우자가 문예·재화에 상당한 조예가 있으며, 기질이 여유롭고 우아하다.(전국미술대전에 참가해서 상받은 사실이 있다.)

◆ **전택궁주 - 탐랑**

① 탐랑이 본명에 들어가고 화록이 되어 있으므로 본명은 필히 부동산이 풍성하게 된다.

② 금옥을 산더미처럼 쌓는다고 말할 수 있다. 다시 원명반에 전택궁이 강하다면 이러한 현상은 더욱 분명하게 드러난다.[143]

---

[143] 전택궁에 천량이 있는데 천량은 음덕의 성이므로 필히 조상이 부동산을 남겨준다. 궁주가 본명궁에 들어가는 것은 본신의 역량을 대표하기도 하므로 부동산을 장만해서 치부하기도 한다.

실례4 여명 양귀비 84년 1월 7일 미시			
天破天鈴太 廚碎巫星陰 ○陷	紅天天地貪 艶虛哭劫狼 ◎◎	天天大天巨天 官才耗鉞門同 ○陷陷	截解蜚恩天武 空神廉光相曲 ◎△ 科
大劫小 25~34 己 耗煞耗【夫妻】冠巳	病災歲 15~24 庚 符煞破【兄弟】帶午	喜天龍 5~14 辛 神煞德【命】浴未	飛指白 壬 廉背虎【父母】生申
龍天八地左天廉 池貴座空輔府貞 陷◎◎◎ 祿	성명 : ○○○, 陽女 陽曆 1984年 2月 8日 14:59 陰曆 甲子年 1月 7日 未時 命局 : 土五局, 路傍土 命主 : 武曲, 身主 : 火星		天天封天天火天太 福壽詰喜刑星梁陽 陷地X 忌
伏華官 35~44 戊 兵蓋符【子女】旺辰			奏咸天 癸 池德德【身福德】養酉
紅擎文 鸞羊昌 陷△			旬天寡年鳳三右七 空月宿解閣台弼殺 ◎◎
官息貫 45~54 丁 府神索【財帛】衰卯			將月弔 95~ 甲 軍煞客【田宅】胎戌
孤天陰祿天破 辰使煞存馬軍 ◎◎陷 權	天台天陀天 空輔姚羅魁 ◎◎	天紫 傷微 △	文天 曲機 ○△
博歲喪 55~64 丙 士驛門【疾厄】病寅	力攀晦 65~74 丁 士鞍氣【遷移】死丑	青將太 75~84 丙 龍星歲【奴僕】墓子	小亡病 85~94 乙 耗神符【官祿】絶亥

◆ 명주 - 무곡

① 본명의 주재와 부처궁의 주재의 성이 같다.

고로 부처궁의 흥쇠가 본명의 흥쇠에 영향을 주며, 본명의 흥쇠도 똑같이 부처궁의 흥쇠에 영향을 주게 된다.

② 양자가 상보상성해서 이해를 더불어 나누기 때문에, 이것으로 배우자가 이 명반에 대한 영향력보다 본명이 배우자에 대한 영

향력이 큼을 알 수 있다.

◆ **부처궁주 - 무곡**

① 무곡의 삼방사정에 삼기가회가 되고 부상조원이 더해지고, 다시 록마교치가 되고 살의 충파가 없으므로 그 귀함을 알 수 있으니 그 파트너가 귀한 천자였던 것이다.

② 만약 단순하게 부처궁의 낙함한 태음에 영성이 더해진 것으로 본다면 그 파트너가 당나라의 명황이라는 것을 알 수 없을 것이다. 그래서 명주의 중요성을 이것으로 알 수 있는 것이다.[144]

③ 신주는 화성으로 복덕궁에 있기 때문에 심신이 편안할 수 없고 태양화기까지 동궁하고 있는데, 태양은 남편성이 되기 때문에 반드시 감정적인 문제로 심신이 편안치 못하게 되는 것이다.

④ 신주는 또 신체를 관장하는데, 지금 복덕궁의 삼방사정에서 양타·화령의 사살을 보고, 또 화기가 더해져 오살이 되니 이것 때문에 자살로 죽었던 것이다.

---

[144] 태음·화령은 십악격으로 부처궁에 있으니, 결국 비극으로 막을 내리고 만 것이다.

(4) 『자미두수전서』 이론의 실제

『자미두수전서』 1306p에 보면 "명을 빠르게 보는 방법"에 위의 양정굉선생의 논리와 유사한 부분이 있다. 일단 원문과 필자가 주석한 부분을 옮기고 나서 논의를 진행하고자 한다.

> 看命先看本命納音屬何 如甲子乙丑海中金 則以金星爲主 看武曲屬金在何宮 以辨禍福 餘仿此

✪ 명을 볼 때는 우선 본명의 납음이 어디에 속한가를 본다. 예를 들어 갑자·을축은 해중금이니 금성金星이 주가 되므로, 금에 속하는 무곡이 어느 궁에 있는가를 살펴 화복을 살피는데 나머지도 이와 같이 하라!

『자미두수전서』 1309p에 보면 또 이런 구절이 있다.

> 看命要看數法淺深 先以命主爲緊 身主爲次 然後可以 副主參論 便知富貴貧賤矣

✪ 명을 볼 때는 수법數法의 심천을 보아야 하는데, 먼저 명주가 중요하고 신주는 그 다음이 된다. 그런 연후에 부주副主를 참고하여 논하면 부귀빈천을 알 수 있다.

윗구절은 명주·신주의 기준점을 명궁이 좌한 지지나 생년지지가 아니라, 명궁이 좌한 간지의 납음오행을 중심으로 해당 납음오행과 같은 정성이 어디 있는가를 찾아서, 그 성의 길흉여부를 따져서 화복을 결정한다는 것이다.

아래 구절은 부주副主라는 부분이 위의 양정굉선생이 말하는 명신주를 제외한 '궁주宮主'의 개념을 말하는 것으로 보인다.

이 두 가지 중 납음오행을 찾아서 길흉을 결정한다는 이론은 이론상 모순이 많다.

왜냐하면 납음이 토에 속해 있다면, 십사정성 중 토성이 자미·천부·천량으로 세 개나 되는데 무엇을 기준으로 본단 말인가?

또 예를 들어 납음이 수에 속해 있다면 천상·태음·파군·거문·천동으로 5개나 되는데, 어디에 포인트를 둬야 할지 모르기 때문이다.

나머지 부주의 개념은 궁주의 개념과 같은 것으로 위의 양정굉선생의 이론을 참고해 보는 것도 좋겠다.

6. 추길피흉법 趨吉避凶法

대만이나 홍콩에서 수백권의 자미두수 책이 발간되지만 추길피흉법(길은 따르고 흉은 피하는 방법)에 대해 합리적으로 말한 학자가 드물다.

그러나 대만의 유명한 두수명가 혜심제주가 『자미두수紫微斗數 추길피흉법趨吉避凶法』이라는 책에서 합리적인 추길피흉방법을 논하고 있어 독자들에게 도움이 되겠다싶어 인용한다.

(1) 운동으로 운을 보충한다.

본명이나 대한에 아래와 같은 경우는 운동으로 취길피흉할 수 있다.

① 명궁이나 대한명궁과 그 대궁에 쌍록 교류된 경우
② 명궁이나 대한 명궁에 천기·천마가 동궁하거나, 대궁에 천기·천마가 있는 경우
③ 명궁이나 대한명궁에 천기화록이 있는 경우
④ 명궁이나 대한명궁에 타라·겁공·화령 중 하나나 세 개이상을 보는 경우
⑤ 명궁이나 대한명궁에 화록이 있는 경우

⑥ 명궁이나 대한명궁이 자오궁이면서 염정·천상이 있는 경우
⑦ 본명이나 대한명궁에 낙함한 태양이나 태음이 있는 경우

이상은 정기적으로 운동할 경우에 취길피흉의 효과를 기대해볼 수 있다.

(2) 자녀시험과 부동산수리

① 자녀가 시험을 보거나 할 때는 부동산을 매매하거나 수리하거나 하면 안된다.
② 전택궁에 천부·천상·자미·록존성이 상황이 좋으면 일생 부동산운이 좋다.
③ 결혼택일은 당일의 일진의 복덕궁성이 안정하고 화록성이 있으며 당일의 부처궁에 화권·화과가 회조하면 길하다. 단지 복덕궁이 길하기만 하면 자기심정이 유쾌하므로 택일여부는 중요치 않다.

혜심제주는 위의 책 3장「추길피흉의 기본인식 66p」에서, 취길피흉의 조정과 운용을 병에 담긴 물을 예로 들면서, 병은 똑같지만 병을 기울게 놓으면 병속에 담긴 액체가 변화되는 것처럼 이런 식으로 추길피흉의 조정을 할 수 있다는 식의 견해를 피력하고 있다.

(3) 명반자체로 평형케 한다.

破天 碎梁 　陷	截天天恩七 空福傷光殺 　　　　○	天天天地陀天 月才空劫羅鉞 　　　△◎◎	孤天天祿天廉 辰使姚存馬貞 　　　◎◎◎
小亡病　86~95　辛 耗神符【身官祿】絕巳	靑將太　76~85　壬 龍星歲【奴僕】墓午	力攀晦　66~75　癸 士鞍氣【遷移】死未	博歲喪　56~65　甲 士驛門【疾厄】病申
寡年鳳天三天天紫 宿解閣貴台刑相微 　　　　　　○陷	성명 : ○○○, 陽女 陽曆　1930년 10月 9日 16:59 陰曆　庚午年 8月 18日 申時		紅火擎 鸞星羊 　陷陷
將月弔　96~　　　庚 軍煞客【田宅】胎辰	命局 : 火六局, 霹靂火 命主 : 巨門, 身主 : 火星		官息貫　46~55　乙 府神索【財帛】衰酉
天地右巨天 喜空弼門機 △陷◎◎			紅旬封龍八破 艶空誥池座軍
奏咸天　　　　　己 書池德【福德】養卯			伏華官　36~45　丙 兵蓋符【子女】旺戌
解輩天台文貪 神廉廚輔昌狼 　　　　陷△	大天太太 耗魁陰陽 　○○陷 　　科祿	天天陰文天武 虛哭煞曲府曲 　　　◎◎◎ 　　　　權	天天天鈴左天 官壽巫星輔同 　　　◎Ｘ◎ 　　　　　忌
飛指白　　　　戊 廉背虎【父母】生寅	喜天龍　6~15　己 神煞德【命】浴丑	病災歲　16~25　戊 符煞破【兄第】帶子	大劫小　26~35　丁 耗煞耗【夫妻】冠亥

　혜심제주는 위의 명을 예로 들면서 명반 중에 신궁에 록마가 있어 록마교치로 제일 좋은 궁이고, 유궁은 경양·화성이 있어 제일 나쁜 궁이다.

　신궁은 이 여명의 질액궁으로 그 삼방의 궁은 전택궁·형제궁·부모궁이니, 성의 배합의 결과가 현시하는 바는 이 여명의 출신이 명문이고 일생 집안사람의 도움을 얻는다.

그러나 유궁은 이 여명의 재백궁으로 그 삼방은 명궁·복덕궁·관록궁으로 각궁에 비치는 성의 배합의 결과로 보면, 이 여명은 형제자매와 공동으로 가산과 사업을 승계하지만, 그녀 개인은 실제 경영관리를 하지 않고 형제자매로 하여금 경영 하게 해서 그 소득 이윤을 공평하고 합리적으로 그녀에게 분배한다.

그녀 명반의 좋은 궁위로 나쁜 궁을 평형하기만 할 수 있으면, 원래 돈의 수입이 좋지 않게 보이는 재백궁으로 하여금, 그 결점과 특성을 발휘하지 못하게 할 수 있다.

이것은 명반 자체로 평형케 하는 하나의 예다.

(4) 명반 중의 각궁으로 평형케 한다.

이 경우는 아래 세 가지의 경우가 있다고 한다.
① 호상방조互相幇助
② 호상배합互相配合
③ 호상견제互相牽制

① 호상방조互相幫助

실례	여명 1928년 10월 25일 자시		
孤天天祿貪廉 辰空喜存狼貞 ◎陷陷 祿 廉	天天天年台鳳天擎巨 月廚使解輔閣刑羊門 蜚 △○ 廉	天天 鉞相 ○X	龍陰天天天 池煞巫梁同 陷◎
博劫晦 62~71 丁 士煞氣【遷移】冠巳	官災喪 52~61 戊 府煞門【疾厄】帶午	伏天貫 42~51 己 兵煞索【財帛】浴未	大指官 32~41 庚 耗背符【子女】生申
紅解天陀文太 艷神傷羅曲陰 ◎◎X 權	성명 : ○○○, 陽女 陽曆 1928年 12月 6日 0:59 陰曆 戊辰年 10月 25日 子時		恩七武 光殺曲 X○
力華太 72~81 丙 士蓋歲【奴僕】旺辰	命局 : 水二局, 大海水 命主 : 巨門 / 身主 : 文昌		病咸小 22~31 辛 符池耗【夫妻】養酉
天天天天天 福官壽才貴府 △			旬天天鈴文太 空虛姚星昌陽 ◎陷陷
青息病 82~91 乙 龍神符【官祿】衰卯			喜月歲 12~21 壬 神煞破【兄弟】胎戌
天封天火 哭誥馬星 ◎◎	破寡八三天右左破紫 碎宿座台魁弼輔軍微 ◎◎◎◎◎ 科	截天 空機 ◎ 忌	大紅地地 耗鸞劫空 ◎陷
小歲弔 92~ 甲 耗驛客【田宅】病寅	將攀天 乙 軍鞍德【福德】死丑	奏將白 甲 書星虎【父母】墓子	飛亡龍 2~11 癸 廉神德【身命】絶亥

혜심제주는 위 명의 명궁과 천이궁의 예를 들면서 명궁에 지공·지겁 두 성이 있으니 파절이 있기 쉬운데, 천이궁에는 탐랑화록·염정·록존이 있어 쌍록교치가 되어 명궁에 도움이 크다.

천이궁이 좋으므로 외국에서 공부할 수 있고, 수학·계산과 관련된 분야를 전공한 것은 명궁 공겁의 특징을 발전시킨 것이다.

동시에 외국에 있는 동안 적응이 필요하기 때문에 자연히 겁공의 파절이 감소되었다고 해석한다.

- 각대한의 상호관계

이는 명반상에서 좋은 대한·나쁜 대한을 파악하고, 나서 좋은 대한이라면 노력을 가일층 하는 것으로 추길피흉하는 방법을 말하고 있다.

명반배치구조상 어떤 명반이든지 명궁이 기월동량이면 그 다음 궁은 살파랑성계, 그 다음은 기월동량성계, 또 그 다음은 살파랑성계하는 식으로 배치된다.

기월동량성계는 대체로 준비하고 배양하며 계획하는 것을 대표하고, 살파랑성계는 개창하고 창신하며 변화의 의미가 있기 때문이다. 그러므로 꾸준히 준비하고 배양하고 계획한 다음 개창·창신·변화하는 두 가지 형태의 운기가 교체되면서 살게 된다.

명운 장악을 잘하는 사람이라면 운기를 배합해서 시기를 선택해 힘을 길렀다가 때가 되면 다시 일어나는 사람이고, 명운의 원리를 이해하지 못하는 사람은 영원히 성취도 못보고 수확도 못 거두게 된다고 해석한다.

② 호상배합互相配合

실례 남명 1933년 7월 8일 신시			
天破天三天天 福碎傷台鉞相 　　　　○△ 喜指白 74~83 丁 神背虎【奴僕】生巳	天天紅鈴天 官貴鸞星梁 　　　○○ 飛咸天 64~73 戊 廉池德【遷移】養午	寡天天地七廉 宿使姚劫殺貞 　　　△○○ 奏月弔 54~63 己 書煞客【疾厄】胎未	紅恩 艷光 將亡病 44~53 庚 軍神符【財帛】絶申
右巨 弼門 ◎△ 　權 病天龍 84~93 丙 符煞德【身官祿】浴辰	성명：○○○, 陰男 陽曆 1933年 8月 28日 16:59 陰曆 癸酉年 7月 8日 申時 命局：金四局, 海中金 命主：貪狼, 身主：天同		天天八 才哭座 小將太 34~43 辛 耗星歲【子女】墓酉
天天地天貪紫 虛刑空魁狼微 　△◎○地○ 　　　　　忌 大災歲 94~ 乙 耗煞破【田宅】帶卯			天封左天 空誥輔同 　　◎△ 青攀晦 24~33 壬 龍鞍氣【夫妻】死戌
解大台陰天文太天 神耗輔煞巫昌陰機 　　　　陷X○科 科 伏劫小 甲 兵煞耗【福德】冠寅	截天年鳳龍擎天 空壽解閣池羊府 　　　　　◎◎ 官華官 乙 府蓋符【父母】旺丑	天祿文太 喜存曲陽 　　○○陷 博息貫 4~13 甲 士神索【命】衰子	蜚天天孤天火陀破武 廉月廚辰馬星羅軍曲 旬　　　　△△陷△△ 空　　　　　　　　祿 力歲喪 14~23 癸 士驛門【兄弟】病亥

혜심제주는 또 위 남명의 부처궁과 관록궁의 예를 통해서 호상배합의 원리에 입각한 추길피흉법을 제시한다.

위 남명의 부처궁에는 좌보·관록궁에는 우필이 있으므로 두 성으로 서로 배합한다면, 혼인과 사업 모두에 십분 협조가 있게 된다.

부인이 그들 공동 경영하는 사업 중의 요직을 맡으면, 부부간에 생각이 비슷하므로 공동으로 사업을 위해 노력할 수 있다고 해석한다.

③ 호상견제互相牽制

실례	남명 1921년 7월 16일 축시			
截天破文七紫 空福碎曲殺微 ◎△◎ 科	天天紅天 廚壽鸞鉞		寡台天天 宿輔貴姚	陀 羅 陷
將指白 24~33 癸 軍背虎【夫妻】生巳	小咸天 14~23 甲 耗池德【兄弟】養午		青月弔 4~13 乙 龍煞客【命】胎未	力亡病 丙 士神符【父母】絶申
天火右天天 才星弼梁機 X◎◎◎	성명 : ◯◯◯, 陰男 陽曆 1921년 8월 19일 2:59 陰曆 辛酉年 7월 16일 丑時			紅天天祿文破廉 艷官哭存昌軍貞 ◎◎陷△ 忌
奏天龍 34~43 壬 書煞德【子女】浴辰	命局 : 金四局, 沙中金 命主 : 武曲, 身主 : 天同			博將太 丁 士星歲【身福德】墓酉
天封天天 虛詰刑相 陷				天地擎左 空空羊輔 陷◎◎
飛災歲 44~53 辛 廉煞破【財帛】帶卯				官攀晦 94~ 戊 府鞍氣【田宅】死戌
解天大陰天天巨太 神使耗煞巫魁門陽 ◎◎ 祿權	旬年鳳龍八三貪武 空解閣池座台狼曲 ◎◎		天天地太天 傷喜劫陰同 陷◎◎	蜚天孤恩天鈴天 廉月辰光馬星府 △◎◎
喜劫小 54~63 庚 神煞耗【疾厄】冠寅	病華官 64~73 辛 符蓋符【遷移】旺丑		大息貫 74~83 庚 耗神索【奴僕】衰子	伏歲喪 84~93 己 兵驛門【官祿】病亥

혜심제주는 이 남명의 전택궁과 자녀궁으로 호상견제의 추길피흉법을 제시한다.

이 남명의 전택궁에는 지공·경양이 있고 좌보성이 있는데, 이는 자기부동산을 마련하기 위해서는 고생을 겪고 먼저 어렵다가 나중에 편하게 되는 암시가 있다.

자녀궁에는 천기·천량이 있는데 본래 자녀가 적음을 주한다.

게다가 화성과 우필이 동궁 하므로 이는 자녀방면에서 먼저 어렵다가 뒤에 좋게 되는 암시가 있으며 아들이 없을 암시도 있다.

전택궁과 자녀궁의 성이 모두 불길하므로 서로 도울 수 없으며 만약 대한이나 유년에서 그 중 한 궁에 화기성이 있게 되면 불길한 일이 발생하기 쉽다.

고로 그 전택궁에서 상호견제의 현상이 있으므로 만약 먼저 부동산을 마련한다면 자식이 있기 어렵기 때문에 먼저 세 들어서 살고 거주지의 품질이나 환경, 사는 집의 대소나 미관여부 등에 신경 쓰지 않아야 자식을 낳을 수 있는 기회가 된다고 해석한다.

혜심제주의 이러한 해석은 매우 탁견이라고 생각한다.

임상시에 응용가능한 부분이라고 본다.

혜심제주는 이상과 같은 경우를 정리하면서 명반상에서 살파랑계열과 기월동량계열은 명반 배치법상 영원히 서로 이웃하면서 서로 만나지 않게 배치된다고 하였다. 살파랑은 개시·창신·변화를 대표하고, 기월동량은 준비·발효·계획 등을 대표하는데, 이는 어느 대한이 기월동량이라면 그 다음은 살파랑이고 또 그 다음은 기월동량이 오고 하는 식으로 말이다.

이러한 명반상의 성계 배치구조는 인생이란 영원히 준비하고 계획했다가 개시하고 창신하며 변화하는, 이러한 두 가지 형태의 운기의 교체의 과정에 다름 아니라는 것이다.
    그래서 운명을 장악할 줄 아는 사람이란 때에 맞춰 준비하고 때에 맞춰 일어나는 사람인 것이라고 역설하는데, 어느 정도 일리가 있는 견해라고 생각한다.

7. 중한이론 中限理論

　중한이론은 대만학자 심평산 선생이 주장하는 내용으로, 대한·소한만 쓰고 있는 현 자미두수학계에서 중한까지 써야한다고 하며 대·중·소한을 말하고 있다. 필자는 중한이론을 채용하지 않지만 연구자들을 위해 소개할 필요가 있겠기에 소개 한다.

　흔히 대한은 십년이지만 심평산은 이 십년을 네 시기로 나눠서 보는데 그것을 중한이라고 한다. 심평산은 중한을 쓰는 이유를 다음과 설명하고 있다.

　"예를 들어 대한에 흉성이 없는데 재화가 발생하는 것에 대해 전혀 그 원인을 찾을 수 없는 경우가 있는데, 이것은 모두 중한이 빠졌기 때문이다.
　농업사회에서는 생활환경의 변이가 아주 적어서 대한은 매 십년마다 한 차례 작은 변화만 있어 단지 대한·소한만으로 행운을 추론했으나 변화가 순식간인 현대에서는 2~3년에 이미 아주 커다란 차이가 있기 때문에 중한을 추론하는 것은 대한보다 더욱 중요하다."

　매 대한마다 4개의 중한이 있는데 한 개의 중한은 2년 반이다. 중한은 대한을 기본으로 삼는다.

제 1중한 - 대한의 천이궁
제 2중한 - 대한 본궁
제 3중한 - 대한의 재백궁
제 4중한 - 대한의 복덕궁

실례1 남명 1963년 9월 ○일 자시

破孤天三天天天天 碎辰使台巫刑馬同 輩旬天　　　△○○ 廉空福	天台天天武 官輔喜府曲 　　　○○	年鳳龍太太 解閣池陰陽 　　△△ 　　　　科	紅大天貪 艷耗貴狼 　△　◎ 　　　　忌
喜歲喪　52~61　丁 神驛門【疾厄】冠巳	飛息貫　42~51　戊 廉神索【財帛】帶午	奏華官　32~41　己 書蓋符【子女】浴未	將劫小　22~31　庚 軍煞耗【夫妻】生申
解天文破 神空曲軍 　○○ 　　　祿	성명 : ○○○, 陰男 陽曆 1963년 11월 ○일 0:59 陰曆 癸卯년 9월 ○일 子時		天八天火巨天 虛座姚星門機 　　　陷◎◎ 　　　　　權
病攀晦　62~71　丙 符鞍氣【遷移】旺辰	命局 : 水二局, 大海水 命主 : 祿存, 身主 : 天同		小災歲　12~21　辛 耗煞破【兄弟】養酉
天天天 傷哭魁 　◎			陰鈴文天紫 煞星昌相微 　◎陷×××
大將太　72~81　乙 耗星歲【奴僕】衰卯			靑天龍　2~11　壬 龍煞德【身命】胎戌
天封恩右廉 月誥光弼貞 　　　◎◎	截寡天天擎 空宿壽才羊 　　　　◎	紅祿左七 鸞存輔殺 　○○○	天地陀天 廚劫空羅梁 　○陷陷陷
伏亡病　82~91　甲 兵神符【官祿】病寅	官月弔　92~　乙 府煞客【田宅】死丑	博咸天　　　甲 士池德【福德】墓子	力指白　　　癸 士背虎【父母】絶亥

저자의 명반이다. 심평산의 이론대로 기미대한(32~41세)를 중한을 살펴보겠다.

① 제 1중한은 대한의 천이궁이다.
　대한이 32~41세이므로 32세에서 2년반 동안이 1 중한이므로 축궁 대한 천이궁이 32~34.5세까지 2.5년을 축궁을 중한 명궁으로 운을 살핀다.

② 제 2중한은 대한 본궁 미궁이다.
　34.5세부터 36세까지의 2년 반이 두 번째 중한이 된다. 역시 이 2년반 동안은 미궁을 중한 명궁으로 삼고 운을 살핀다.

③ 제 3중한은 대한 재백궁이라 했으니 묘궁이 3중한이다.
　36세부터 38.5세까지가 세 번째 중한이 되겠다.
　이 2년반 동안은 묘궁을 중한 명궁으로 삼고 운을 살핀다.

④ 제 4중한은 대한의 복덕궁이 4중한이 된다.
　38.5세부터 41세의 2년반 동안이 마지막 중한이 된다.
　역시 이 2년반 동안 대한 복덕궁인 유궁을 중한의 명궁으로 잡고 운을 살핀다. 중한이 정해지면 중한의 십이사항궁도 쓴다.

　심평산의 중한 이론은 위에서 말한 것과 같이 보는데 한 가지 특이한 것은 중한에도 신궁身宮을 배치한다는 것이다.

예를 들어 필자처럼 명·신궁이 동궁한 경우는 중한에서도 중한의 명궁에 중한의 신궁이 동궁하게 보고, 만약 신궁이 원국에서 재백궁에 있다면 중한의 신궁도 중한의 재백궁을 중한의 신궁身宮으로 본다는 것이다.

이 관점은 매우 특이한데 4개 중한 모두 이런 식으로 중한이 바뀔 때마다 신궁도 변화한다.

天破文巨 廚碎昌門 ◎△ 小劫小 13~22 己 耗煞耗 【父母】病巳	紅天天地天廉 艶虛哭空相貞 ◎◎△ 祿 將災歲 23~32 庚 軍煞破 【福德】死午	天天大封火天天 月官耗詰鉞梁 X◎◎ 奏天龍 33~42 辛 書煞德 【田宅】墓未	截蜚恩天七 空廉光姚殺 ◎ 飛指白 43~52 壬 廉背虎 【官祿】絶申
天龍天地貪 才池刑劫狼 陷◎ 青華官 3~12 戊 龍蓋符 【命】衰辰	실례2 남명 1984년 8월 5일 巳時 성명 : ○○○, 陽男 陽曆 1984年 8月 31日 10:59 陰曆 甲子年 8月 5日 巳時 命局 : 木三局, 大林木 命主 : 廉貞, 身主 : 火星		天天天文天 福傷喜曲同 ◎△ 喜咸天 53~62 癸 神池德 【奴僕】胎酉
三紅鈴擎右太 台鸞星羊弼陰 ◎陷陷陷 力息貫 丁 士神索 【兄第】旺卯			旬寡年鳳武 空宿解閣曲 ◎ 科 病月弔 63~72 甲 符煞客 【遷移】養戌
解孤天祿天天紫 神辰壽存馬府微 ◎◎◎ 博歲喪 丙 士驛門 【身夫妻】冠寅	天陀天天 空羅魁機 ◎◎陷 官攀晦 93~ 丁 府鞍氣 【子女】帶丑	天陰破 貴煞軍 ◎ 權 伏將太 83~92 丙 兵星歲 【財帛】浴子	天台八八左太 使輔座巫輔陽 X陷 忌 大亡病 73~82 乙 耗神符 【疾厄】生亥

이 명반이 심평산이 예를 든 것이다. 32세의 유모游某씨가 동거녀와 돈 때문에 다투다가 동거녀가 몰래 탄 독약을 먹고 죽었다.

◆ 연구요점

① 흉험명凶險命

　　─ 방법 : 관찰 폭노성暴怒星·상해성傷害星이 청소년운에 모여 있는지를 본다.145)

② 풍류운
- 방법 : 제 2대한(기사대한 13~22세)의 부처궁에 태음·경양과 천희가 상회하고 운에서 도화를 띄므로 혼인은 일찍 한다.

③ 피살원인
- 방법 1 : 중한·명신 이 궁을 관찰하여 상망성을 동시에 보는지 본다.
- 방법 2 : 중한에 어떤 성이 있는지를 보는데,[146] 만약 도화성·재록성이 다 있을 때 부처궁[147]·재백궁까지 이어서 보면 피살의 정황을 이해할 수 있다.

◆ **추점요결**推占要訣

① 천형·지겁이 명궁에 좌하고 무곡이 전방에서 범하고 있으니 행위가 흉악하고 형벌을 당해 죽기 쉽다.
② 천요성이 관록궁에 떨어졌으니 감정방면의 동거녀가 있으며, 이 궁에 또 칠살·절공이 있고 록존·해신이 충하므로, 동거녀와 돈 때문에 다투다가 죽게 된 이유를 추론할 수 있다.
- 관록궁에 칠살·절공은 흉살

---

[145] 여기서 폭노성·상해성이라는 말은 심평산 선생이 나름대로 분류한 성을 지칭하는데 설명이 길어지므로 생략한다.

[146] 대궁 역시 동시에 참고해야 한다

[147] 남녀의 일을 주하므로 부처궁을 본다.

- 천요는 정부
- 부처궁 신궁에 해신은 상망
- 록존은 돈 때문에 다툼

③ 중한(29.5~32세) 신궁
　중한 명궁에 칠살·절공을 보면서 해신을 충하고 중한 신궁에 또 곡허·공겁을 보아서 생명력이 약하므로 죽었다.

④ 소한(32세) 오궁
　중한에서 흉이 일어난 후 역으로 오궁까지 계산해보면 흉을 만나므로 사망의 운이라는 것을 알 수 있다.

　이상이 심평산선생이 판단한 내용을 전재한 것이다. 필자 개인적인 생각으로는 판단하는 방법이 이현령비현령이 되기가 쉬워서 그냥 흥미위주로 보기만 하고 있는데, 중한을 소개하는 김에 실례를 들어야겠기에 든 것이다.

　이 예를 보면 중한이 신궁申궁인데, 중한의 신궁을 오궁으로 중한 부처궁으로 보고 있음을 알 수 있다.
　심평산 선생의 운에 따라 신궁이 변화하는 것은 참고할만한 가치가 있다고 생각한다.

8. 유사명반의 모순을 해결하는 방법

자미두수는 경이의 적중률로 다른 술수에 비해 뛰어난 면이 많지만 논란이 되는 부분도 많다. 특히 윤달생인 경우의 명반 배치법도 논란의 여지가 많다.

그러나 논란의 핵심은 동일명반이 많이 나온다는 것이다.
이 문제에 대해 많은 학자들이 제 나름대로의 의견을 피력하고 새로운 이론을 많이 만들어 내고 있지만, 복잡하고 선뜻 와 닿지 않는 경우가 많다.

여기서 소개하는 대만의 두수학자 홍릉의 견해는 참고할 만한 부분이 많다. 홍릉의 이론 중 년지에 해당하는 궁을 암명궁暗命宮으로 보고, 이 암명궁을 격국의 고저의 기준을 삼는 부분은 이미 대만의 자운선생도 오래 전부터 써오고 있던 방법이다.
이러한 이론을 참고삼아 동학들의 많은 임상을 통해 더 새로운 이론이 나오기를 기대해 본다.

(1) 홍릉의 견해

이하는 홍릉洪陵의 『두수비의금론斗數秘儀今論』에서 발췌한 것이다.

자미두수에서 가장 질타를 받는 부분이 유사한 명반이 너무 많다는 것이다.

예를 들어 출생년·월·시가 동일하고 생일만 다른 두 장의 명반이 그 명궁 궁과 궁의 성이 똑같다면,[148] 이 때 어떻게 두 장의 명반의 고하와 개성을 구분할 수 있을까?

또 이것보다 더 큰 문제도 있다.

예를 들어 출생년지는 달라도 그 나머지 생년간·생월·생일·생시가 모두 같은 명반이 왜 그렇게 많은지…. 이렇게 완전히 같은 명반이 많은 것(년지에서 찾는 성이 다를 뿐) 중에서 그 명격의 고하를 어떻게 구분할 수 있을까?

만약 다시 생일이 다르지만 명반은 같은 경우까지 생각해보면 연지가 다르고 생일이 달라도 생시·생월·연간이 같아도(그 천반 12궁의 성이 모두 같음) 동일명반이 아주 많게 된다.

◆ **서로 유사한 명반의 종류**
　− 명반상동·생년지지는 다른 경우

---

[148] 삼태·팔좌·은광·천귀의 네 개 성외 나머지 백여 개의 성의 위치가 완전히 같게 된다.

― 명반상동·생년천간은 다른 경우
― 명반상동·생일이 다른 경우

◆ 명반이 같지만 연지가 다를 경우 명격의 고저 판단법 Ⅰ

① 명궁이 있는 지지오행의 속성을 기점으로 삼는다.
② 기점으로 삼는 오행을 연지年支 삼합오행이 생하면 고격이 되고, 삼합오행이 기점을 상극하면 격이 낮게 된다.
   연지가 기점의 제왕위에 있게 되면 최고의 격이다.
   연지가 기점의 장생위에 있으면 그 다음 격이다.
   연지가 기점의 墓위에 있으면 격이 그 다음이다.

③ 만약 기점을 극하는 오행이라면 그 반대가 된다.
④ 예를 들자면 갑년생으로 명궁이 해자리에 있다하자.
   갑신·갑자·갑진생인의 격이 비교적 높다.149)
   갑인·갑오·갑술생인은 격이 비교적 낮다.150)

⑤ 격국 고저의 차례
   갑자년(수의 제왕위)   /   갑신년(수의 장생위)
   갑진년(수의 묘고위)   /   갑술년(화의 묘위)(수의 양위)
   갑인년(화의 장생위)(수의 病위)
   갑오년(화의 제왕위)(수의 사위)

---

149) 신자진 삼합수국

150) 인오술 삼합화국·수화상극

◆ **명반이 같지만 연지가 다를 경우 명격의 고저 판단법 2**

① 천간은 선천이 되고 지지는 후천이 된다.
② 년지가 있는 궁을 암명궁暗命宮으로 삼는다.
③ 생년사화의 암명궁에 대한 영향력으로 명격의 고저를 가린다.
  - 예) 생년화록이 암명궁의 전택궁에 있으면~이 사람은 일생 의식주에 결함이 없다.
  - 생년화기가 암명궁을 충하면 이 사람은 자수성가한 사람이다.
  - 생년화록이 암명궁의 형제궁이면 형제에게 유정하다.
  - 생년화기가 암명궁의 재백궁에 있으면 재적으로 일생 순조롭다.
④ 암명궁에 생시궁의 배합으로 격국의 고저 분류
  - 생시궁이 암명궁의 어느 궁에 있는가로 유사한 명반끼리 차이가 생긴다.
  - 자시생인이면 생시궁이 자궁이 된다. 축시생인이라면 생시궁이 축궁이다. 나머지 생시생인의 생시궁도 이와 같이 유추한다.
  - 생년사화가 암명궁의 삼방사정에 들어가지 않아도 별 영향 없다.
  - 예) 생시궁위가 암명궁의 재백궁이 되면서 생년사화의 삼길화를 만나면 이 사람은 부유하다.
  - 예) 생시궁위가 암명궁의 복덕궁이 되면서 생년화기를 만나면 이 사람은 일생 한가로울 수 없다.

◆ **명반은 같지만 생년천간이 다를 때 명격고저의 분별**

① 명궁의 납음오행과 명궁지지 오행간의 상생·상극관계로 구별한다.
② 명궁지지를 보조로 보고 납음오행위주로 본다.
③ 명궁지지는 납음오행의 상생궁위에 들어가는 것을 좋아한다.
  (지지오행이 납음오행을 생하면 더욱 길하다)
④ 명궁지지는 납음오행과 상극하는 궁에 들어가는 것을 꺼린다.
  – 예) 명궁이 화위에 있으면(사궁에서 오궁) 명궁 납음이 수2국이 되면 불길하다.
  – 예) 명궁이 금위에 있으면 명궁 납음이 목3국이 되면 불길하다.

◆ **명반은 같지만 생일이 다를 때 명격고저의 분별**

① 생년지지에서 일월을 일으켜 한 궁에 한달씩 순행으로 세어가서, 생월궁에 닿으면 다시 그 생월궁 자리에서 초하루를 일으켜, 한 궁에 하루씩 순행으로 세어가다 생일궁에 닿게 한다. 다시 생일궁 자리에서 자시를 일으켜 한 궁에 한 시간씩 순행으로 세어가다가 생시궁에 닿으면 이 궁을 A궁이라고 한다.
② 생년사화가 A궁의 삼합에 들어가는지 여부로 천반의 격국의 고저를 분별한다.
③ 대한격국의 고저로 분별한다.
  – 대한궁간으로 다시 오호둔을 취한다.[151]

---

[151] 예를 들어 대한 궁이 무라면 '무계는 갑인'해서 인궁부터 갑인·을묘

- A궁에 생긴 새로운 천간으로 사화를 돌려보면 대한 행운 간의 차이와 격국의 고저가 생기게 된다.

④ 유년격국의 고저의 분별
- 태세천간으로 다시 오호둔을 취한다.[152]
- A궁에 생긴 새로운 천간으로 취한 사화로 유년행운간의 차이와 격국의 고저를 가린다.

이런 식으로 다시 천간을 붙인다는 말이다.

152) 예를 들어 정해년이라면 정임은 임인으로 인궁에 임을 붙여 임인·계묘 이런 식으로 붙여나간다는 것이다.

9. 성계星係 소개

여기서 소개하려는 성계는 홍콩의 신진 중주파학자 진설도선생이 쓴 『자미강의』에서 발췌한 내용이다.[153]

이 성계들은 여러 해 동안 그가 임상하면서 발견한 내용이라 하는데, 임상에서 응용해 볼 가치가 매우 높다 하겠다.

원래는 이 책이 무릉출판사에서 나오기 전에 홍콩의 정대출판사에서 출판한 『안성결과 성정비법』에 있던 내용인데, 무릉출판사에서 다시 발간하면서 증보한 내용이다.

많은 참고가 되었으면 한다.

(1) 의외의 상망傷亡

① 원국·대한 혹 유년의 명궁·질액궁에 아래 성계가 있을 때, 의외의 상망에 주의야 한다.
- 염정·칠살·파군
- 화령·천형 직접영향

---

[153] 『자미강의 紫微講義』, 진설도 저, 무릉출판사, 2005

② 화령은 동탕(動蕩)을 주하고, 천형은 기구·이로운 기구·뾰족하고 날카로운 물건이 된다. 그러므로 이 화령·천형은 상서롭지 못한 조합이 된다. 대한·유년을 추단할 때 반드시 주의해야 한다.

③ 화령·천형이 영향을 미치는 경우
- 화령·천형이 동궁하거나 상대할 때
- 화령이 수명하고 운에서 천형운을 갈 때
- 화성·영성·천형 이 세성이 평형하게 비쳐 들어올 때
- 화령·천형이 육합궁위에 있을 때

④ 관계된 잡성 : 재살·세파·봉각·천마·절공·지배·유년화기·천상天傷·천사天使

(2) 정신박약의 성계

① 정신지체나 박약자는 명궁이 기월동량성계에 속한 경우가 많다. 대부분 천동성계가 명궁이나 복덕궁에 있다.

② 또 많은 경우에 있어 문성文星의 단성單星·천월天月·록존·고신·과수성과 관계가 있으며, 화기성이 명궁이나 복덕궁으로 들어오는 경우가 가장 많다.
게다가 첫 대운에 반드시 명궁에 형기刑忌의 성이 있으며, 그

부모궁에도 형극의 색채가 있다.

(3) 자폐自閉 성계

① 대부분 천형·록존·고신·과수·화권의 성이 명궁이나 복덕궁에 있는 것과 관계가 있다.

② 주성은 천량·칠살·거문과 관계가 많다.

③ 화기가 있는 것은 불일정하나, 때로 록성이 지나치게 많아도 다른 사람과 접촉하지 않으려는 경향이 있다.

(4) 정신병 성계

① 정성이 천동·염정성계에 많다.
대운이나 원국의 명궁이나 복덕궁에 있을 때 그렇다.
이 궁에 살이 중하고 육길성의 단성單星·천월天月과 있는 것과 관계가 있다.

② 잡성은 대부분 겁공·곡허·고신·과수가 많다.

(5) 투옥 성계

① 관삭·천형·경양이 전택궁에 있는 경우가 많고, 정성은 태양천량성과 관계가 많다.

관삭154)은 고대에서 죄수를 묶을 때 사용하는 형구로 쇠힘줄에 약품을 처리해서 아주 단단하게 묶을 수 있다. 천형은 刑을 의미하며 경양은 잡아들이는 것이 된다.

③ 관삭·천형·경양 이 삼성이 더해지면 범인을 잡는 의미가 있기 때문에, 거기에서 억류·구금·투옥의 의미가 나오게 된다.

원국·대운에서 격을 이루고 있는데, 살기의 충기가 있으면 응기한다.

④ 관삭·천형·경양을 유일에서 만나면 단지 지체될 뿐이다.

예를 들어 엘리베이터 안에서나 차가 막혀서 정체된 것 같은 경우다.

---

154) 『천문류초』에 의하면 관삭은 천시원에 속한 별로, 천한 사람들의 감옥이다. 일명 연삭連索 또는 연영連營 또는 천뢰天牢라고도 하니, 법률을 담당하여 강포한 행동을 금지시키는 일을 한다. 감옥의 입에 해당하는 별(牢口)이 감옥의 문이 되는데, 간격이 벌어져 열려 있으면 좋다.

(6) 두 부모 성계

① 단성이 수명하거나 짝성을 홀로 만나거나 할 때, 단성이 수명하면 때로 서출을 주하기도 한다.
② 단지 록존이 있으나 육길성은 없고 천마도 안보는 경우
③ 천요가 수명한 경우
④ 공궁에 수명하고 대궁의 성을 차성할 때 단성畢昴이 들어오는 경우
⑤ 명궁에 도화성이 중할 때
⑥ 대부분 짝성이 형제궁에 들어간다.
⑦ 삼태·팔좌가 부모궁이나 형제궁을 비칠 때
⑧ 화성·혹 영성이 좌수하는데 본궁이 공궁이 될 때

(7) 도둑 성계

① 명궁·전택궁·재백궁을 동시에 겸해서 봐야한다.
② 원국·대한·유년에서 모두 만날 기회가 있는데 반드시 살기가 충회하는 정황을 봐서 논한다.
③ 도둑성계의 주요조합은
　　— 천기·태음·복병·겁살·음살 혹 대모
　　— 천부·경양에 화령
　　— 문곡·영성·천요
　　— 화기·태보, 혹 태보·문곡협

④ 도둑의 성계의 조합은 심히 많다.

창곡이 살기를 만나도 역시 그 중의 하나다.

창곡은 모두 문명文明·예법·질서의 성인데, 이것이 파괴되면 예의를 지키지 않고 법에 어긋난 일을 한다.

다시 허모虛耗성을 만나면 범법하지 않으면 손모損耗가 있으므로 여기서 도둑을 만난다고 유추하는 것이다.

통계에 의하면 도둑을 맞아 물건을 잃어버리는 경우는 반드시 창곡·허모와 관계가 있었다.

⑤ 게다가 왕왕 태보·봉고까지 회조하였는데, 태보·봉고의 두 성은 창곡을 기준으로 배치되므로 도둑성계에 관련이 되는 것이다.

화기·태보 혹 태보·문곡이 협하는 경우도 흔히 보는 조합이다.

⑥ 고정자산에 도둑을 맡는 경우는 전택궁을 보고, 재백에 손실일 경우는 재백궁을 봐야한다.

⑦ 추산 방식

- 원국의 삼방 사정을 다 본다.
- 원국 전택궁을 다 본다.
- 대한이나 유년의 명궁의 직선 혹 전택궁의 직선궁을 본다.
- 원국의 모처에 한 조의 도둑성계가 구성되어 있다면, 살기가 거듭 명궁·전택궁·재백궁에 들어갈 때 유년에서 충

| 기하면 응기한다.

⑧ 도둑을 맞는 유년은 왕왕 태보가 있는 궁이나 대궁에 있을 때, 혹은 태보·문곡이 협하는 궁이나 대궁에 있을 때다.
만약 연속 4년 도둑을 맞았다면 태보는 이미 효과를 잃는다. 이 경우는 원국이나 대운에 이미 태보가 있을 수 있다. 그래도 유년의 재백궁·전택궁·명궁의 살기조합에 의해 추측해야한다.

⑨ 전택궁에서 도둑성계를 다 보고, 대한전택궁·재백궁·명궁에 화기가 들어가면 유년에서 꼭 태보를 보거나 유년이 태보·문곡의 협궁위가 아니더라도 모두 도둑맞을 가능성이 있다.

(8) 귀신을 보는 명격

① 복덕궁을 주로 보며 의지력이 부족한 경우에 더욱 그렇다.

② 정성은 천기·무곡·천동·염정·태음·거문에 화기, 살이 많을 때다. 주요 잡성은 음살·영성·천무·천요·천마가 된다.

③ 반드시 대운과 유년의 살기가 거듭 복덕궁을 충회하는가를 봐야한다.

(9) 마약 중독성계

① 정성은 자미·천동·천량·거문·태양이다.

② 주요 잡성은 천귀·겁공·영성·천형·천무·천월天月이다.

③ 명궁에 화기가 있는 경우가 많으며, 형제궁에 살이 중해도 역시 그런 경우가 있다.

④ 대부분 영성에 살파랑성계가 형제궁에 들어가고, 기타불량한 성의 조합이 있어서 그런 경우가 많다.

(10) 파산의 징후

① 어떤 성이든 파산의 기회가 있을 수 있는데, 논법은 전택궁과 재백궁을 서로 비교해서 논하는데 전택궁을 위주로 한다.

② 주요 잡성은 겁공·천형·백호가 되며, 기타 살기가 거듭 중첩되기 때문이다.

③ 재성화기와 겁공이 동궁하면 더 그렇다. 만약 대운에서 이 조합이 있으면 다시 복덕궁에 유의해야 한다.

(11) 인생의 절정기

① 삼태·팔좌가 같이 동궁하고, 주성의 길화가 유력하면서, 명궁·복덕궁이나 대궁·육합궁에 있을 때

② 삼태·팔좌가 원국 명궁·복덕궁·천이궁에 동좌하면 수시로 개운할 수 있고, 운에서 길을 만나면 절정기에 오를 수 있다. 대한 명궁·복덕궁·천이궁이 여기에 같이 동좌하면, 이 운은 인생의 절정기가 된다.
만약 살기가 중하지만 다음 대한이 길하다면, 다음 대한에서야 비로소 인생의 절정기를 맞게 된다.

③ 그 다음 사업상의 절정기에 있을 수 있는 두 가지 정황이 있다.
- 삼태·팔좌가 명궁·복덕궁·천이궁으로 나란히 비칠 때
- 삼태·팔좌가 명궁·복덕궁·천이궁을 협할 때

④ 운한에서 상술한 정황이 출현하면 마땅히 주동적으로 좋은 기회를 잡도록 해야 한다.

(12) 좌절성계

① 복덕궁을 주로 본다.
복덕궁에 화기·타라·화령협·화령이 편사식으로 들어오는 경우 등을 보아 정한다.

② 때로 절공·순공의 정황을 볼 필요가 있다.
어떤 성계는 반드시 길을 봐야 비로소 안정되며, 그렇지 않으면 설사 살성을 보지 않더라도 역시 좌절을 겪는다.
- 예를 들어 칠살·거문 등이 그렇다. 길을 보지 않는 것만으로도 불리한 작용을 한다.
- 보는 법은 대운과 유년의 복덕궁을 위주로 추적한다. 그 다음 겸해서 명궁의 길흉성질에다 유성이 중첩해서 충기하는 정황을 자세히 살펴야 한다.

10. 자미두수의 발전 약사略史

어느 학문이든 그 학문의 연원과 발전과정을 살피는 것은 중요한 일이다.

작금의 대만과 홍콩에서 유행하는 자미두수가 언제부터 어떻게 발전되어 왔는지와 그 발전과정에서 단계마다 중요한 학자들의 저작들을 살피는 것도 꽤 흥미로운 일일 것이다.

필자는 홈피(www.reedoo.co.kr)를 통해서 '자미두수기원'과 '자미두수학파개요'를 서술했으나, 거시적인 분류에만 그칠 뿐 자세하게 정리하지 못한 부분이 있었는데, '천익'이라는 홍콩학자가 『언미기실言微記實』이라는 책속에서 자미두수의 발전 약사를 잘 정리해둔 부분이 있어 이글을 옮겨 독자들의 이해를 돕기로 한다.

아래는 천익의 글이다.

송사宋史 4권에 기재된 것에 의하면 상수象數의 학學은 모두 진희이로부터 비롯되었다고 하며, 『도장경道藏經』 머리에 자미두수의 추명술은 여순양呂純陽(동빈洞賓)이 먼저 만들고, 진희이에게 전해졌는데, 진희이가 몇 번 고친 후에 자미두수가 얼음에 의해 밀봉된 것처럼 중대한 발전이 없었는데, 설에 의하면 이는 고인들이 비술을 밖으로 유전하기를 꺼렸기 때문에 이러한 비법을 드러내지 않았던 것이다.

후에 한사람의 숨은 노인인 백옥섬白玉蟾의 손을 거쳐 증보되다가, 다시 진희이의 18대 법손인 진도陳道(道號는 了然)에게 전해졌는데, 이것을 명나라 가정嘉靖년간에 나홍선羅洪先 진사가 4권으로 정리했다.

계속 민국 초년에 이르러 관운주인觀雲主人이 쓴 『두수선미斗數宣微』라는 책이 출현해서, 자미두수는 다시 그 빛을 드러내면서 두수의 이론이 연구되었으나, 애석하게도 그 빛이 오래지 않아 사그라져 버렸다.

1950년대에 와서 자미두수 명가 육빈조陸斌兆가 세상시국의 변화로 인해 홍콩으로 와서, 공개적으로 사람들의 명을 추산하여 일시에 이름을 날리며 뒤에 가르치기도 했으나 따르는 자가 많지 않았다.

대만에서는 50년대에서 60년대를 지난 후에 철판도인鐵板道人·태극현사太極玄社의 하무송何茂松 선생이 두수연구자들에게 적지 않게 영향을 끼쳤다.

80년대에 이르러 자미두수가는 먼저 혜심제주慧心齊主를 꼽을 수 있다.

혜심제주는 일단의 자미두수풍조를 흥기시켰는데, 비단 대만에서만 한 시대를 풍미했을 뿐 아니라 홍콩에서도 커다란 영향을 받았다.

이로서 자미두수계에서 주도적인 위치를 확고히 하게 되었고,

혜심제주가 쓴 『자미두수신전紫微斗數新銓』이라는 책은 수십만권이 팔렸다는 이야기가 있을 정도로 심히 환영을 받았다.
　혜심제주가 바람을 일으키면서 홍콩에서도 일단의 자미두수의 열풍이 불었다.

　이후에 자미양紫微楊(양택군楊澤君선생)이 다시 자미두수의 매력을 지속시키고, 이와 동시에 중주파의 왕정지王亭之(담석영談錫永)선생이 자미두수의 정신을 드날리고 고조시켜, 자미두수를 확대하며 강의록을 내놓고 가르쳤다.
　이 시기가 자미두수가 홍콩에서 고조된 시기라 할 수 있으며, 동남아의 술수동호인들도 역시 홍콩의 유명 두수가들을 알게 되었다. 이로 말미암아 중주파는 대만인사들에게도 깊은 주목을 받게 되었다.

　이 시기에 답백창褟百昌선생도 자미두수교실을 개설하여 가르치고, 문기명文其名선생의 자미두수책과 강의도 역시 세상에 선을 보이게 된다.
　이 네 명의 중요인물은 당시 홍콩의 자미두수의 사걸四桀이라 말할 수 있다.
　후기에 화산거사華山居士가 다시 팔자에서 대운을 일으키는 방식을 자미두수에 운용했는데, 가히 자미두수의 다른 한 부분을 돌파했다고 말할 수 있다.

　대만방면으로는 1950년대에서 60년대후의 철판도인·태극현사의 하무송 선생뒤에 두수계에 인재들이 배출되었는데, 거의 한 해 걸러 하나씩 새로운 파들이 출현하게 되었다.

기타 자미두수의 저작으로 공헌한 인물들은 포괄하면 아래와 같다.155)

① 오청吳情 : 『칠단식단명七段式斷命』을 세상에 선보였다.

② 투파透派 : 장요문張耀文이 봉신방의 신화를 합해 넣어 두수계에 이름을 알렸다.

③ 초황楚皇 : 『자미두수궁기론紫微斗數宮氣論』·『자미희기신론紫微喜忌神論』을 통해 자미두수와 팔자를 합참해야 함을 주장했다. 즉 두수 중에서 팔자의 추명원리를 응용했는데, 소위 상생·상극의 이론이며 작자는 또 독자적으로 「납환拉環」이론을 창작해서 성요와 팔자의 법칙사이에 운을 해석하는데 사용하면서 스스로 일가를 이룬다.

④ 정현산인正玄山人 : 천지인자미두수를 창조해 현공사화법玄空四化法을 주장했는데 적지 않은 종교색채를 띤다. 천지인두수의 시리즈를 출판했다.

⑤ 반자어潘子漁 : 그가 지은 저작물의 풍격은, 현재입장에서 말하자면 약간 부실하다 할 수 있으며, 두수명리의 현대화에 부담과 근심이 되는 느낌을 준다.

⑥ 소심노인素心老人 : 80년대를 지난 후에 『자미두수비의紫微斗數秘儀』를 선보여 일단의 극대한 풍조를 조성했다. 할 수 없는

---

155) 『언미기실言微記實』, 천익 지음, 해빈도서공사 170~173p 발췌

것이 없는 두수비의斗數秘儀로 불리며 사화파四化派의 주류가 되었다.

⑦ 법광거사法廣居士 : 『추종정통두수追蹤正統斗數』시리즈를 집필했다.

⑧ 람신藍神156) : 이 사람은 命과 더불어 연구하는 두수가로 『자미두수전서』의 주장에 의거해 대한을 명궁에서부터 시작하지 않는 설을 주장하여 적지 않은 두수계의 인사들로부터 주의를 끌고 있다.

⑨ 심평산沈平山 : 점험법占驗法으로 두수의 역량을 드러내고 있다.

⑩ 자운선생紫雲先生 : 현재 대만 두수계에서 이름난 두수명가斗數名家로 저작이 적지 않으며 현재 처한 요소와 명반의 결합을 주장한다. 그의 뜻을 받드는 문하생이 매우 많은데 깊게 그 영향을 받아 저서를 쓴 사람들로는 료무거사了無居士·혜경慧耕·진세흥陳世興·복경福耕·오동초吳東樵·반학산潘學山·유위무劉緯武·왕운봉王雲峰 등이 있다.

---

156) 곤원선생의 다른 필명이다.

부록

찾아보기 참고문헌

성계에 따라 명보 찾기

사궁 태음 194	오궁 탐랑	미궁 거동 345	신궁 무상
진궁 정부	자미가 자궁에 있을 때		유궁 양량
묘궁			술궁 칠살
인궁 파군	축궁	자궁 자미	해궁 천기

사궁 천기	오궁 자미	미궁 80	신궁 파군
진궁 칠살	자미가 오궁에 있을 때		유궁
묘궁 양량			술궁 정부 94
인궁 무상	축궁 거동	자궁 탐랑	해궁 태음

사궁 정탐	오궁 거문	미궁 천상	신궁 동량
진궁 태음 162	자미가 축궁에 있을 때		유궁 무살
묘궁 천부 135,243			술궁 태양
인궁	축궁 자파	자궁 천기	해궁 46,353

사궁	오궁 천기	미궁 자파 164	신궁
진궁 태양	자미가 미궁에 있을 때		유궁 천부
묘궁 무살			술궁 태음
인궁 동량	축궁 천상	자궁 거문 134	해궁 정탐

사궁 거문	오궁 정성 122,289	미궁 천량 279	신궁 칠살 118
진궁 탐랑 363	자미가 인궁에 있을 때		유궁 천동
묘궁 태음			술궁 무곡
인궁 자부	축궁 천기	자궁 파군	해궁 태양 335

사궁 태양	오궁 파군	미궁 천기	신궁 자부
진궁 무곡 168	자미가 신궁에 있을 때		유궁 태음
묘궁 천동			술궁 탐랑
인궁 칠살	축궁 천량 176,316	자궁 정상	해궁 거문

부록/ 명보 찾기

자미를 기준하였으며, 명궁에 해당 페이지를 기재하였다.

사궁 천상	오궁 천량	미궁 정살	신궁
진궁 거문	자미가 묘궁에 있을 때		유궁
묘궁 자탐			술궁 천동
인궁 기월 76	축궁 천부	자궁 태양 355	해궁 무파

사궁 무파	오궁 태양 171	미궁 천부	신궁 기월
진궁 천동 212	자미가 유궁에 있을 때		유궁 자탐 343
묘궁			술궁 거문
인궁	축궁 정살	자궁 천량	해궁 천상

사궁 천량	오궁 칠살	미궁	신궁 염정
진궁 자상 200	자미가 진궁에 있을 때		유궁 148
묘궁 기거 144			술궁 파군 155
인궁 탐랑	축궁 일월 351	자궁 무부	해궁 천동

사궁 천동 283	오궁 무부	미궁 일월	신궁 탐랑 83
진궁 파군	자미가 술궁에 있을 때		유궁 기거
묘궁 101 249,319			술궁 자상 360
인궁 염정	축궁	자궁 칠살	해궁 천동

사궁 자살	오궁	미궁 191,356	신궁
진궁 기량	자미가 사궁에 있을 때		유궁 정파
묘궁 천상 196			술궁
인궁 거일	축궁 무탐	자궁 동월	해궁 천부

사궁 천부	오궁 동월	미궁 무탐	신궁 거일
진궁	자미가 해궁에 있을 때		유궁 천상
묘궁 정파			술궁 기량
인궁 340	축궁 157,185	자궁	해궁 자살

성계에 따라 명보 찾기

찾아보기

ㄱ

- 가기　69
- 가록　69
- 갑간　28
- 갑오대한　135
- 갑자대한　102
- 강궁　308
- 강궁과 약궁　313
- 강궁이론　308
- 강반　311
- 강성　310
- 거동조합　297
- 거문　37,335
- 거문쌍화록　244
- 거문천동조합　193
- 거문태양조합　195
- 거문화기　192
- 거문화록　189
- 거화양격　139
- 격국 고저　368
- 격국　113
- 경간　36
- 경도　255,260
- 경도보정　261,263
- 경양　296
- 계간　40
- 곤원　208
- 과명　310
- 관운주인　383
- 관재발생　18,122
- 궁주　99,334
- 귀신　378
- 균시차　255,260
- 균시차보정　268
- 기간　34
- 기량회양타격　166
- 기례가결총괄　276
- 기사대한　76
- 기월동량　357

ㄴ

- 나홍선　383
- 납음오행　370
- 납환이론　385
- 내궁　72
- 노기주　317
- 노상매시격　170
- 노인성　40
- 농약자살　199

ㄷ

- 답백창선생　384
- 대한 사화　103
- 대한과 유년　96
- 대한양타　87
- 대한은 시간　93
- 대한화록　58
- 도둑 성계　376
- 도장경　382
- 동일명반　366
- 두 부모 성계　376
- 두수골수부주해　115

- 두수변증　241
- 두수비의　386
- 두수비의금론　367
- 두수 삼강　307
- 두수선미　383

ㄹ

- 람신　208,386
- 록기　44,66,67,342
- 록존　341
- 료무거사　386

ㅁ

- 마약 중독성계　379
- 명격의 고저　368
- 명궁무대한　203
- 명궁무대한설　212
- 명궁지지　370
- 명반을 결정할 때 참고할 특징　296
- 명신주　334
- 명운세　93
- 명주　331
- 명주성　331
- 몽고반점　296
- 묘유궁의 특성　323
- 무간　33
- 무곡　160,297,342
- 무곡화록　34
- 무술대한　80
- 무인유년　107
- 문갑　310
- 문곡　338,343

- 문곡화기　　　　34
- 문기명　277,294,384
- 문제궁위 52,106,109
- 문창쌍화기　　249
- 문창화기　　　　37

ㅂ

- 반자어　　　　 385
- 반점　　　　　 297
- 반학산　　　　 386
- 백옥섬　　　　 383
- 백호　　　　　 142
- 법광거사　　　 386
- 병간　　　　　　31
- 보정　　　 256,263
- 복경　　　　　 386
- 복덕궁　　　　 141
- 본대합린　　　 304
- 부동산수리　　 350

ㅅ

- 사마귀　　　　 297
- 사주학적 시간　268
- 사화　　　　 18,386
- 살기형성　　　 304
- 살파랑　　　　 298
- 삼강이론　　307,313
- 삼방에서 만나 이차 발생이 되는 경우　49
- 삼방에서 만나는 경우　　　　　　 52,56
- 상관궁　　　　 143
- 상망　　　　　 372

- 상명인재격　　 160
- 상문　　　　　 142
- 생기결　　　　 326
- 서부한인　　　 208
- 석중은옥격　　 125
- 선천은 공간　　 93
- 선천화록　　　　58
- 성계구조　　　　81
- 성학대성　　　 315
- 소심노인　　　 385
- 소한　　　　　　87
- 수법　　　　　 347
- 수은　　　　　 208
- 시가 틀릴 때 아는 방법　　　　　 295
- 시태양시　　　 256
- 신간　　　　　　37
- 신궁　　　　　 141
- 신주　　　　　 333
- 심평산선생　386,359
- 십유가　　　　 303
- 십이사항궁　　　91
- 십팔비성　　205,321
- 썸머타임　　　 277

ㅇ

- 안성결과 성정비법　　　　　　　 372
- 안성법과 추단실례　　　　　　　 333
- 야자시　　　　 241
- 양령형기격　　 116
- 양수궁　　　　　73

- 양정괴　　　　 330
- 양타협살　　　 251
- 양택군선생　　 384
- 언미기실　　　 382
- 여순양　　　　 382
- 역경　　　　　 323
- 연생　　　　　 276
- 염정　　　23,28,297
- 염정파군　　　 195
- 영서연설　　　 203
- 영성　　　　　 296
- 영양형기격　　 116
- 영창라무　　　 152
- 영창타무　　　 250
- 영창타무격　　 151
- 오동초　　　　 386
- 오성술　　　　 315
- 오약궁　　　　 315
- 오청　　　　　 385
- 왕운봉　　　　 386
- 왕정지　 88,241,326,384
- 외궁　　　　　　72
- 우완야농　　　 208
- 운반　　　　　 311
- 유년십이궁　　　89
- 유년양타　　　　87
- 유년운　　　　　98
- 유사명반　　　 366
- 유월　　　　　　99
- 유위무　　　　 386
- 육빈조　 240,333,383
- 윤달생　　　　 366

- 을간　　　　　　29
- 음수궁　　　　　　73
- 이차결과　　　　55,107
- 이차발생　　48,104,108
- 인리산재격　　　　174
- 인생의 절정기　　　380
- 인신사해　　　　　322
- 인자궁　　　　　64,105
- 인재지도격　　　　160
- 인재피겁격　　　　160
- 일차결과　　　　55,107
- 일차발생　　48,103,107
- 임간　　　　　　　38
- 임원전　　　　　　208
- 입명십이궁　　　　321

ㅈ

- 자녀시험　　　　　350
- 자미강의　　　　　372
- 자미추길피흉법　　349
- 자미두수강의
　　　　　　　333,420
- 자미두수궁기론
　　　　　　　　　385
- 자미두수명운보전
　　　　　　　　　307
- 자미두수비의　　　385
- 자미두수신전　　　384
- 자미두수적고사　　212
- 자미두수전서
　　　　116,129,138,347
- 자미양　　　　　　384
- 자미현기　　　　　321

- 자미희기신론　　　385
- 자살　　　　　　　141
- 자살성계　　　144,148
- 자시　　　　　　　238
- 자오묘유　　　　　321
- 자운선생　　88,315,386
- 자폐 성계　　　　　374
- 잡성　　　　　　　89
- 재복선　　　　　　142
- 재음협인격　　　　187
- 전서　　　　　　　239
- 전집　　　　　　　239
- 점험법　　　　　　386
- 정가학　　　　　　208
- 정간　　　　　　　32
- 정신박약　　　　　373
- 정신병 성계　　　　374
- 정현산인　　　　　385
- 조유형극만견고　　166
- 조자시　　　　　　241
- 좌절성계　　　　　381
- 주머니턱　　　　　297
- 중점궁위　　　　　315
- 중주파　　　　　　240
- 중주파자미두수강의
　　　　　　　　　241
- 중한이론　　　　　359
- 진가　　　　　67,201
- 진기　　　　　　　69
- 진도　　　　　　　383
- 진록　　　　　　　69
- 진설도선생　　　　372
- 진세흥　　　　　　386

- 진술궁의 특성　　　324
- 진술축미　　　　　322
- 진태양　　　　　　256
- 진태양시　　　　　270
- 진희이　　　　　　382
- 질액궁　　　　　　141

ㅊ

- 차성문제궁위　　　63
- 차성이차발생　　　63
- 차성인동　　　　　63
- 차성인동궁위　　　63
- 채상기　　　　　　307
- 천괴　　　　　　　297
- 천기　　　　　298,336
- 천동　　　　　297,298
- 천동화기　　　　　193
- 천동화록　　　　　193
- 천라지망　　　　　324
- 천량　　　　　38,298
- 천부성계　　　　　187
- 천상　　　　　　　341
- 천월　　　　　　　297
- 천익　　　　　　　382
- 철판도인　　　　　383
- 초황　　　　　　　385
- 추종정통두수　　　386
- 칠강궁　　　　　　315
- 칠단식단명　　　　385
- 칠살　　　　　161,297
- 칠정사여산　　　　330

ㅌ

- 타라　　　　　　296
- 탐곡악격　　　　181
- 탐곡격　　　　　181
- 탐랑　　　33,298,344
- 탐창　　　　　　181
- 태양　　　　　35,297
- 태양쌍화권　　　244
- 태양화기　　　　196
- 태양화록　　　　195
- 태음　　　　　　297
- 투신자살　　　　140
- 투옥 성계　　　375
- 투자착오　　　　78
- 투파　　　　　　385
- 특수이차결과　　57
- 특수이차발생　　51

ㅍ

- 파구창신　　　　42
- 파군　　　　40,298
- 파군형제궁　　　298
- 파산의 징후　　379
- 평균태양시　　　256
- 풍류운　　　　　364
- 피살원인　　　　364

ㅎ

- 하무송선생　　　383
- 한국천문연구원　272
- 해신　　　　　　298
- 현공사화법　　　385

- 협궁　　　　　　58
- 협에서 만나 이차 발생　　　　　　　49
- 협에서 만나는 경우　　　　　　53,56
- 형기협인격　　　187
- 형노선　　　　42,317
- 형수협인　　　　250
- 형수협인격　　　290
- 혜경　　　　241,386
- 혜경의 명궁무대한　　　　　　　　209
- 혜심제주　　240,383
- 호상견제　　　　356
- 호상방조　　　　353
- 호상배합　　　　355
- 홍릉　　　　　　366
- 화과　　　　　　297
- 화기　　　26,19,88
- 화령　　　　　　297
- 화록　　　19,26,88
- 화산거사　　　　384
- 화성　　　　　　296
- 화씨지벽　　　　125
- 흉험명　　　　　363

참고문헌 및 자료

	책명	저 자	출 판 사	출간년
1	두수기밀 斗數機密	량정굉 梁正宏	왕가출판사 王家出版社	1986
2	자미두수유년재화총론 紫微斗數流年災禍總論	심평산 沈平山	진원서국 進源書局	1996
3	자미두수실험판단 紫微斗數實驗判斷	진계전 陳啓銓	만인출판 萬人出版	1989
4	자미현기 紫微玄機	진계전 陳啓銓	용음문화 龍吟文化	1987
5	자미두수명운보전 紫微斗數命運寶典	채상기 蔡上機	익군서점 益群書店	2005
6	두수논혼연 斗數論婚緣	자운 紫雲	시보출판공사 時報出版公司	1993
7	자미두수문사일초종 속판천금결 紫微斗數問事一秒鐘 速判千金訣	명미거사 明微居士 옹신호 翁新皓	무릉출판사 武陵出版社	1997
8	자미두수심역신단법결 紫微斗數心易神斷法訣	명미거사 明微居士	무릉출판사 武陵出版社	2001
9	두수비의금론 斗數秘儀今論	홍릉 洪陵	무릉출판사 武陵出版社	1987
10	천지인 자미두수 현공사화 비해 天地人 紫微斗數 玄空 四化 秘解	정현산인 正玄山人		1990
11	삼명통회 439p 三命通會	만민영 萬民英	무릉출판사 武陵出版社	1996

12	현대두수진결 6 現代斗數眞訣	천을상인 天乙上人	연전출판사 蓮田出版社	2003
13	자미두수심득 紫微斗數心得	반자어 潘子漁	수우출판사 水牛出版社	1997
14	자미두수입문 紫微斗數入門	혜심제주 慧心齊主	박익문고 博益文庫	1999
15	자미두수신전 紫微斗數新詮	혜심제주 慧心齊主	시보출판사 時報出版社	1984
16	자미두수 추길피흉법 紫微斗數 趨吉避凶法	혜심제주 慧心齊主	박익출판사 博益出版社	2000
17	자미두수강의 紫微斗數講義	육빈조 陸斌兆	박익문고 博益文庫	2000
18	두수변증 斗數辨證	혜경 慧耕	용음문화 龍吟文化	1993
19	희이자미두수전집 현대평주 希夷紫微斗數全集 現代評註	료무거사 了無居士	시보문화출판 時報文化出版	2000
20	십팔비성책천자미두수전집 十八飛星策天紫微斗數全集		집문서국 集文書局	1982
21	자미두수적고사 紫微斗數的故事	곤원 堃元	정대도서공사출판 鼎大圖書公司出版	1996
22	현대자미 3~5집 現代紫微	료무거사 了無居士	용음문화 龍吟文化	1993
23	원앙전기 鴛鴦傳奇	료무거사 了無居士	화마문화 禾馬文化	1994
24	두수사서 3 斗數四書	왕정지 王亭之	박익문고 博益文庫	1993
25	중주파자미두수 초급강의 中州派紫微斗數 初級講義	왕정지 王亭之	자미문화 紫微文化	1996
26	자미강의 紫微講義	진설도 陣雪濤	무릉출판사 武陵出版社	2005
27	안성결여성정비법 安星訣與星情秘法	진설도 陣雪濤	정대도서 鼎大圖書	2001

28	자미신탐 紫微新貪	문기명 文其名	리원서보사유한공사 利源書報社有限公司	1988
29	성계도독 星系導讀	연생 緣生	무릉출판사 武陵出版社	2005
30	언미기실 言微記實	천익 天翼	해빈도서공사 海濱圖書公司	2003
31	두수선미 斗數宣微	왕재산 王栽珊	무릉출판사 武陵出版社	2002
32	자미두수상천하지 紫微斗數上天下地	문창거사 文昌居士	평씨출판유한공사 平氏出版有限公私	
33	자미두수입문	김선호	대유학당	2006
34	실전자미두수(1/2)	김선호	대유학당	2004
35	자미두수전서(상/하) 紫微斗數全書	진희이 陳希夷	대유학당	2003
36	왕초보자미두수(상/하)	김선호	동 학 사	2000
37	심곡비결 深谷秘訣	김치선생 金緻先生	대유학당	2004

웹사이트

① 균시차검색 http://ko.wikipedia.org/wiki/%EA%B7%A0%EC%8B%9C%EC%B0%A8http://ko.wikipedia.org/wiki/%EA%B7%A0%EC%8B%9C%EC%B0%A8

② 균시차사진 http://blog.naver.com/fallen_life/20042306477

③ 알맵 http://www.almap.co.kr/Download/Product/Almap.aspx

④ 균시차 보정표 http://pds.hanafos.com/NPViewPds.asp?fileSeq=217358

⑤ 한국천문연구원 http://www.kasi.re.kr/knowledge/solun_riset.aspx

자미두수 강의안내

- 책을 읽고 자미두수강의를 어디서 하느냐는 문의가 많아 이렇게 공지합니다. 저자직강으로 매년 2~4회의 자미두수강의가 비정기적으로 온라인과 오프라인에서 있습니다만. 현재 추세는 전국 어디서든 집에 인터넷만 설치되어 있으면 집이나 사무실에서 강의를 들을 수 있는 화상통화 프로그램을 이용하여 실시간 『인터넷 화상강의』를 위주로 강의하고 있습니다.(녹화된 강의가 아님)
  화상강의는 자기 집이나 사무실에서 인터넷 접속으로 강의를 들을 수 있기 때문에 오프라인 강의처럼 먼 거리를 오고가는 비용과 수고를 덜 뿐만 아니라 전자칠판을 이용하므로 오프라인보다 시각적이고 직접적인 강의 효과를 얻을 수 있습니다.

- 강의파트는 초중급자들을 위한 강의와 실전추론강의 두 가지 강의가 개설되어 있습니다. 12명을 정원으로 하며 기본 강의단위는 10주입니다.
  수시로 수강생을 모집하되 정족수가 차면 강의를 개설 합니다.

- 장소나 비용 등 자세한 강의에 관한 내용은 홈페이지와 카페에 공지합니다.
  강의가 개설될 시 자세한 강의 공지는 항상 홈페이지의 게시판과 위의 다음카페의 "강의실" 창에 공지가 됩니다.

- 강의에 관심이 있으신 분들은 홈페이지나 카페를 즐겨찾기에 등록해 두셨다가 수시로 확인하시거나 이메일로 미리 신청해 두시면 강의인원이 차면 강의안내를 해드립니다.

- 이 메일   jmds2012@gmail.com
             reedoojami@hanmail.net
- 홈페이지   www.reedoo.co.kr
- 다음카페   http://cafe.daum.net/reedoo
- 기타문의   061 - 643 - 6693 (저자사무실)
             010 - 3629 - 6693 (저자핸드폰)

대유학당 출판물 안내

자세한 사항은 대유학당으로 문의해 주십시오.
전화 : 02-2249-5630 / 02-2249-5631
입금계좌 : 국민은행 807-21-0290-497 예금주-윤상철
홈페이지 : www.daeyou.net   서적구입 : www.daeyou.or.kr

분류	도서명	저자	가격
주역	주역입문2	김수길·윤상철 지음	15,000원
	대산주역강해 (전3권)	김석진 지음	60,000원
	주역전의대전역해 (상/하)	김석진 번역	70,000원
	주역인해	김수길·윤상철 번역	20,000원
	대산석과 (주역인생 60년)	김석진 지음	20,000원
	시의적절 주역이야기	윤상철 지음	15,000원
주역 활용	황극경세 (전5권)	윤상철 번역	200,000원
	하락리수 (전3권)	김수길·윤상철 번역	90,000원
	하락리수 CD	윤상철 총괄	550,000원
	대산주역점해	김석진 지음	30,000원
	매화역수	김수길·윤상철 번역	25,000원
	주역신기묘산	윤상철 지음	20,000원
	육효 증산복역 (상/하)	김선호 지음	40,000원
	우리의 미래 (대산 선생이 바라본)	김석진 지음	10,000원
음양오행학	마음이 평안해지는 천수경	윤상철 편저	10,000원
	마음의 달 (전2권)	만행스님 지음	20,000원
	항복기심/선용기심	만행스님 지음	48,000원
	뭇생명의 어머니이신 관세음보살	설정스님 지음	10,000원
	옴! 그림으로 푼 천수경	대명스님 지음	12,000원
예언 꿈	예언의 허와 실	현오스님 지음	9,600원
	꿈! 미래의 열쇠	현오스님 지음	20,000원
	꿈과 마음의 비밀	현오/류정수 지음	9,000원

기문 육임

- 기문둔갑신수결 — 류래웅 지음 — 16,000원
- 육임입문123(전3권) — 이우산 지음 — 70,000원
- 육임입문 720과 CD — 이우산 감수 — 150,000원
- 육임실전(전2권) — 이우산 지음 — 54,000원
- 육임필법부 — 이우산 평주 — 35,000원

사서류

- 집주완역 대학 — 김수길 번역 — 20,000원
- 집주완역 중용(상/하) — 김수길 번역 — 40,000원
- 강독용 대학/중용 — 김수길 감수 — 11,000원
- 소리나는 통감절요 — 김수길·윤상철 번역 — 10,000원

자미두수

- 자미두수 전서(상/하) — 김선호 번역 — 100,000원
- 실전 자미두수(전2권) — 김선호 지음 — 36,000원
- 심곡비결 — 김선호 번역 — 43,200원
- 자미두수 입문 — 김선호 지음 — 20,000원
- 자미두수 전문가용 CD — 김선호/김재윤 — 500,000원
- 중급자미두수(전3권) — 김선호 지음 — 60,000원

손에 잡히는 경전시리즈

① 주역점
② 주역인해(원문+정음+해석)
③ 대학 중용(원문+정음+해석)
④ 경전주석 인물사전
⑤ 도덕경/음부경
⑥ 논어
⑦ 절기체조
⑧~⑨ 맹자 1,2
⑩ 신기묘산
⑪ 자미두수
⑫ 관세음보살
근간 ⑬ 사자소학 ⑭ 소학
근간 ⑮~⑯ 시경 ⑰~⑱ 서경

각권 288~336p 10,000원

천문

- 천문류초(전정판) — 20,000원
- 태을천문도(2008 개정판) — 70,000원
- 세종대왕이 만난 우리별자리(전3권) — 36,000원
- 천상열차분야지도, 태을천문도 — 300,000원
  - 블라인드(150·230, 120·180cm) — 250,000원
  - 족자(70·150, 60·130cm) — 100,000원

이두자미시리즈

이두자미시리즈 1·2

▶ **자미두수 전서**

※ 19×26cm 양장본 / 1,700쪽 / 상하 2권 / 100,000원 / 김선호 / 10년 7월 2쇄

13년 동안의 풍부한 임상경험을 바탕으로 한, 대만과 홍콩의 어떤 해설서도 따라오지 못하는 치밀한 해설과 역자주! 장장 7년의 세월동안 각고의 노력끝에 탄생한 이 책은 자미두수를 연구하려는 모든 사람들에게 가장 확실한 스승이 될 것이다.

이두자미시리즈 3·4

▶ **실전 자미두수**

※ 17×23cm / 700여쪽 / 전 2권 / 36,000원 / 김선호 / 09년 6월 2쇄

사람의 명반을 놓고 "이때 왜 이 사건이 벌어져는가?"에 대해 일일이 별들과의 관계를 추론해 나간 책. 이 두 권만 다 소화한다면 누구나 자미두수를 자유자재로 활용할 수 있음.
1권 이두식추론법   2권 징험편

이두자미시리즈 5

▶ **전문가용 자미두수 CD**

※ 가격 500,000원
총괄 : 김재윤 / 2015년 11월 증보.

※ 구성 : CD 1매, usb락, 프로그램 매뉴얼.

삭망일 균시차 인명저장 등 각 학설에 따른 옵션기능과,
자미두수 성요에 대한 각 서적의 내용 망라한 설명기능,
기문과 육효의 포국보조프로그램 등으로 더욱 자세해졌습니다.

이두자미시리즈 6

▶ **심곡비결**

※ 19×26cm 양장본 / 700쪽 / 50,000원 / 김선호 / 13년 1월 2쇄 발행

인조반정의 성공을 예측하여 수명을 3년 늘린 심곡선생의 비결서! 그 3년 동안에 세상으로부터 사라질 심곡비결을 숨겨놓고 후인을 기다린지 어언 380년! 한국적 자미두수의 결정판. 정확한 예측력을 담은 그 주옥같은 비결을 풍부한 임상경험으로 번역 주석!

이두자미시리즈 7

▶ **자미두수 입문**

※ 16×23cm 양장본 / 427쪽 / 20000원 / 김선호 / 13년 2월 수정판 3쇄 발행

자미두수를 처음 접하는 분들을 위하여 만든 책. 자미두수 명반작성과 명반보는 법을 기초로 14정성과 잡성을 명쾌하게 풀이하여 명반 추론의 순서를 밝혀 놓았다.

이두자미시리즈 8·9·10

▶ **중급자미두수**

※ 16×23cm 양장본 / 427쪽 / 각 20000원 / 김선호 / 16년 2월 2쇄
1권 격국편, 2권 궁합편, 3권 두수선미

『자미두수입문』 출간 이후 5년을 기다려온 책!
『실전자미두수』와 『자미두수입문』의 간극을 메워줄 중급자를 위한 안내서!

14정성과 문창·문곡 녹존성의 성군星君

자미성계

자미성군紫微星君
- 제좌 관록 존귀 고상

천기성군天機星君
- 善 형제 지혜 정신

태양성군太陽星君
- 貴 관록 광명 박애

천부성계

천부성군天府星君
- 재고 재백 재능 자비

태음성군太陰星君
- 富 재백 전택 결백 주택

탐랑성군貪狼星君
- 도화 禍福 욕망 물질

칠살성군七殺星君
- 權 숙살 위엄 격렬

파군성군破軍星君
- 소모 파손 개창

녹존성군祿存星君
- 부귀 수명 지위